How Google Works

私たちの働き方とマネジメント

エリック・シュミット
ジョナサン・ローゼンバーグ
アラン・イーグル
ラリー・ペイジ=序文
土方奈美=訳

日経ビジネス人文庫

How Google Works
by
Eric Schmidt and Jonathan Rosenberg,
with Alan Eagle

This edition published by arrangement
with Grand Central Publishing, New York, New York, USA
through Tuttle-Mori Agency, Inc., Tokyo.

DTP
Artisan Company

最愛の〝スマート・クリエイティブ〟、ウェンディとベリルへ

序文

グーグル最高経営責任者（CEO）兼共同創業者
ラリー・ペイジ

いまよりずっと若く、将来について考えはじめたばかりのころ、ぼくは大学教授か起業家になろうと心に決めた。どちらも自律性が高い職業、つまり既存の常識にとらわれず、基本原理と現実世界の現象にもとづいてモノを考える自由がありそうだったからだ。

エリック・シュミットとジョナサン・ローゼンバーグが本書で説明するとおり、グーグルはこの「自律的思考」をあらゆる活動の基礎にしてきた。それはぼくらの誇るすばらしい成功、そしてときにはとんでもない失敗の原動力となった。そもそもグーグル誕生のきっかけも、ある基本原理だった。その晩、ぼくは夢を見て、こんなアイデアとともに飛び起きた。ウェブ全体をダウンロードして、リンクだけを保存したらどうだろう、と。そこで紙とペンをつかみ、それが本当に実現可能か確かめるための具体的方法を書き留めた。当時はそれをもとに検索エンジンをつくろうとはこれっぽっちも考えていなかった。セルゲイ・ブリンとぼくが、リンクをもとにウェブページをランキングすることで、それまでよりはるかに優れた検索結果が得られることに気づいたのは、しばらく後のことだ。Ｇメールのアイデアも最初は夢物語に思えた。そして一〇年前にアンディ・ルービンが「アンドロイド」を開発したときには、オープンソースのＯＳを軸に携帯電話業界をまとめることなどできっこないというのが一般的な見方だった。

経営者をしていて意外だったのは、プロジェクトチームにとんでもない野心を抱かせるのは、とても難しいということだ。どうやらたいていの人は型破りな発想をするような教育を受けていないらしい。現実世界の現象から出発し、何ができるか見定めようともしないで、最初から無理だと決めてかかる。グーグルが自律的思考の持ち主を採用し、壮大な目標を設定するためにあらゆる手を尽くすのはこのためだ。適切な人材と壮大な夢がそろえば、たいていの夢は現実になる。たとえ失敗しても、きっと重要な学びがあるはずだ。

そしてたいていの会社はこれまでやってきたことを継続し、多少の漸進的な変化を加えるだけで満足している。だが、漸進的アプローチではいずれ時代に取り残される。とくにテクノロジーの世界では漸進的進化ではなく、革命的変化が起こりやすいからだ。だから将来に向けて、あえて大胆な賭けに出なければならない。グーグルが自動運転車や気球を使ったインターネット構築といった、一見すると荒唐無稽な事業に投資するのはこうした理由からだ。いまでは考えられないが、ぼくらがグーグル・マップを始めたときも、すべての道路の写真を含む世界地図をつくるという計画は不可能という見方が大勢を占めていた。過去が未来の参考になるとすれば、こんにちの大胆な賭けは数年も経てばそれほど突飛な試みには思えなくなるだろう。

これはぼくが大切に思っている原則のごく一部で、本書を通じてさらにたくさんお伝えしていく。こうしたアイデアを生かして、みなさんにもあり得ないことに挑戦していただきたい。

目次

戦略

人材

意思決定

コミュニケーション

イノベーション

おわりに　想像を超えるものを想像しよう……410

はじめに　最前列で学んだこと

エリック・シュミットがグーグルのCEOに就任して二年が過ぎた二〇〇三年七月。出資者であるセコイアキャピタルのパートナーで、グーグル取締役も務めるマイク・モリッツからメールが届いた。そこにはこんな提案が書かれていた。

八月半ばごろに三時間くれないか。経営陣から取締役会に対してフィンランドと戦うための戦略を説明してもらいたい（九月のミーティングまで待つべきではないと思う。非常に重要な問題だし、フィンランドと戦うにはどれだけ時間があっても足りないことははっきりしているからね）。

事情を知らない読者には、不可解なメールかもしれない。なぜカリフォルニア州マウンテンビューにある五年前に誕生したばかりで社員数百人のちっぽけなインターネット企業グーグルが、五〇〇〇マイルも離れた人口五〇〇万人の平和国家フィンランドと戦う必要があるのか？

　そのメールが届いたのは、エリックがようやくグーグルに落ち着きはじめたと感じていたころだった。入社するまでノベルのCEOを務め、それ以前にはサン・マイクロシステムズやベル研究所で働いたこともある。バージニア州北部で育ち、プリンストン大学で電気工学を修めたのち、カリフォルニア大学バークレー校でコンピュータ科学の修士号と博士号を取得したエリックは、自身もエンジニアでコンピュータ科学者であり、彼らと働くのには慣れていた。だがグーグルは、それまで働いたどんな企業ともまったく違っていた。

「ここはカンザスじゃない」［訳注：『オズの魔法使い』の有名なセリフ］と痛感する出来事は、入社初日から始まった。あてがわれたオフィスはもともと〝大物経営者〟の基準に照らすとかなり質素なものだったが、実際に行ってみるとすでに数人のソフトウェアエンジニアに占領されていた。だがエリックはあえて彼らを追い出そうとはせず、隣の空き部屋に落ち着くことにした。オフィスというより、「窓のある物置」というほうがしっくりくるような部屋だった。

　だが数週間後、状況はさらに悪化した。ある朝、物置オフィスに向かって廊下を歩いていくと、アシスタントのパム・ショアが困った顔をしている。[*1] 理由はすぐにわかった。新しいルームメイトができたのである。検索事業を担当するエンジニアのアミット・パテルだった。彼は事情をこう説明した。自分のオフィスにはすでに五人のメンバーがいて、まもなく六人目が来ることになっている。デスクをのこぎりで半分に切ってスペースを確保しようとしたがうまくいかなかった。こっちのほうが空いているので移ってきた（設備担当者はアミットの引越しに手を貸そうとしなかったので、自分で荷物を運んだという）。結局、その後の数カ月間、アミットはエリックのルームメイトとして過ごした。これではっきりするように、グーグルはオフィススペースの広さで〝偉さ〟を測るような職場ではない。

普通ではないオフィス事情を除けば、エリックのグーグルへの移行は比較的スムーズに進んだ。ふたりの創業者、ラリー・ペイジとセルゲイ・ブリンとの関係は日に日に強くなった。グーグルの広告プラットフォーム「アドワーズ」は相当な収入を生み出すようになり（二〇〇四年の株式公開時にグーグルが公表した財務諸表は良い意味で衝撃的だった）、「ググる（Google）」という動詞がオックスフォード英語辞典に採用されるのはさらに三年後だったが、[*2] 数百万人のユーザにとってグーグル検索はすでに日常生活に欠かせないものになっていた。会社自体

＊1　パムは常に親しみやすい笑顔を浮かべており、そうでないときはすべて「困った顔」になる。

も毎月数十人の新入社員が加わるなど成長しており、そのひとりが二〇〇二年二月にプロダクト責任者として迎え入れられたジョナサン・ローゼンバーグだった。ジョナサンもエリックと同じように経済学者を父に持つ。エキサイト@ホームやアップルを経て、グーグルにプロダクト管理チームをつくり、またエリックのスタッフのまとめ役となるために入社した。

だがマイクのメールの指摘どおり、地平線上には新たな強敵が姿を現していた。もちろん大西洋の反対側の友好国のことではない。「フィンランド」とは当時地球最強のテクノロジー企業と目されていたマイクロソフトを意味する社内のコードネームなのだ[*3*4]。グーグルのトラフィックのかなりの割合を、マイクロソフトのブラウザ「インターネット・エクスプローラー」のユーザが占めていることをエリックは知っていた。またグーグルでは誰もがそうだったように、インターネットは未来の技術的プラットフォームであり、検索はその最も有益なアプリケーションの一つであると確信していた。このためワシントン州レドモンドの巨人がグーグルの事業に強い興味を持つのも時間の問題と思われた。そしてひとたびマイクロソフトがベンチャー企業の事業に興味を持つと、かなり興味深いことが起こるのが常だった[*5]。グーグルの将来を左右する問題だったが、打つべき手は定かではなかった。モリッツのメールは動き出せ、という呼びかけだった。対策チームをまとめ、プロダクト、セールス、マーケティング、財務、経営企画など会社全体について明確な目標を示すような計画を立ててほしい、とエリックに求めていた。グーグルの事業のありとあらゆる側面が俎上にあがり、融通無碍なベンチャー的企業構造から、ビジネスユニットを軸とする伝統的な組織に転換し、新たな収益源（これも新事業計画の主眼の一つだった）を見つけやすいようにするべきか、という議論まであった。何より重要だったのは、この計画を通じて、どのプロダクトをいつ発売するかという目標とロードマップを明確にすることだった。要するにモリッツは、包括的事

＊2　オックスフォード英語辞典が「ググる（Google）」を採用したのは二〇〇六年六月一五日。このとき他に追加された言葉は「ジオキャッシング（geocaching）」「マッシュアップ（mash-up）」「セルフストレージ（self-storage）」「テキスティング（texting）」など。以下の記事を参照。Candace Lombardi, "Google joins Xerox as a Verb" (*CNET News*, July 6, 2006).

＊3　もちろん「フィンランド」は実際に使ったコードネームではない。この本でばらしてしまったら、コードネームではなくなってしまうから。

＊4　当時マイクロソフトがどれほど恐れられていたかは、同社に関する書籍のタイトルを見ればわかる。*Microsoft Secrets: How the World's Most Powerful Software Company Creates Technology, Shapes Markets, and Manages People* (1995)（邦訳『マイクロソフトシークレット』）、*Overdrive: Bill Gates and the Race to Control Cyberspace* (1997)（邦訳『暴走する帝国』）、*How the Web Was Won: How Bill Gates and His Internet Idealists Transformed the Microsoft Empire* (2000)（邦訳『マイクロソフト　インターネット開拓史』）。

＊5　一九八〇年代から九〇年代にかけて、シリコンバレーのハイテク起業家は、投資家に説得力のあるマイクロソフト対策を提示しなければ出資を得られなかった。明確な対策なしに小切手を切ってもらえる見込みはなかった。

業計画という常識的な取締役なら誰でも要求するものを求めていたにすぎない。メールは威勢のよい言葉で結ばれていた。

八月半ばにはディナーパーティでも開いて、ぼくらの一世一代の戦いの計画がまとまったことを祝おうじゃないか。

新事業計画の核となるのはプロダクトだったので、エリックはこのプロジェクトをジョナサンに任せた。「結果は二週間後にほしい」という指示をつけて。

だが、一つ問題があった。巨大な企業が戦いを仕掛けてくるというだけではない。モリッツの言うとおり、ジャングル最強のゴリラと戦うためには、もちろん計画は必要だ。ただ、モリッツが間違っていた部分もある。モリッツの間違いと、それゆえに意図せずに私たちふたりを厄介な立場に追い込んでしまった理由を説明するために、まずグーグルがどんな会社であるかを見ていこう。

「エンジニアと話してこいよ」

一九九八年にグーグルを創業したとき、ラリーとセルゲイは経営の知識もなければ経験もなかった。ただ、それは弱みではなく、強みだと考えていた。会社が大きくなり、産声をあげたスタンフォード大学の学生寮から、メンロパークにあったスーザン・ウォジスキの自宅ガレージ[*6]へ、それからパロアルト、次にマウンテンビューのオフィスへと移っていくなかで、ラリーとセルゲイはグーグルをいくつかのシンプルな原則にもとづいて経営していたが、そのうち最も重要なのが「ユーザを中心に考えること」だった。最高のサービスを生み出せば、お金は後からついてくると信じていたのだ。世界最高の検索エンジンさえつくれば大成功は間違いなし、と。[*7]

最高の検索エンジン、またそれ以外のさまざまな最高のサービスを生み出すための戦略も、

＊6　スーザンはのちにグーグルの社員となり、最終的に広告プロダクト、その後ユーチューブの責任者になったが、最初の肩書は「大家」だったのだ。

＊7　経営の新参者であったラリーとセルゲイは知らなかったが、「ユーザを中心とする」というルールは、ピーター・ドラッカーの事業の目的に関する考え方と一致する。「まっとうな事業目的は一つしかない。顧客の創出だ。顧客は事業の土台であり、その存続を支える」*The Practice of Management*, (HarperBusiness, 1993 edition), page 37（邦訳『現代の経営』）。

同じようにシンプルなものだった。優秀なソフトウェアエンジニアをできるだけたくさん採用し、自由を与えるのだ。大学の研究室で生まれた企業らしいアプローチと言えるだろう。大学という世界で、最も価値があるのは知性だからだ（なかにはアメフトのボールを五〇ヤード投げられる才能が珍重される大学もあるが）。

口先だけで人材がすべてだと言う企業は多いが、ラリーとセルゲイはそれを本気で実行した。別に企業メッセージを伝えたり、利他主義を実践していたわけではない。グーグルが成功し、壮大な野望を遂げるためには、とびきり優秀なエンジニアを惹きつけ、引っ張っていくしかないと感じていたからだ。実際、エンジニア以外には興味もなかった。エリックがシェリル・サンドバーグ（現フェイスブックＣＯＯ）を採用しようとしたとき、ラリーとセルゲイはシェリルがエンジニアではないという理由で、初めは阻止しようとしたぐらいだ（シェリルは六年以上グーグルにとどまり、すばらしい成功を収めた）。会社が成長するのにともなって、ふたりはそれほど頑なではなくなったが、いまでも従業員（社内では「グーグラー」と呼ばれる）の半分以上はエンジニアでなければならない、というのが大原則である。

経営方針も同じようにシンプルだった。自分たちが在籍したスタンフォード大学のコンピュータ科学部の教授が、博士論文のテーマを一方的に学生に押しつけることなく、指示や提案のみを与えたのと同じように、従業員には大きな自由を与え、コミュニケーションを通じて全員がおおよそ同じ方向に進むようにしたのだ。ふたりはインターネットの重要性と検索の力に対する強烈な信念があり、それを社内のあちこちに巣食う小規模なエンジニアチームとのインフォーマルなミーティングや、毎週金曜日の午後に開かれる、何でも議題にしていい全社集会「TGIF」［訳注：「やった、金曜日だ！」の略］の場で伝えた。

一方、業務プロセスについてはかなり適当だった。長い間、会社のリソース管理は表計算ソフトを使い、一〇〇個の主要プロジェクトをランキングしたリストに頼っていた。社員なら誰でも閲覧でき、四半期に二度開かれるミーティングで議論された。ミーティングは状況のアップデート、リソース配分の見直し、ブレインストーミングという三つの目的を兼ね備えていた。あまり科学的とは言えないシステムで、ほとんどのプロジェクトは優先順位に応じて五段階で評価されていたが、なかには「新しい／斬新」「スカンクワークス」といった特殊なカテゴリーもあった（いまとなってはこの二つの違いは思い出せないが、当時はきっと意味があったのだろう）。これより長期的視野に立った計画はなく、またその必要性も感じていなかった。何か重要な案件が発生したら、エンジニアが気づいてリストを修正するはずだからだ。

エンジニア重視の姿勢は、経営幹部を採用する際も変わらなかった。ラリーとセルゲイはエリックの経営者としての能力を買ったのではなく、エンジニアとしての経歴（UNIXの専門家で、JAVAの開発――飲み物や島ではなく、プログラミング言語のほう――にも携わった）やベル研究所出身者というオタクの勲章を評価したのだ。ジョナサンが経済学やＭＢＡ（経営学修士）の学位保持者であるにもかかわらず採用されたのは、エキサイトやアップル時代にプロダクトの目利きやイノベーターとしての実績があったからだ。私たちの経営者としての実績は弱みにこそならなかったが、少なくともラリーやセルゲイにとっては強みでもなかった。

ジョナサンが入社して間もなく、創業者たちが伝統的なビジネス・プロセスをどれほど嫌っているか痛感する出来事があった。プロダクト管理の経験が豊富なジョナサンは、プロダクト開発の「ゲートベース・アプローチ」に精通していた。これは通常、明確に定義されたフェーズと目標があり、それを経営幹部がさまざまなレビューを通じて管理し、プロジェクトが会社のピラミッドをゆっくり上がっていくようにデザインされている。このアプローチは限られたリソースを有効に使い、またピラミッドの末端にある各部署から少数の意思決定者まで効率的に情報を吸い上げることを目標としていた。ジョナサンは自らの役割はまさにこうした秩序をグーグルに持ち込むことだと考え、また自分以上の適任者はいないと自負していた。

数カ月後、ジョナサンはラリー・ペイジに、ゲートベース・アプローチの粋を極めたプロダクト計画を提出した。目標や承認手続き、優先順位、そして二年先までに発売するプロダクトとその時期が盛り込まれていた。まさに模範的出来栄えである。あとは拍手喝采を浴び、

「よくやった」と肩を叩かれるのを待つばかりだ。だが残念ながら、そういう展開にはならなかった。ラリーは気に入らないどころではなかった。「担当チームが計画を前倒しで達成したなんて例を聞いたことがあるかい？」。いや……ありません。「君の部下たちが、計画を超えるプロダクトを仕上げたことがあるかい？」。それもありませんね。「じゃあ、計画なんて何のためにあるんだい？　ぼくらの手足をしばるだけじゃないか。エンジニア連中のところに行って、話をしてみろよ」

ラリーの話を聞きながら、ジョナサンはようやく気づいた。ラリーの言う「エンジニア」は、従来型の定義に当てはまるような存在ではないのだ。たしかにグーグルのエンジニアはとびきり優秀なプログラマやシステムデザイナーだが、卓越した技術知識に加えて経営にも詳しく、発想力も豊かだ。大学院の雰囲気をそのまま経営に持ち込んだラリーとセルゲイは、そんなエンジニアたちに常識を超える自由と権限を与えた。彼らを従来型の経営計画の枠組みで管理しようとしても、うまくいくはずがない。参考にはなるかもしれないが、手足をしばるリスクもある。「なんでそんなことをしなきゃならないんだ？　バカげてるよ」とラリーは言った。

こうした経緯から、マイク・モリッツら取締役会に従来型のＭＢＡスタイルの事業計画を求められたときも、私たちは〝バカげた〟ものはつくりたくなかった。グーグルに形式的で厳格な計画を押しつけても、他人の臓器を移植された患者のように拒絶反応を示すだけだろう。私たちは経験豊富な経営者として、カオスに満ちたグーグルに〝大人による監視〟を持ち込むつもりでやってきた。だが二〇〇三年夏には、すでにグーグルの経営は他の会社とは大きく違うことに気づいていた。従業員に他社には見られないような権限が与えられ、急速に変化する新たな業界に身を置いている。またこの新たな業界のダイナミクスへの理解も深まり、マイクロソフトに対抗するにはプロダクトの優位性を維持するしかないこと、その最も有効な方法は既定の事業計画に従うのではなく、優秀なエンジニアをできるだけたくさんかき集め、彼らの邪魔にならないようにすることだと思うようになっていた。ラリーとセルゲイはこの新たな時代にどのようなリーダーシップが必要か、直感的に理解していたようだったが、野心的なビジョンを実現できるだけの規模に会社を育てる方法はわかっていなかった（これは彼ら自身も認めている）。コンピュータ科学者のリーダーとしては申し分なかったが、コンピュータ科学者だけで最高の会社はできない。

グーグルが最高の会社を目指すうえで指針となるような原則はまだ存在すらしておらず、マイク・モリッツが望むような従来型の事業計画では到底その役割は果たせないこともはっきりしていた。

こうしてグーグルの歴史上、決定的に重要な場面で、私たちは完全に板挟みになっていた。

モリッツの期待するような、従来型の事業計画をつくることはできる。取締役はそれで満足するかもしれないが、従業員のモチベーションを高めたり、刺激を与えることは望めない。会社が喉から手が出るほどほしがっている優秀な人材を惹きつけることもできないだろうし、誕生したばかりの新たな産業の戦略的ダイナミクスにも対応できないだろう。何より事業計画が日の目を見る前に、ラリーとセルゲイがそれを潰してしまい、ついでに私たちもお払い箱になるかもしれない。

フィンランド計画

最終的に私たちが取締役会に提出した計画は、それなりに従来型の事業計画のような体裁を整えていたので、取締役には「よし、ついに事業計画ができたぞ！」と満足してもらうことはできた。いま見直しても、さまざまな面でまったく正しかったことに驚かされる。最も重視していたのは、グーグルがどのようにユーザ中心主義を貫き、最高のプラットフォームとプロダクトを構築するかだ。その計画にはこうある。グーグルは常にサービスの質を高め、またサービスを簡単に利用できるようにする。グーグルの土台を成すのはユーザであり、ユーザが増えるほど広告主が集まる。競合の脅威に対抗するための戦術もいくつか挙げていたが、基本的にマイクロソフトに立ち向かうには最高のプロダクトをつくるしかない。フタを開けてみると、それこそが正しい戦略だったのだ。

実際にマイクロソフトは猛烈にグーグルを攻めてきた。ネット検索と広告業界の覇者の座からグーグルを追い落とすために投資した金額は一一〇億ドル近いとされる。[*8] MSNサーチ、ウィンドウズ・ライブ、Bingなどのマイクロソフトのプログラムや、アクアンティブ［訳注：インターネット広告会社］などの企業買収がそれほどの成功を収められなかったのは、同社のやり方に問題があったためではなく、グーグルの備えが万全だったからだ。私たちは検索エンジンの改善にたゆみなく努力してきた。画像、書籍、ユーチューブ、ショッピングデータなど、新たな情報の集積を見つけるたびに検索に加えてきた。Gメールやグーグル・ドキュメントのような独自のアプリケーションを開発し、すべてウェブベースにした。独自のインフラを飛躍的に改良し、爆発的に増加するオンラインデータやコンテンツをより速くクロールできるようにした。[*9] 検索の速度をあげ、またより多くの言語でサービスを提供し、使いやすいようにユーザ・インターフェースを改良した。グーグル・マップの提供を開始し、ローカル情報の精度を高めた。ユーザがサービスを使いやすいように、さまざまなパートナーと手を組んだ。ブラウザなどマイクロソフトが強みを持つ分野にも参入した。グーグル・クロームは登場したその日から、最も高速で安全なブラウザの座に君臨している。しかも私たちはこうしたサービスをどれも非常に効率的かつ効果的な広告システムによって収益化している。

エリックはグーグルの社員に繰り返し警告してきた。「マイクロソフトは必ず、それも波状攻撃で攻めてくる」と。実際そのとおりになり、いまだに攻撃は続いているが、それでもモリッツに促されて作成した事業計画は、誰も想像もしなかったほどの成果をあげている。いまやグーグルは五〇〇億ドル企業となり、四〇カ国以上で四万五〇〇〇人以上の従業員を擁するまでになった。ネット検索とネット広告からの多角化も進め、動画その他のデジタルマーケティングにも進出した。ＰＣ中心の世界からモバイル中心の世界への移行に成功し、ハードウェアでも優れたプロダクト群を送り出している。そして世界中の人にインターネット接続を可能にする、あるいは自動運転車といった新たなプロジェクトによって、テクノロジーの限界を広げてきた。

＊8　Jay Yarow, "Steve Ballmer's Huge Reorg of Microsoft Could Bury One of the Company's Biggest Embarrassments," (*Business Insider*, July 9, 2013).

＊9　これは本当に難しい取り組みだ。巨大化を続ける山に繰り返し登るようなもので、しかも登るたびに前回よりも速く頂上に到着しなければならない。土や岩ではなく、データの山だが。

ただ、グーグルが成功した最大の理由の一つは、二〇〇三年のあの日、私たちが提出した〝事業計画〟が、じつはまったく計画らしくなかったことにある。財務予想や収入源に関する議論は一切なかった。ユーザ、広告主、あるいはパートナー企業が何を望んでいるか、それが市場セグメントにどのように当てはまるかといった市場調査も行わなかった。市場のセグメンテーション、あるいは最初にターゲットとすべき広告主といった考え方もなかった。チャネル戦略も、広告プロダクトをどのように売るかという議論もなし。セールス部門はこれ、プロダクト部門はこれ、そしてエンジニアリング部門の仕事はこれ、といった組織図の概念もなかった。何をいつまでにつくるかを詳細に記した製品ロードマップもなかった。予算もなし。取締役会や経営陣が進捗状況を確認するための目標やマイルストーンといったものもない。

どのように会社をつくっていくか、もう少し具体的に言えば、ラリーとセルゲイの「エンジニアに聞け」の精神を守りつつ、世界最強のテクノロジー会社に立ち向かい、世界数十億人の生き方を変えるという壮大な志を遂げられるような会社をどのようにつくるかという戦術への言及もなかった。触れなかった理由は簡単だ。どうやればいいのか、わからなかったからだ。当時、経営戦術についてはっきりしていたのは、私たちが二〇世紀に学んだことのほとんどは間違っており、それを根本から見直すべき時期が来ている、ということだけだった。

驚異が驚異ではなくなる時代

こんにち、私たちはまったく新しい時代、すなわち「インターネットの世紀」に生きている。テクノロジーが産業界を揺るがし、変化は加速している。この結果、ビジネスリーダーは先例のない試練に直面している。試練の本質を理解するために、一歩引いてどれほどすごいことが起きているか、改めて考えてみることにしよう。

三つの強力な技術トレンドが相まって、ほとんどの業界で競争条件が根本的に変化した。第一に、インターネットによって情報が無料に、豊富に、そしてどこでも入手できるようになった。たいていのことはネット上にある。第二に、携帯端末やネットワークが世界中に広がり、常時接続が普及した。第三に、クラウドコンピューティング[*10]によって、無限のコンピューティング能力やストレージ、たくさんの高度なツールやアプリケーションを誰でも、安価に、し

---

*10 「クラウドコンピューティング」という言葉は、かつてのネットワーク図ではサーバのアイコンを丸で囲んでいたことに由来している。ネットワーク図にサーバ群を書くと、いくつもの丸が重なり、雲のように見える。

かも利用時払いで使える仕組みができた。世界の大部分の人々はこうした技術へのアクセスがまだないが、状況が変わり、新たに五〇億人がネットに接続する時代は近い。

消費者の視点に立つと、この三つの技術の波が収束したことで不可能が可能になった。飛行機で出張する予定があれば、出発の日に携帯電話が家を出る時間、向かうべきターミナルやゲートを知らせてくれるだろう。出張先で傘が必要なら、聞かなくても教えてくれる。必要な情報があれば、端末にひと言ふた言つぶやくだけで、世界中の知識の大半を網羅する巨大な情報プールから答えを探し、ほぼ瞬時に提示してくれる。街角で耳にした曲が気に入ったら、携帯をかざし、ボタンを押すだけで曲名を特定し、購入し、世界のどこにいてもいろいろな端末で聴けるようにしてくれる。移動するときは携帯電話（あるいはメガネや腕時計）が行き方を教えてくれるほか、渋滞状況なども知らせてくれる。外国旅行中は携帯電話（メガネでも腕時計でも）に話しかけると旅先の言葉に翻訳してくれたり、標識にかざすと母国語にして読み上げてくれる。芸術が好きな人なら、バーチャルに世界中のすばらしい美術館に足を踏み入れ、好みの絵画を画家自身を除いて誰もしたことのないほどじっくり鑑賞できる。今晩のデートで使う店の雰囲気、あるいは駐車しやすさを確認しておきたいと思ったら、バーチャルに店まで運転していき、入口を通って店内をくまなく見てまわろう。一四番テーブルが良さそうだ！

私たちが大学に通っていた一九七〇年代終わりから一九八〇年代はじめは、週に一度、日曜日だけ、それも夕方五時になるまでに実家に電話をするのが習慣だった。五時を越えると割引料金が適用されなくなるからだ。だが数年前、オーストラリアに留学したジョナサンの息子は、たびたびカリフォルニアの家族と夕食を共にした。オーストラリアの自室のテーブルにノートパソコンを載せ、ハングアウトでビデオ通話をしたのだ。しかも無料で。

だが何より驚異的なのは、こうした驚異的な事柄にまったく驚きがないことだ。かつて世界最速のコンピュータや最高の電子機器は会社にしかなく、職場を離れると固定電話、紙の地図、ラジオ局の人間が気まぐれに流す音楽、あるいは大の男がふたりがかりでようやく運べるような、ケーブルやアンテナにつながったテレビで満足するしかなかった。こうした状況が何十年も変わらず続いていたのだ。それがいまでは目をみはるようなイノベーションが日常茶飯事になっている。

スピード

技術は消費者に大きな影響を与えてきたとはいえ、企業に与えた影響とは比較にならない。経済学では、主要な生産要素の費用曲線が下方にシフトすると、その産業に大きな変化が起こる、という。[*11] こんにち、安くなった生産要素は三つある。情報、インターネットへの接続、コンピューティング能力であり、これらとかかわりのあるすべての費用曲線に作用している。これは間違いなく破壊的な影響をおよぼす。従来型企業、つまり前インターネット時代の企業は「希少性」を前提に事業を組み立てている。情報の希少性、流通資源やマーケットリーチの希少性、あるいは選択肢や売場面積の希少性などだ。だが、いまやこうした要素は過剰になり、参入障壁は低く、あるいは消滅し、産業全体の変化が待ったなしになった。[*12] 最初にその影響が明らかになったのはメディア業界だ。メディア業界のプロダクトはすべてデジタル化し、無料で世界中に送ることができる。ただ実際にはすべての業界が多かれ少なかれ、情報で動いている。メディア、マーケティング、小売り、医療、政府、教育、金融、運輸、防衛、エネルギー……。この時代を無傷で乗り切れる産業など思いつかない。

こうした激変の結果、いまや企業の成功に最も重要な要素はプロダクトの優位性になった。情報の管理能力でも、流通チャネルの支配力でも、圧倒的なマーケティング力でもない（いずれもまだ重要な要素ではあるが）。根拠はいくつかある。まず、消費者はかつてないほど多くの情報と選択肢を手にした。[*13] かつては圧倒的なマーケティング力や販売力があれば、お粗末なプロダクトでも市場の勝者になれた。そこそこのプロダクトをつくり、巨額のマーケティング予算にモノを言わせて評判をコントロールし、消費者の選択肢を制限すれば、潤沢な利益は約束されたようなものだった。大手レストランチェーンの〈ベニガンズ〉で食事をしたことがあるだろうか？　ステーキハウスの〈ステーキ＆エール〉は？　どちらも一九八〇年代には栄華をきわめ、全米に何百店という店を構え、そこそこの料理とサービスを提供していた。

だが、いまでは状況は様変わりした。都市にも郊外にもありとあらゆるスタイルの店がある。地元のオーナーの店もあれば、チェーン店もある。そしてディナーに出かけようという

＊11　経済用語になじみのない読者のために説明すると、「費用曲線の下方シフト」は「高かったモノが安くなる」という意味だ。

＊12　テクノロジー界のビジョナリー、ジョージ・ギルダーはすべての経済期の基礎には主要な「過剰」と「希少性」がある、と指摘する（たとえば馬力が希少だった時代には土地が過剰だったが、馬力のコストが極端に低下した工業化時代にはそれが逆になった）。一九九六年の驚くほど先見性のある小論のなかで、ギルダーは回線容量の価格下落の結果「コンピュータのアーキテクチャと情報経済は根本的に変わる。（中略）低消費電力とブロードバンドを活かし、新たな時代に最も普及するコンピュータはＩＰアドレスを持つデジタル携帯電話になるだろう」と書いている。以下を参照。George Gilder, "The Gilder Paradigm" (*Wired*, December 1996). *Gilder Technology Report*の再録記事。

＊13　ピーター・ドラッカーは二〇〇一年の時点でこうした変化を予想していた。権力の中心はサプライヤーからディストリビューターに移ると指摘し、「今後三〇年のうちに、次は消費者に移る。その理由は簡単で、消費者はいまや世界中の情報を自由に入手できるようになったからだ」と書いた。Peter F. Drucker, *The Essential Drucker* (HarperBusiness, 2011), page 348（邦訳『イノベーターの条件』）を参照。

お客は各店の質について、イェルプをはじめとするさまざまなウェブサイトで、プロの批評家から一般人のコメントまでたくさんの情報を集められる。これほど情報があふれ、魅力的な選択肢がたくさんある状況では、チェーン店か独立系かにかかわらず、いくら歴史やマーケティング予算があっても質の低い店に勝ち目はない。反対に、オープンしたてでも質の高い店は、クチコミで評判が広がる。*14 同じことが自動車、ホテル、おもちゃ、洋服のほか、ネットで検索できるありとあらゆるプロダクトやサービスに言える。顧客には豊富な選択肢があり、またネット上には売場面積の制約はない（ユーチューブには一〇〇万以上のチャンネルがあり、アマゾンは企業のリーダーシップに関する本だけで五万タイトルをそろえている）。しかも顧客には発言力もある。粗悪なプロダクトや不快なサービスは、企業にとっては命取りになりかねない。

私たちはインターネット時代に入って以降、こうした現象をいくつも目の当たりにしてきた。ジョナサンはエキサイト@ホームで働いていたとき、グーグルと検索で提携したいと考えた。だがCEOはこう言って反対した。「グーグルの検索エンジンはたしかにウチより出来がいいが、マーケティング力はこっちが上だ」。エキサイト@ホームがすでに消滅したことからも、この戦略は明らかに失敗したようだ（「@」記号をかなり流行らせるのには貢献したが！）。ブランドやマーケティングにはたいしたことのないプロダクトでも成功させる力がある、という考え方は、当時のエキサイトの経営者に限ったものではない。「グーグル・ノートブック（Google Notebook）」を覚えている読者はいるだろうか。「ノル（Knol）」「iグーグル（iGoogle）」「ウェーブ（Wave）」「バズ（Buzz）」「ピジョンランク（PigeonRank）」[*15]は？ どれもそれなりに良いところもあったグーグルのプロダクトだが、ユーザには受け入れられなかった。最高のプロダクトではなかったために、当然の報いとして消え去ったのだ。グーグルのブランド力、優れたマーケティングやPR力といった追い風にも、凡庸さという逆風を跳ね返すような力は到底なかった。アマゾン創業者兼CEOのジェフ・ベゾスの言うとおりだ。「古い世界では持てる時間の三〇％を優れたプロダクトの開発に、七〇％をそれがどれほどすばらしいプロダクトか吹聴してまわるのに充てていた。それが新たな世界では逆転した」[*16]

---

*14 ハーバード・ビジネススクールのある経済学者が、イェルプがレストランの売上におよぼす影響を調査した結果、好意的なレビューは独立系レストラン（チェーン店ではないレストラン）の売上を高めることがわかった。この結果、イェルプの利用度が高い地域では、チェーン店から顧客が流出した。以下を参照。Michael Luca, "Reviews, Reputation, and Revenue: The Case of Yelp.com" (Harvard Business School Working Paper, September 2011).

*15 ピジョンランクは「ピジョンクラスター」を使ってウェブページの相対的価値を算出するシステムだったが、この短命ぶりはきわだっていた。二〇〇二年四月一日朝に稼働し、二日の午前零時にはシャットダウンされた。

プロダクトの優位性がとくに重要である二つめの理由は、新たな試みをし、失敗するコストが大幅に低下したことだ。これが最も顕著なのはハイテク業界で、エンジニアとデベロッパー、デザイナーによる小規模なチームでもしびれるようなプロダクトを開発し、ネットを使って世界中に無料で届けることができる。新しいプロダクトの構想を描き、つくり、少数の消費者相手にテストマーケティングをし、優れている点と改良すべき点を見きわめ、プロダクトを改良して再び試す、という作業は驚くほど簡単になった。プロダクトを改良する代わりに、新しいプロジェクトを立ち上げてもいい。経験を積んだ分だけ賢くなっているのだから。

ハイテク業界だけでなく、製造業においても実験のコストは低くなった。コンピュータを使ってプロトタイプを作成し、3Dプリンタで形にし、ネットでテストマーケティングをして、その結果にもとづいてデザインを修正することもできる。プロトタイプや気の利いたPR動画を使って、ネット上で資金調達をしてもいい。グーグルのなかでもとくに野心的なプロジェクトに取り組むチーム「グーグルx」は、メガネほどの軽さのウェアラブルなモバイルコンピュータ「グーグル・グラス」のプロトタイプを、わずか九〇分でつくってしまった。かなり粗削りだったが、とても重要な目的を十分満たすものだった。「説明はいらないから、見せてくれ」という要求に応えたのだ。

プロダクト開発はより柔軟で、スピードが求められるプロセスになった。劇的に優れたプロダクトを生み出すのに必要なのは巨大な組織ではなく、数えきれないほどの試行錯誤を繰り返すことだ。つまり成功やプロダクトの優位性を支えるのは、スピードなのだ。

残念ながらジョナサン自慢の、ボツになったゲートベース・アプローチにもとづくプロダクト開発のフレームワークと同じように、こんにち多くの企業が採用している経営管理プロセスは、こうした目的を満たすものではない。いずれも一〇〇年以上前の時代の産物だ。失敗のコストが高く、全体的な情報を握っているのは経営トップだけという時代のもので、リスクを抑え、情報量の多いひとにぎりの経営者だけに意思決定を委ねることを主眼としていた。この伝統的な指揮統制を旨とする構造では、組織の末端から経営陣へとデータが上がっていき、意思決定がなされると今度はそれが逆方向に下っていく。この方法は意思決定のスピードをあえて遅くするように設計されており、その狙いを十二分に果たしている。つまり、企業が経営のスピードをひたすら高めていかなければならないこの時代に、構造がそれを阻んでいるのだ。

＊16　以下の記事を参照。George Anders, "Jeff Bezos's Top 10 Leadership Lessons" (*Forbes*, April 23, 2012).

〝スマート・クリエイティブ〟

さいわい産業界を揺るがす「過剰の経済」は、労働市場も大きく揺さぶっている。こんにちの労働環境は、二〇世紀とは本質的に異なる。すでに述べたとおり、実験のコストは安くなり、失敗のコストも（うまくやれば）かつてよりは大幅に低くなった。そのうえ、かつてはデータは希少でコンピューティングのリソースも高価だったが、いまではどちらも豊富になり、ケチケチする必要はなくなった。部署を越え、大陸や海を越えての協業も簡単にできる。こうした要素が組み合わさった結果、突如としてひとりのプレイヤー、マネジャー、経営者にいたるまで、働く人間がとほうもないインパクトを生み出せるようになった。

こうした人材、すなわち情報を活用する仕事に就き、簡単に言うと「モノを考えることを生業《なりわい》とする人々」を表現する言葉として定着しているのは「知識労働者《ナレッジ・ワーカー》」だ。経営学の権威ピーター・ドラッカーが一九五九年の著書『変貌する産業社会』で初めて使った言葉である。[*17] その後のドラッカーの著書には、知識労働者の生産性をどのように高めるかを扱ったものも多く、この言葉は一九六〇年代以降、広く使われるようになった。通常、最も価値のある知識労働者とは、限られたスキルにとことん習熟することで（「モーティはエクセルの達人だ」「倉庫のことはビッキーに聞け」「バスケットコートを仕切っているのはピートだ」といった具合に）、制約の多い企業組織で成功する人材だ。変化は求めない。彼らが優れた人材でいられるのは、組織のいまの状態だからだ。ＩＢＭ、ゼネラル・エレクトリック（ＧＥ）、ゼネラル・モーターズ（ＧＭ）、ジョンソン・エンド・ジョンソンなどの優れた企業は、有望な人材に二〜三年ずつさまざまな部署を経験させる経営幹部養成トラックを設けている。だがこの仕組みは専門能力ではなく、経営能力を高めることを目的としている。この結果、従来型企業で働く知識労働者のほとんどは、専門分野には秀でていても能力に幅がないか、幅広い経営能力を備えていても専門性に欠けるかのどちらかになる。

伝統的な知識労働者と、ここ十数年私たちが一緒に働いてきたグーグルのエンジニアをはじめとする優秀な人材を比べてみると、後者がまったく違うタイプの労働者であることがわかる。グーグルの社員は特定の任務にしばられていない。会社の情報やコンピューティング能力に自由にアクセスできる。リスクテイクをいとわず、またそうしたリスクをともなう取り組みが失敗したとしても処罰や不利益を受けることはない。職務や組織構造に束縛されることはなく、むしろ自分のアイデアを実行に移すよう奨励されている。納得できないことがあれば、黙ってはいない。退屈しやすく、しょっちゅう職務を変える。多才で、専門性とビ

＊17　Peter F. Drucker, *Landmarks of Tomorrow* (Harper, 1959)（邦訳『変貌する産業社会』）。

ジネススキルと創造力を併せ持っている。要するに、少なくとも従来の意味での知識労働者ではないのだ。私たちが「スマート・クリエイティブ」と呼ぶ新種で、インターネットの世紀での成功のカギを握る存在だ。

こんにち、あらゆる企業はプロダクト開発プロセスのスピードと、プロダクトの質を高めることを最優先すべきだ。産業革命以来の業務プロセスは、リスクを抑え、失敗を避けることに重きを置きすぎていた。こうしたプロセスやそこから生まれた経営手法の支配する環境では、スマート・クリエイティブは息が詰まってしまう。一方、こんにち成功している企業の際立った特色は、最高のプロダクトを生み出しつづける能力だ。それを手に入れる唯一の道は、スマート・クリエイティブを惹きつけ、彼らがとてつもない偉業を成し遂げられるような環境をつくりだすことだ。

では、この「スマート・クリエイティブ」というのは、具体的にどんな人間なのか。

スマート・クリエイティブは、自分の〝商売道具〟を使いこなすための高度な専門知識を持っており、経験値も高い。私たちの業界ではコンピュータ科学者か、少なくとも日々コンピュータの画面上で起きている魔法の背後にあるシステムの理論や構造を理解している人材ということになる。だが他の業界では、医師、デザイナー、科学者、映画監督、エンジニア、シェフ、数学者などがスマート・クリエイティブになるかもしれない。実行力に優れ、単にコンセプトを考えるだけでなく、プロトタイプをつくる人間だ。

分析力も優れている。データを扱うのが得意で、それを意思決定に生かすことができる。同時にデータの弱点もわかっており、いつまでも分析を続けようとはしない。データに判断させるのは構わないが、それに振り回されるのはやめよう、と考える。

ビジネス感覚も優れている。専門知識をプロダクトの優位性や事業の成功と結びつけて考えることができ、そのすべてが重要であることをわかっている。

競争心も旺盛だ。成功にはイノベーションが不可欠だが、猛烈な努力も欠かせない。スマート・クリエイティブは頂点を目指す意欲にあふれ、それが朝九時から夕方五時の勤務では成し遂げられないこともよくわかっている。

ユーザのこともよくわかっている。どんな業界に身を置いているかにかかわらず、スマート・クリエイティブはプロダクトを誰よりもユーザ目線、あるいは消費者の視点から見ることができる。自らが「パワー・ユーザ」で、興味の対象に取りつかれたようにのめり込む。たとえば週末は愛車の「69GTO」の調整に没頭する自動車デザイナー、あるいは自宅の設計を何度も何度もやり直すような建築家だ。自分自身がプロダクトのフォーカスグループ、注文の多いテストユーザ、あるいは実験台になる。

スマート・クリエイティブからは消火ホースのように、本当の意味で斬新なアイデアがほとばしり出る。他の人とはまったく違う視点があり、ときには本来の自分とも違う視点に立つ。必要に応じて、カメレオン的に視点を使い分けることができるからだ。

好奇心旺盛だ。常に疑問を抱き、決して現状に満足せず、常に問題を見つけて解決しようとし、それができるのは自分しかいないと確信している。傲慢に見えることもあるだろう。リスクをいとわない。失敗を恐れない。失敗からは常に大切なことを学べると信じているからだ。あるいはとほうもない自信家で、たとえ失敗しても、絶対に立ち直り、次は成功できると思っている。

自発的だ。指示を与えられるのを待つのではなく、また納得できない指示を与えられたら無視することもある。自らの主体性にもとづいて行動するが、その主体性自体が並みの強さではない。

あらゆる可能性にオープンだ。自由に他者と協力し、アイデアや分析をそれを誰が口にしたかではなく、それ自体の質にもとづいて評価する。たとえば刺繍が好きなら、クッションに花模様の代わりに「あなたに一ペニーあげたら、あなたは豊かになって私は貧しくなる。でもあなたにアイデアをあげたら、ふたりとも豊かになれる」と縫ってみる。それからクッションを空に飛ばし、レーザー光線を発射させる方法を考える。

細かい点まで注意が行き届く。集中力を切らさず、どんな細かいことも覚えている。それ

いるのだ。

は勉強し、記憶するからではない。それが自分にとって重要だから、すべてを知り尽くしている。

コミュニケーションは得意だ。一対一でも集団の前で話すときも、話がおもしろく、センスがよくてカリスマ性さえ感じさせる。

すべてのスマート・クリエイティブがこうした特徴を全部備えているわけではないし、実際そんな人間は数えるほどしかいない。だが全員に共通するのは、ビジネスセンス、専門知識、クリエイティブなエネルギー、自分で手を動かして業務を遂行しようとする姿勢だ。これが基本的要件だ。

ありがたいことに、スマート・クリエイティブはどこにでもいる。私たちが一緒に働いたなかには、名門大学のコンピュータ科学の学位を持つ人も多かったが、そうではない人もたくさんいた。スマート・クリエイティブはどんな都市にも学校にもいる。社会階層や年齢、性別も関係ない。たいていの企業、非営利組織や政府にもいる。テクノロジーのもたらすツールを使って価値あることをしたいという、意欲と能力のある、あらゆる世代の志の高い人たちだ。その共通点は努力をいとわず、これまでの常識的方法に疑問を持ち、新しいやり方を試すことに積極的であることだ。スマート・クリエイティブが大きな影響を持ち得るのはこうした理由からだ。

スマート・クリエイティブのマネジメントがことさら難しい理由もここにある。とくに従来型の経営モデルは通用しない。というのも、このようなタイプの人間に特定のモノの考え方を押しつけようとしてもムダだからだ。特定の考え方を押しつけることができないのであれば、彼らがモノを考える〝環境〟をマネジメントするしかない。それも毎日喜んで出社したくなるような環境をつくるのだ。

楽しいプロジェクト

ここで私たちのグーグルでの体験に話を戻そう。二〇〇三年に取締役会に事業計画を提出するころには、自分たちに与えられた課題がよくわかっていた。それはこんにち、多くのビジネスリーダーが直面しているのと同じものだ。経営の原則を見直し、すばらしくスマート・クリエイティブな社員たちが真価を発揮できるような新たな労働環境を生み出し、維持することだ。しかも私たちの場合は爆発的成長を続ける企業のなかで、である。私たちはもともと〝大人による監視〟の担い手としてグーグルに招かれたが、結局グーグルで成功するにはそれまで身に着けた経営に関する知識をすべて捨て去り、学び直さなければならなかった。その最高の教師となったのが、本社「グーグルプレックス」で日々、顔を合わせていた社員たちだ。

　私たちはそれ以来ずっと、この課題に取り組んできた。そしてまじめな生徒の常として、学んだことはしっかり記録しておいた。スタッフミーティングやプロダクトレビューでおもしろいことを耳にすると、書き留めておいた。エリックは定期的に会社の優先課題をまとめてグーグラーに読ませていたが、ジョナサンはその最もよく書けている部分を保存しておいた。またジョナサンがプロダクトチーム宛に、優れた取り組みを称え、うまくいっていないものに注意を促すメールを送ったときには、エリックがそれに自分の意見や分析を加えたりした。こうしたなかで、私たちはこの新世界における経営のフレームワークをつくりあげていった。

　数年前、グーグルでグローバル・セールスと事業運営の責任者を務めていたニケシュ・アローラがジョナサンに、世界中からセールスリーダーを集めるので講演してほしい、と頼んできた。ニケシュ自身も絵に描いたようなスマート・クリエイティブだ。インドのバラナシ・ヒンドゥー大学工学研究所で電気工学を学び、二〇〇四年にヨーロッパのセールス責任者としてグーグルに入社した（これほど大規模な営業組織を指揮した経験はほとんどなかったが）。二〇〇九年にはグローバルビジネスの責任者としてカリフォルニアにやってきた。ニケシュは常に最高の結果を出す人間なので、並大抵の講演では許されないことはジョナサンにもわかっていた。すでにグーグルは誕生から一〇年以上が過ぎていたが、まだあり得ないような成長を続けていた。ニケシュはジョナサンに、エリックとともに蓄積したグーグルの経営に関する〝部族の知恵〟を、次世代のリーダーに伝えてほしいと思ったのだ。これはふたりの〝生徒〟が、この間に〝教師たち〟から学んできたことをまとめる絶好の機会だった。

講演がかなり好評だったので、私たちはそれをもとにグーグルのディレクターに経営セミナーを開くようになった。少人数のグループ形式で、グーグルの原則を見直し、スマート・クリエイティブのマネジメントにまつわる事例を話し合うのだ。そしてついにエリックは、優れたリーダーがやりたいことのあるときに使う常套手段に出た。アイデアを提案したのである。メールの内容はこうだ。

ここでぼくらがやっているのは、かなりすごいことだと思う。だからジョナサンとぼくで経営に関する本を書いたらどうだろう。

もちろん、本で説明する経営の原則にのっとって、骨の折れる仕事は全部ジョナサンに任せて、手柄はぼくが独り占めってことで;)。というのは冗談。

いずれにしても、ぼくらふたりにとって楽しいプロジェクトになると思う。

ジョナサン、どうだい？

エリックがこのアイデアを抱いたきっかけは、かつて耳にしたジョン・チェンバースの話だ。シスコのCEOとして尊敬を集めるチェンバースは、駆け出し経営者だった一九九〇年代初頭、当時のヒューレット・パッカードCEO、ルイス・プラットとたびたび会い、戦略や経営について議論したという。あるときプラットの親切に心を打たれたチェンバースは、なぜ他社の若い経営者に貴重な時間をこれほど割いてくれるのか、と尋ねた。「それがシリコンバレーのルールだからさ。私たちの仕事は君たちに手を貸すことなんだ」とプラットは答えた。

アップル創業者兼CEOだったスティーブ・ジョブズは生前、自宅が近かったラリー・ペイジにたびたびアドバイスを与えていた。ジョブズもプラットと同じような考え方を、もう少し気の利いた表現で語っている。私たちの友人でシリコンバレーの歴史に詳しいレスリー・バーリンは、インテル共同創業者のロバート・ノイスの評伝を書いたことがある。そのリサーチの一環としてジョブズをインタビューし、駆け出しのころノイスと頻繁に会っていた理由を尋ねた。「ショーペンハウアーが手品師について書いたとおりさ」とジョブズは答えた。そして一九世紀のドイツの哲学者、アルトゥル・ショーペンハウアーのエッセイ集を手に取り、「この世の苦しみについて」という陽気なタイトルの一節をバーリンに読み聞かせたという。「二〜三世代の有り様を眺めてきた者は、祭りの手品師の小屋に腰を据え、その芸を何度も眺めているのに等しい。手品はお客が一度しか見ないことを前提にしており、何度も見ているとタネが割れ、不思議さはなくなる」（インタビューの途中にショーペンハウアーを引用すること自体が手品のようだが）[*18]

グーグルにやってきたときの私たちは、経験豊富な経営幹部として、自らの知識や能力にかなりの自負があった。だが鼻をへし折られる出来事に満ちた一〇年を過ごした結果、「本当に大切なのは、すべてわかったと思った後に学ぶことだ」[*19]というジョン・ウッデンの金言をかみしめるようになった。私たちは創業者や同僚がすばらしい会社をつくりあげるのに協力しながら、その様子を最前列で見守った。いわば手品師のパフォーマンスをかぶりつきで見ていたようなものだ。その経験を通じて、それまで身に着けたと思い込んでいた経営の知識をすべて捨て去り、一から学び直した。こんにち世界中からありとあらゆる業界の、大小さまざまな企業や組織がシリコンバレーを訪れ、この類例のない地域を支える知恵やエネルギーを吸収しようとしている。誰もが本気で変わろうとしている。本書はまさに彼らのためにある。シリコンバレーの先達の精神にならい、私たちも手品師のトリックを明らかにし、それを誰もが生かせる教訓として提示したいと考えている。

本書は成功・成長している企業やベンチャーの発達過程をたどるような構成になっている。

この発達過程は、雪玉が坂道を転がっていくうちに勢いがつき、どんどん大きくなっていくような、永続的な好循環に発展できるものだ。一連のステップは、スマート・クリエイティブを惹きつけ、意欲を高めるために企業が実践可能なものだ。その一つひとつが企業を次のステップへと押し上げていく。各ステップは相互に依存し、お互いの上に成り立っている。またどのステップも決して終わることのない、ダイナミックなものだ。

まずは最高のスマート・クリエイティブを惹きつける方法から始める。その出発点は企業文化だ。なぜなら企業文化とビジネスの成功は切り離して考えることができないからだ。自分たちのモットーを信じられなければ、大成功はとうてい望めない。次に取り上げるのは戦略だ。スマート・クリエイティブは強固な戦略の土台に根差したアイデアに何より魅力を感じる。事業計画を支える戦略の柱こそが、事業計画そのものよりはるかに重要だとよくわかっている。その次が採用だ。これはリーダーの最も大切な仕事である。最高の人材を十分集め

＊18 Arthur Schopenhauer, *Essays and Aphorisms* (Penguin, 1970).

＊19 二〇一〇年に九九歳でなくなったウッデンは、ＵＣＬＡの男子バスケットボール部のコーチとしてＮＣＡＡトーナメントを一〇回制覇した。だが最初の優勝を手にするまで一五年かかったため、学習については一家言あったようだ。以下を参照。John Wooden and Steve Jamison, *Wooden on Leadership* (McGraw-Hill, 2005), page 34（邦訳『元祖プロ・コーチが教える育てる技術』）。

ることができれば、知性と知性が混じり合い、クリエイティビティと成功が生まれるのは確実だ。

メンバーがそろい、企業が成長を始めると、難しい判断を下さなければならない時期が来る。ここでは私たちの考える「意見の一致」、合意形成の方法について説明する。その次の章ではコミュニケーションについて論じる。これは組織の成長にともなってきわめて重要に(かつ難しく)なる。その次がイノベーションだ。持続的成長を実現する唯一の方法はプロダクトの優位性を維持することであり、〝イノベーションの原始スープ〟に満たされた環境をつくることがそこにいたる唯一の道なのだ。最後に従来型企業について、そして想像もできないことを想像する方法について考える。

まだ見ぬピラミッド

どれも簡単なことではない。私たちもいつ終わるとも知れない会議、意見対立、失敗など厳しい経験を通じて多くの教訓を学んだ。インターネットが本格的に普及しようという歴史的瞬間に、とびきり優秀な創業者の率いるとんでもない会社に入ったという、稀に見る幸運に恵まれたことも素直に認めよう。自分たちが三塁打を打ったのではなく、単打か二塁打でたまたま三塁まで進めただけだ。

もちろん、すべての問題の答えを知っているわけではない。だが技術が支配し、従業員が大きな変化を起こす力を手にした新しい世界について、多くを学んできたことは確かだ。私たちが学んだことが、大企業からベンチャー企業まで、また非営利組織から政府まで、あらゆるタイプの組織を率いるリーダーに知恵やアイデアを提供できるかもしれない。少なくとも、私たちのグーグルでの経験を他の企業や領域にどのように応用できるか、という議論を喚起することはできるだろう。だが私たちが何より望んでいるのは、この本をみなさんに楽しんでいただくのはもちろん、そのうえで新しい何かを生み出すためのアイデアやツールを提供することだ。

ここで言う「みなさん」とは、起業家であるあなた自身だ。あなたもこの時代の真っ只中にいる。まだ自分は起業家だとは思っていないかもしれないが、じつはそうなのだ。あなたには、すべてを変える可能性を秘めたアイデアがある。すでにプロトタイプがあるかもしれないし、プロダクトの最初のバージョンが完成しているかもしれない。頭がよく、野心があり、ひとりあるいは数人の仲間と一緒に会議室、ガレージ、オフィス、カフェ、アパートや学生寮の一室にこもっている。勉強中、仕事中、あるいは子供の世話やパートナーとの会話中など、他のことをしなければいけないときでも、頭のなかはそのアイデアでいっぱいだ。

まもなく新しいベンチャーを立ち上げようとしているあなたを、私たちは手助けしたい。

そしてここで言う「ベンチャー」とは、シリコンバレーにひしめくＩＴベンチャーに限らない。こんにち、従業員は企業により多くを求めるようになっているが、応じてもらえないことが多い。これはチャンスだ。本書で取り上げる原則は、ゼロから、あるいは既存の企業のなかで、新しい会社やプロジェクトをスタートさせようとしているすべての人に当てはまる。原則は、ベンチャー企業、あるいはハイテク企業に限定されたものではない。実際、有能な経営者が既存の組織のさまざまな長所を生かすことができれば、ベンチャー企業よりもはるかに大きなインパクトを生み出すことができる。だからパーカーが似合わなくても、ベンチャー投資家から数億ドルの小切手を受け取っていなくても、次に時代を変える発明をするのはあなたかもしれない。自分が身を置く業界が急激に変化しているという認識、リスクを引き受け、その変化の一翼を担おうとするガッツ、そして最高のスマート・クリエイティブを惹きつけ、目標の実現に向けて導いていく意欲さえあればいい。

まさに自分のことだと思ったのではないか。心の準備は整っただろうか。ドラッカーも書いているように、何千年も前にピラミッドを構想し、建設したエジプト王は、非常に有能な経営者だった。[*20] インターネットの世紀は、未建設のピラミッドであふれている。さあ、とりかかろうじゃないか。

しかも今回は、奴隷労働なしで。

＊20 Peter F. Drucker, *The Essential Drucker* (HarperBusiness, 2011), page 312-13（邦訳『イノベーターの条件』）。ドラッカーはこう書いている。「経営という行為の歴史は非常に古い。史上最も成功した経営者は、間違いなく四〇〇〇年以上前に初めて、先例のないピラミッドを構想し、設計し、建設し、しかもそれを記録的な短期間で成し遂げたエジプト王だ」

文化
自分たちのスローガンを信じる

二〇〇二年五月のある金曜日の午後。ラリー・ペイジはグーグルのウェブサイトでいろいろな検索語を入力しては、どんな検索結果や広告が表示されるかを見ていた。結果にはかなり不満だった。オーガニック（自然）検索の結果は妥当だったが、表示される広告には検索語と無関係のものも含まれていた。[*21] たとえば「Kawasaki H1B」と入力すると、検索語の意味するオートバイの名車ではなく、移民にアメリカの「H－1B」ビザの取得を支援する弁護士事務所の広告ばかりが表示された。あるいは「フランスの洞窟壁画」と入力すると、「フランスの洞窟壁画を買うなら××で！」という、明らかに洞窟壁画（あるいはその複製）など

*21　グーグルで検索をすると、二種類の結果が表示される。オーガニックな結果と有料広告だ。前者はグーグルの検索エンジンが返す「自然な」検索結果だが、後者は広告エンジンが選んだ有料広告だ。

扱っていないネット通販業者がずらりと並んだ。検索語に最適な広告を判断するはずの広告エンジン「アドワーズ」が、これほど役に立たない広告をユーザに表示しているという事態に、ラリーは衝撃を受けた。

それまでエリックは、グーグルはそこそこ普通のベンチャー企業だと思っていた。だが、それからの七二時間で起きたことは、そうした認識を根底から覆すものだった。普通の会社では、CEOが問題のあるプロダクトに気づくと、その責任者を呼ぶ。それから何度か会議を開き、解決策を検討し、取るべき対応を決定する。解決策を実施するための計画がまとめられ、品質保証のテストが行われ、ようやく本格的に実施となる。常識的に考えれば数週間はかかりそうな作業だが、ラリーの取った行動は違った。

ラリーは、気に入らない結果が表示されたウェブページをプリントアウトし、不適切な広告に蛍光マーカーを引いて「この広告はムカつく!」と大書きし、ビリヤード台脇のキッチンの掲示板に貼りだしたのだ。それからさっさと家に帰った。誰にも電話やメールをしなかった。緊急会議も招集しなかった。私たちに問題を知らせることもなかった。

週明け月曜日、午前五時五分。検索エンジニアのひとり、ジェフ・ディーンが一本のメールを送った。ジェフと数人の仲間(ジョージ・ハリク、ベン・ゴメス、ノーム・シャザー、オルカン・セルシノグル)はラリーの掲示を見て、広告がムカつくという評価はもっともだと思った。

ただ、ジェフのメールはラリーの意見に賛同し、問題に関するおざなりな感想を述べただけではなかった。問題が起きた原因を徹底的に分析し、解決策を説明し、五人で週末にコードを書いた解決策のプロトタイプへのリンクを含めた。さらにプロトタイプを使って検索した結果のサンプルも表示し、現行システムと比べて明らかに優れていることを証明したのである。解決策の詳細は専門的で複雑だったが、要は検索語に適合する広告の質を評価して「広告適合度スコア」を算出し、それにもとづいて広告を特定のウェブサイトに掲載すべきか、する場合はページのどこに表示すべきかを決定する仕組みだった。その核となる発想、すなわち「広告は広告料やクリック数の多寡だけでなく、検索語への適合度にもとづいて表示すべきだ」という考え方は、グーグルの「アドワーズ」エンジンの基礎となり、そこから数十億ドルのビジネスが誕生した。

何より驚くのは、ジェフら五人は広告担当チームのメンバーですらなかったことだ。たまたま金曜日の午後にオフィスでラリーの掲示を目にして、「世界中の情報を整理し、世界中の人々がアクセスできて使えるようにすること」を使命に掲げる会社が、ムカつく(役立たない)広告(情報)を表示するのは非常に問題である、ということに気づいた。だから何とかしようと思ったのである。しかも週末に。

広告の直接の担当者ではなく、しかも広告がうまく機能しなくても何の責任も問われることのない従業員が集まり、週末をつぶして他人がやるべき仕事に取り組み、収益を生むような解決策をつくりだしたこの一件は、文化の威力を雄弁に物語っている。ジェフたちはグーグルの優先事項をはっきりわかっており、また会社の成功の阻害要因となりそうな大きな問題を見つけたら解決する自由を与えられていることも知っていた。たとえ失敗しても、彼らを責める者はなく、また成功したことについて広告チームのメンバーを含めてやっかむ者はいなかった。ただ、この五人のエンジニアを週末のうちに問題を解決し、会社の運命さえ変えてしまう忍者部隊に変身させたのは、グーグルの文化ではない。彼らをそもそもグーグルに引き寄せた〝スマート・クリエイティブの文化〟である。

たいていの人が職を探すときに重視するのは、職務や責任、会社の実績、業界、報酬などだ。リストのずっと下のほう、おそらく「通勤時間」と「自由に飲めるコーヒーの質」の間ぐらいに「文化」が出てくるかもしれない。だがスマート・クリエイティブはリストの一番上に文化を持ってくる。実力を発揮するには、どんな環境で働くかが重要だとわかっているからだ。新しい会社やプロジェクトを始めるとき、検討すべき一番大切な項目が文化であるのはこのためである。

普通の会社の文化は偶発的なものだ。誰かが意図してつくるわけではない。それでうまくいく場合もあるが、成功の決定的要素を運に任せていいのだろうか。本書で取りあげる他のテーマについては実験すること、そして失敗することの価値を声を大にして言いたいが、文化は実験に失敗した場合のダメージがきわめて大きい唯一の分野かもしれない。一度できてしまった企業文化を変えるのは極端に難しい。というのも会社ができると、すぐに選別のプロセスが始まるからだ。会社の事業と価値観が一致する人材は吸い寄せられ、一致しない人は寄ってこない。*22 全員に発言権があり、意思決定は合議制という文化を重視する会社には、それに合う従業員が集まる。それを独裁的で闘争的な文化に修正しようとすると、従業員はなかなかついてこないだろう。そのような変化は会社の理念に反するだけでなく、従業員の個人的信条にも反する。かなり多難な試みだ。

だから企業を立ち上げるときに、最初にどんな文化をつくりたいか考え、明確にしておくほうが賢明だ。一番いい方法は、コアチームを構成するスマート・クリエイティブ、すなわ

＊22　この問題に関する最も重要な学術文献は、組織心理学者、ベンジャミン・シュナイダーが一九八七年に学術誌に発表した論文だ（"The People Make the Place," *Personal Psychology*, September 1987）。この影響力のある論文で、ＡＳＡモデル（Attraction-Selection-Attrition、誘引・選別・減少）を提唱し、企業文化が個人の性質や選択によって醸成されるとした。「誘引」とは、求職者が自分に適した組織に集まること、「選別」は企業の従業員が自分たちに似た人材を採用する傾向を指す。「減少」もランダムに起こるわけではなく、組織が自分に合わないと思う従業員が辞めていく。誘引・選別・減少のプロセスが繰り返されるうちに、組織の文化は同質化していく。

ち会社の信条を理解し、あなたに負けないぐらい強い思い入れを持っている社員に聞くことだ。文化を生み出すのは創業者だが、それを最もよく反映するのは、会社を立ち上げるときに集まった、創業者が信頼を置くチームである。彼らにこう尋ねよう。「ぼくらにとって大切なことは何か」「信念は何か」「どんな存在になりたいのか」「会社の行動や意思決定の方法はどうあるべきか」。そして答えを書きとめよう。おそらくその内容は、創業者の価値観を網羅するだけでなく、チームメンバーのさまざまな視点や経験によって、膨らみを持たせたものになるはずだ。

こうした作業は軽視されることが多い。たいていの会社は成功を収めたあとに、文化を文字にしておこうと思い立つ。その役目を押しつけられるのは、創業時を知らない人事あるいは広報部門のスタッフが多く、それなのに会社の本質を表すようなミッションステートメントに仕上げることを期待される。こうして生まれるのが、「顧客満足」だの「株主価値の最大化」だの「イノベーティブな従業員」だのといった言葉をちりばめた企業理念だ。成功する会社とそうではない会社の違いは、従業員がこうした文言を信じているかどうかにある。

ちょっとした思考実験をしてみよう。あなたがこれまで働いたことのある会社を思い出し、そのミッションステートメントを言えるか、試してみるのだ。できただろうか？　それを信じているだろうか。信頼できるか。会社と従業員の行動や文化をそのまま反映しているだろうか。それともマーケティングやコミュニケーション部門の担当者が集まって、ビールを片手に辞書をめくりながらまとめたものに思えるだろうか。「当社の使命は、従業員の知識と創造性と献身を通じてお客様と比類なきパートナーシップを築き、価値を生み出し、それによって株主に最高の結果をお届けすることです」というのはどうか。[*23] なんとも見事に必要事項をすべてそろえている。お客様、よし！　従業員、よし！　株主、よし！　このミッションステートメントはリーマン・ブラザーズのものだった──少なくとも二〇〇八年に倒産するまでは。もちろんリーマンにも何らかの信念はあったのだろうが、この文章から読み取ることはできない。

リーマン・ブラザーズの経営者とは対照的に、〝スマート・クリエイティブの殿堂〟の主のひとりともいえるデビッド・パッカードは、文化を重視していた。一九六〇年に行ったマネジャーに対する社内スピーチでは、こう語っている。「企業は何か価値のあることをするために存在する。社会に寄与する存在だ。（中略）まわりを見ると、いまだにカネ以外に興味のない人間もいるが、根本的な意欲というのはもっと別のこと、すなわちプロダクトをつくり、サービスを提供するなど、一般的に何か価値のあることをしたいという欲求から生ま

＊23　Susan Reynolds, *Prescription for Lasting Success* (John Wiley and Sons, 2012), page 51.

れるものだ[*24]」

こと企業理念については、私たちのウソ発見器はかなり精度が高い。それが本音ではないときは、すぐにわかる。だから会社のミッションを書くときには、必ず本当のことを書こう。リトマステストとして有効なのは、文化を表現する文言を変えたら何が起こるか、想像してみることだ。たとえばエンロンのモットーであった「敬意、誠実さ、コミュニケーション、卓越性」を見てみよう。エンロンの経営者がそれを別の言葉、たとえば「強欲、強欲、カネへの渇望、強欲」に変えたとしたら、従業員は失笑するぐらいで、どうということはないだろう。一方、グーグルの変わらぬ理念の一つに「ユーザに焦点を絞る」がある。この「ユーザ」の部分を「広告主」あるいは「パブリッシング・パートナー」に変えたら、たちまち抗議のメールが殺到し、激怒した従業員が毎週開かれるTGIFミーティングを乗っ取るだろう（TGIFの主催はラリーとセルゲイで、従業員は会社の意思決定への不満を自由に表明できる）。従業員にも選択肢はあるので、価値観を曲げるときにはそれなりの覚悟をしておこう。

あなたの会社の文化を考えてみよう。期待する文化、あるいは現在の文化でもいい。数カ月、あるいは数年先、深夜まで働いていた従業員がある難しい判断を迫られたとする[*25]。キッチンでコーヒーを一杯飲みながら、社内ミーティングで耳にしたり、同僚とのランチで話し合ったり、誰もが尊敬するベテラン従業員が実践している会社の価値観を思い出している。

価値観はこの従業員をはじめ、すべての従業員に会社にとって最も重要なことを明確に、簡潔に伝えるものでなければならない。そうでなければ意味がなく、スマート・クリエイティブが正しい判断を下すうえで何の役にも立たない。キッチンにたたずむ従業員に、思い出してほしい価値観は何か。それをわかりやすく、簡潔な言葉にまとめよう。そしてポスターや会社案内に書いておしまいにするのではなく、率直なコミュニケーションで繰り返し社員と共有しよう。GEの前CEOジャック・ウェルチは著書『ウィニング 勝利の経営』にこう書いている。「ビジョンなど、繰り返し伝え、報奨によって強化しなければ、それが書かれた紙ほどの価値もない」[*26]

---

*24 デビッド・パッカードが一九六〇年三月八日に行ったこのスピーチの全文は、以下で読むことができる。David Packard, *The HP Way: How Bill Hewlett and I Built Our Company* (HarperCollins, 2005)(邦訳『HPウェイ』)。

*25 文化を研究する社会学者の間では、共通の信念、価値観、規範、文化が人間の思考や行動を形成するという考え方が、少なくともエミール・デュルケムの時代にはあった。社会心理学者のヘーゼル・マーカスをはじめとする現代の社会科学者は、対照実験によって、人々に自覚がなくても、文化(たとえば日本人対アメリカ人、労働者階級対専門職など)は日常的選択に影響をおよぼすことを明らかにしている。この研究については以下を参照。Hazel Rose Markus and Alana Conner, *Clash!: 8 Cultural Conflicts That Make Us Who We Are*, (Hudson Street Press/ Penguin, 2013).

*26 Jack Welch with Suzy Welch, *Winning* (HarperCollins, 2005), page 69(邦訳『ウィニング 勝利の経営』)。

ラリーとセルゲイは二〇〇四年のグーグルの株式公開を、会社の行動や意思決定の指針となる価値観を明文化する絶好の機会と考えた。特別重要な行動や意思決定、あるいは経営陣の行動や意思決定に限らず、大小を問わず、グーグラー全員の日々の行動や意思決定の指針となる価値観だ。それは六年前に会社が誕生して以来、経営の指針になってきたもので、創業者たちの個人的体験に根差していた。ウォーレン・バフェットが、自らの経営する投資会社バークシャー・ハザウェイの株主に向けて毎年書く手紙にヒントを得て、ふたりは目論見書に「創業者からの手紙」を含めることにした。

証券取引委員会（SEC）は当初、この手紙には投資家に有用な情報が含まれていないとして、目論見書に含めるべきではない、という判断を示した。だが私たちは反論し、最終的に目論見書に含める権利を勝ち取った。だが手紙の内容の一部を受け入れがたいと感じる弁護士や投資銀行家もおり、あるときなどジョナサンは会議室でこうした人々に取り囲まれ、〝問題点〟を次から次へと指摘された。だが、ジョナサンは二つの根拠を挙げ、断固として手紙の内容を変えようとはしなかった。その根拠とは、①手紙はラリーとセルゲイがごく少数のグーグラーからのインプットをもとに自ら書き上げたものであり、何ひとつ変えるつもりはないはずだ（交渉において譲れる点が一つもないと、強く出られるものだ）、②手紙に書かれたことはすべて本心からの真実である、ということだ。

二〇〇四年四月に「創業者からの手紙」が公表されると、多くの注目と批判が集まった。ただ、なぜグーグルの創業者たちがこの手紙を完璧に仕上げるのにこれほどの時間を割いたのか（またなぜジョナサンが弁護士や投資銀行家に変更を求められるたびに断固として断ったのか）、ほとんどの人は理解できなかった。手紙の主な目的は、話題になったダッチオークション方式や議決権の詳細を説明することでも、ウォール街の流儀をことごとく無視する姿勢を誇示することでもなかった。もしウォール街のお気に召さなければ、こう考えれば丸く収まる。[*27] 創業者たちは短期利益の最大化や自社株に対する市場の評価などは一切気にしなかったのだ。会社のユニークな価値観を未来の従業員やパートナーに示すことのほうが、長期的成功にははるかに重要であることを知っていたからだ。いまでは一〇年も前の株式公開の難解な仕組みなど忘却の彼方だが、「長期的目標に集中する」「エンドユーザの役に立つ」「邪悪にならない」「世界をより良い場所にする」といったフレーズは、いまも会社のあり方をよく言い表している。

手紙には書かれていないが、グーグルの文化には他にもさまざまなキーワードがある（窮屈なオフィス、カバ〈ＨｉＰＰＯ〉、悪党、イスラエルの戦車司令官など）。これから見ていくように、

＊27　『夏の夜の夢』に登場するすばらしいスマート・クリエイティブ、パックに敬意を表して。

どれも「この広告はムカつく!」というシンプルな掲示だけで、必要な対応が取られるような企業文化をつくり、維持するのに不可欠な要素だ。

社員を窮屈な場所に押し込めよ

グーグルプレックスを訪れる人は、従業員のための福利厚生の充実ぶりに目をみはる。バレーボールコート、ボーリング場、クライミングウォールに滑り台、パーソナルトレーナーの常駐するジム、本格的なプール、建物の間を移動するためのカラフルな自転車、無料でおいしい食事がとれるカフェテリア、ありとあらゆる種類のスナックや飲み物、最高級のエスプレッソマシンを備えたキッチンがそこら中にある。それを見て、グーグラーは贅沢な環境で働いている、と思うのは的を射ているが、贅沢がグーグルの企業文化だというのは誤解だ。従業員の猛烈な働きぶりにプラスアルファの待遇で報いるのは、一九六〇年代以来のシリコンバレーの伝統だ。ビル・ヒューレットとデビッド・パッカードはサンタクルーズ山脈のふもとに数百エーカーの土地を買い、従業員や家族がキャンプやレクリエーションに利用できる保養施設「リトル・ベイスン」[*28]をつくった。[*29]一九七〇年代には、ROLMなどが会社の近くに立派な運動施設や会社の補助つきのカフェテリアなどの福利厚生施設をつくりはじめた。アップルは金曜午後にいまや伝説（少なくとも人づきあいが苦手なコンピュータオタクの間では）となったビールパーティを開きはじめた。グーグルの福利厚生についての考え方は、スタンフォード大学の学生寮で誕生したという生い立ちを色濃く反映している。ラリーとセルゲイは大学と同じような環境、すなわち学生が世界トップレベルの文化施設、スポーツ施設、研究施設を利用でき、しかも一日の大半を死ぬほど本気で勉強するような職場をつくろうとした。グーグルを訪れる人々のほとんどが目にすることがないのは、従業員が一日の大半を過ごすオフィスだ。バレーボールコートやカフェ、キッチンなどからオフィスに戻るグーグ

＊28　HPは二〇〇七年にリトル・ベイスンを、センパービレンズ・ファンドとペニンシュラ・オープンスペーストラストという二つの非営利団体に売却した。両団体はその後、施設をカリフォルニア州公園局に売却した。こんにち、同施設はビッグ・ベイスン・レッドウッズ州立公園の一部となり、一般開放されている。以下を参照。Paul Rogers, "Former Hewlett Packard Retreat Added to Big Basin Redwoods State Park" (*San Jose Mercury News*, January 14, 2011).

＊29　グーグルが専属シェフを採用する何十年も前に、ビル・ヒューレットとデビッド・パッカードは従業員や顧客にとって無料の食事がどれほど重要なものかわかっていたようだ。HPの従業員、ジョン・ミンクはこう書いている。「生産ラインのなかには、はんだごてが並んでいる上にドーナツやデニッシュのトレイが設置され、いくつもの変圧器を使ってホカホカの状態が保たれていた。スナックの費用はすべて会社持ちで、工場内を見学に来た顧客は一様に驚いていた」。以下に引用されている。Michael Malone, *Bill & Dave: How Hewlett and Packard Built the World's Greatest Company*, (Portfolio/Penguin, 2007), page 130.

ルの典型的な社員の後をつけていくと（あるいはリンクトイン、ヤフー、ツイッター、フェイスブックの社員でもいいが、私たちが前にやってみたら警備員に止められた）、どんな光景が目に入るだろう？　窮屈で散らかった〝クリエイティビティの培養皿〟のようなキュービクルが所せましと並んでいるはずだ。

あなたはいま、自分のオフィスでこれを読んでいるだろうか？　近くに同僚はいるだろうか？　その場で腕を振り回してみよう。誰かに当たっただろうか？　自分のデスクに座って小声で電話をしたら、周囲の同僚はその内容を聞き取れるだろうか？　おそらくそんなことはないだろう。あなたはマネジャーだろうか？　その場合、オフィスのドアを閉めれば、誰にも聞かれずに会話ができるのではないか。たいていの会社のオフィスデザインは、個人のスペースを増やし、静かに仕事ができるように（同時にコストは最小化できるように）設計されている。そして組織のピラミッドで上のほうにいる人間ほど、より多くのスペースと静けさを享受できる。平社員は部屋の中心部にある狭いキュービクルに押し込められる一方、CEOは大きなコーナーオフィスを与えられ、ドアの外にはアシスタントが机を並べて誰も入ってこないようにバリケードを築いている。

人間は本能的に領土を増やそうとする生き物で、企業世界はそれをよく表している。たいていの企業では、オフィスの大きさ、調度品の高級さ、そして窓からの景色が実績と地位を暗示する。だがオフィスデザインの見直しほど、スマート・クリエイティブが嫌悪するものはない。それが従業員に有無を言わさず〝定位置〟に閉じ込めておく手段であることがめずらしくないからだ。エリックがベル研究所で働いていたとき、与えられたオフィスがいつも冷えるので、床にカーペットを敷いた上司がいた。だが人事部門はカーペットを敷くのは認めない、と通告した。そんな高級なアメニティを享受するほど職位が高くない、というのがその理由だった。あらゆる特権が必要性や実績ではなく、勤続年数に応じて与えられる職場だったのだ。

シリコンバレーもこのような現象と無縁ではない。結局のところ、アーロンチェアをステータスシンボルにしたのはシリコンバレーなのだから（「腰が痛いから必要なんだ」と言い張るドットコム企業の経営者は多いが、本当だろうか？　一脚五〇〇ドルもするイスなら、腰だけでなく身体全体を治してもらいたいものだ）。だがオフィスの広さや高級さを重視するような文化は、社内に有害な影響が広がる前に排除したほうがいい。オフィスデザインは従業員を孤立させたり、地位を誇示させることではなく、エネルギーや交流を最大化することを目的にすべきだ。スマート・クリエイティブはお互いとの交流のなかで真価を発揮する。彼らを狭い場所に詰め込むことで、創造性のマグマが湧きあがる。だからスマート・クリエイティブにはなるべく窮屈な思いをさせたほうがいい。

お互いが手を伸ばせば相手の肩に触れられるような環境では、コミュニケーションやアイデアの交流を妨げるものは何もない。独立したキュービクルとオフィスが並ぶ従来型のオフィスレイアウトは、静寂がデフォルト状態だ。グループ間の交流はあらかじめ計画されたもの（会議室でのミーティング）か、偶然の出会い（廊下、給湯室、駐車場での会話）に限られる。だが、これを逆転させるべきだ。デフォルト状態として、活発な交流が起きている。騒々しく山ほど人のいるオフィスでは、熱気あふれるエネルギーが渦巻いている。集団からの刺激を存分に受けた従業員が、静かな場所に移動する自由も与えるべきだ。だからグーグルのオフィスには、たくさんの〝隠れ家〟が用意されている。人目につかないカフェの隅、ミニキッチン、小さな会議室、屋外のテラスや昼寝用ポッドまである。だがひとたび席に戻れば、チームメイトに囲まれていなければならない。

ジョナサンがエキサイト@ホームで働いていたとき、設備担当チームがカスタマーサポート部門のために新しい建物を借りたことがある。だが、いざ移動しようという段になって、経営陣は決定を覆し、カスタマーサポートをさらに数カ月それまでの狭いスペースにとどめることにした。新しいオフィスは昼休みにサッカーを楽しむ場になった（コーナーオフィスはコーナーキックに使われるようになった）。サッカーによって社員の結束は高まった。逆に、広々としたスペースにカスタマーサポートを移していたら、社員同士は疎遠になったはずだ。社員を狭いスペースにぎゅうぎゅう詰めにしておけば、オフィスをめぐる嫉妬心も封じこめることができる。誰にも個室がなければ、それをうらやむ者もいるはずがない。

仕事も食事も生活も共にする

では、同じスペースにはどんな人材を詰め込むべきか。私たちはチームを機能本位にまとめることがとくに重要だと考えている。従業員が職務に応じて分断され、プロダクト・マネジャーが一つの場所に集まり、エンジニアは道を隔てた別の建物にいる、といった企業があまりに多い。PERTチャートやガントチャート[*30]の扱いが得意で、資本コストを上回るリターンを生むような計画を手際よくパワーポイントにまとめたり、経営陣のお墨つきを得たり、自分がその遂行に欠かせない存在であるかのように演出する能力に長けた従来型のプロダクト・マネジャーなら、それでいいのかもしれない。彼らの役割は明確な計画を達成すること、あらゆる障害を乗り越えること、〝型破りな発想〟（これ自体かなり型にはまった表現だが）をすること、CEOからの無理な要求に卑屈なまでに従い、なんとかそれを達成するため

＊30　おそろしく複雑だが、プロジェクト・マネジメントという任務にきわめて有効なツール。

に部下の尻を叩くことだ。このような環境では、プロダクト・マネジャーはエンジニアと離れていてもかまわない、あるいはむしろそのほうがいいこともある。定期的な作業報告と進捗状況の報告によって、プロダクトに問題がないことさえ把握できれば。こうしたやり方を声高に批判するつもりはないが、それが二一世紀ではなく、二〇世紀型のプロダクト・マネジャーの姿だ、ということだけは指摘しておこう。

インターネットの世紀のプロダクト・マネジャーの役割は、最高のプロダクトの設計、エンジニアリング、開発を担う人々とともに働くことだ。そのなかには、プロダクトのライフサイクルを管理し、プロダクトのロードマップを決定し、消費者の声を代弁し、そうした事柄をチームや経営陣に伝えるといった従来型の管理業務も含まれる。だがスマート・クリエイティブ型のプロダクト・マネジャーに何より求められるのは、プロダクトをさらに良くするための技術的ヒントを見つけることだ。それは消費者のプロダクトの使い方（そして技術の進歩とともにそのパターンがどのように変化するか）を把握すること、データの理解や分析、技術のトレンドやそれが業界におよぼす影響を見きわめることによって得られる。そのためにプロダクト・マネジャーはチームのエンジニア（あるいは化学者、生物学者、デザイナーなど、プロダクトの設計や開発のために採用されたスマート・クリエイティブ）と仕事も食事も生活も共にする必要がある。

あなたの親は間違っていた——散らかっているのはいいことだ！

人があふれていると、オフィスは乱雑になりがちだ。エリックは二〇〇一年にグーグルに入社したとき、まず設備責任者だったジョージ・サラにオフィスを片づけるよう指示した。指示に従ったジョージは翌日、ラリー・ペイジからこんな言葉をかけられた。「で、ぼくの荷物はどこにやった？」。取り散らかったモノたちは、猛烈に働く、意欲あふれる従業員の象徴だったわけだ。[*31] フェイスブックCOOのシェリル・サンドバーグはグーグルで働いていたころ、配下のセールスとサポート部門に五〇ドルずつ与えて、それぞれのスペースを飾りつけさせた。ジョナサンは全世界のオフィスを対象に「グーグル・アートウォール・コンテスト」を主催した。ルービックキューブ、モザイク、ペイントガンなどを使い、オフィスの壁にグーグルのロゴを書くコンテストだ（実際にペイントガンを使ったのは、アル・カポネを気取ったシカゴのチームだった）。カーネギー・メロン大学教授だった故ランディ・パウシュは名著『最後の授業』[*32]のなかで、子供時代の自室の写真を公開している。壁いっぱいに、つたな

＊31　二〇一一年四月九日のブログ*Xooglers*を参照。http://xooglers.blogspot.com/2011/04/photo-of-pre-plex.html.

＊32　Randy Pausch, *The Last Lecture* (Hyperion, 2008), page 30（邦訳『最後の授業』）。

い手書きの公式が描かれている。そして世界中の親にこう訴えている。「みなさんの子供が自室の壁に何か描きたいと言ったら、ぼくに免じて、やらせてやってください」。オフィスを散らかすこと自体が目的ではない（それなら最適なティーンエイジャーを何人か知っている）。だが、それは自己表現やイノベーションの副産物であることが多く、たいていは好ましい兆候だ。[*33] 抑え込もうとすると、驚くほど大きな弊害が生じることを、多くの会社で目の当たりにしてきた。オフィスがめちゃくちゃ散らかっているのは問題ない。

だが、どれだけオフィスが窮屈で散らかっていても、従業員の業務遂行に必要なものはすべてそろっていなければならない。グーグルはコンピュータ科学の会社なので、わが社のスマート・クリエイティブが最も必要とするのはコンピューティング能力だ。だから私たちは、エンジニアが世界で最も強力なデータセンターと、グーグルのソフトウェア・プラットフォームをすべて自由に使えるようにしている。スマート・クリエイティブにムダな嫉妬心を抱かせない、もう一つの方法といえる。彼らが仕事をするのに必要なリソースを、惜しみなく与えるのだ。高級家具や大きなオフィスといったどうでもいい要素については財布のヒモを締める一方、重要な要素には投資しよう。

一見、むちゃくちゃな方法に思えるかもしれないが、合理性がある。ムダ遣いでもない。私たちがオフィスに投資するのは、社員に自宅からではなく、オフィスで働いてもらおうと考えているからだ。通常の勤務時間内に自宅から遠隔勤務をすることは、先進的経営の証であるかのように思われることも多いが、問題もある。ジョナサンがよく言うことだが、会社全体に広がると職場から生気が失われるリスクがあるのだ。かつてベル研究所で取締役会長を務めたマービン・ケリーは、本社建物を従業員同士の相互交流を促進するようなデザインにした。[*34] エンジニアや科学者が長い廊下を歩いていると、必ず同僚と出くわしたり、そのオフィスに引っ張りこまれたりした。自宅勤務では、こんな偶然の出会いは望めない。いまや数十億ドルを稼ぎ出すようになったグーグルの広告配信サービス「アドセンス」[*35]は、ある日

---

*33 二〇〇三年のある研究は、以下のように結論づけている。「被験者が最も創造性を発揮したのは、他のグループメンバーが個性を発揮させ、被験者の自己認識を是認したときだ」(少なくとも私たちは、これが私たちの主張を裏づけるものと考えているが、「individuate(個性を発揮させる)」というような動詞を使う研究を信頼してよいものか疑問が残る)。以下を参照。William B. Swann Jr., Virginia S.Y. Kwan, Jeffrey T. Polzer, and Laurie P. Milton, "Fostering Group Identification and Creativity in Diverse Groups: The Role of Individuation and Self-Verification" (*Personality and Social Psychology Bulletin*, November 2003).また二〇一三年のある研究は、乱雑なデスクが創造性を促す効果があることを示している。「整理整頓は全体的に保守主義や伝統を重視する態度を奨励する一方、乱雑さは未知のものを求める姿勢を刺激する効果があった」。Kathleen D. Vohs, Joseph P. Redden, and Ryan Rahinel, "Physical Order Produces Healthy Choices, Generosity, and Conventionality, Whereas Disorder Produces Creativity" (*Psychological Science*, September 2013).

*34 Jon Gertner, "True Innovation" (*New York Times*, February 25, 2012).

たまたま本社で一緒にビリヤードをしていた、さまざまなチームに所属するエンジニアたちが発明した。あなたの配偶者やルームメイトがどれほどすばらしい人でも、自宅で二人で休憩していて数十億ドルの事業を思いつく可能性はきわめて低いだろう（たとえビリヤード台があったとしても）。オフィスに社員を詰め込み、たくさんの娯楽施設を用意し、積極的に使ってもらおう。

カバ（HiPPO）の言うことは聞くな

カバは地球上で最もおそろしい動物の一つだ。あなたが思うよりずっと速く、邪魔な敵は潰す（あるいは半分に食いちぎる）力がある。オフィスのカバ（Highest-Paid Person's Opinion、一番エライ人の意見）も、危険な存在だ。意思決定の質と報酬の水準は本質的に無関係だし、経験がモノを言うのは説得力のある主張の裏づけとなる場合だけだ。残念ながら、経験イコール説得力のある主張とされる企業が多い。能力ではなく、勤続年数で権限が決まるこうした会社は「勤続年数至上主義」とでも呼ぶべきか。これを聞いて思い出すのは、かつてネットスケープのCEOだったジム・バークスデールの言葉だ。「データがあれば、データを見よう。それぞれの個人的意見しかなければ、私のを取ろう」[*36]

オフィスのカバに耳を貸すのをやめると、能力主義が浸透する。私たちの同僚、ショーナ・ブラウンはそれをうまくまとめている。「『誰のアイデアか』より『まともなアイデアか』が重視される職場」。単純な話に思えるが、決してそうではない。能力主義を根づかせるには、カバ一匹で組織を言うなりにできる人間と、分をわきまえないヤツと批判されるのを恐れず、守るべき品質や価値のために立ち上がる勇気あるスマート・クリエイティブの両方が、それぞれ役割を果たす必要がある。

グーグルの広告チームのリーダーのひとり、シュリダール・ラマスワミが社内ミーティングで、この模範例といえるケースを紹介してくれた。グーグルの広告プロダクトの主力であるアドワーズがまだできたばかりのころで、セルゲイ・ブリンがシュリダールのチームにあるリクエストを出した。いあわせた人間のなかで、セルゲイが〝一番エライ人〟であるのに疑問の余地はなかったが、セルゲイの主張には明確な根拠がなく、シュリダールは納得できなかった。当時シュリダールは幹部ではなかったので、セルゲイがカバの力で屈服させるこ

＊35 アドセンスはグーグルがネットワーク化した膨大な数のパブリッシャーに広告を配信するために開発したプロダクトだ。

＊36 ネットスケープのシニア・バイスプレジデントだったボブ・リスボーンは、会議中にジム・バークスデールの名言を書き留め、それを個人サイトに載せた。lisbonne.com/jo.html.

ともできたはずだ。だがそうはせず、妥協案を提示した。チームの半分がセルゲイの提案に取り組み、残りの半分がシュリダールの提案を実行したらどうか、と。だがそれでもシュリダールが反対したので、二つの提案を徹底的に議論した結果、結局セルゲイのものが不採用となった。

このような結果になったのは、自身もスマート・クリエイティブであるセルゲイが、提示されたデータ、アドワーズというプラットフォームの技術、そして議論の流れを完全に理解していたからだ。何が起きているのか、よくわかっていない〝一番エライ人〟は、威圧的な態度をとることで主張を通そうとする。責任ある立場に就いたものの、その職務に圧倒されているような状況では、「つべこべ言わずにオレの言うことを聞け！」と言ってしまったほうが簡単だ。必要なのは部下を信頼すること、そして彼らにもっと良いやり方を考えさせる度量と自信を持つことだ。

セルゲイがシュリダールにこの事案を任せたのは、シュリダールが自分より優れたアイデアを生み出す可能性を秘めた人材であることをわかっていたからだ。〝一番エライ人〟の役割は、自分のアイデアが最も優れたものではないとわかったときには、他の人間の邪魔をしないように身を引くことだ。またシュリダールにも果たすべき役割があった。自分の意見を主張することだ。能力主義を浸透させるには、「異議を唱える義務」[*37]を重視する文化が必要だ。

ある考え方に問題があると思った人は、懸念を表明しなければならない。そうしなければ最高とはいえない考え方が通り、懸念を口にしなかった人も共同責任を負うことになる。私たちの経験上、ほとんどのスマート・クリエイティブは何事についてもはっきりした意見を持っており、それを言わずにはいられない。彼らにとって「異議を唱える義務」を重んじる文化は、背中を押してくれるものだ。だが、反対意見を述べること、とくに人前でそうすることが苦手な人もいる。だから異議を唱えることを「任意」ではなく「義務」にする必要があるのだ。生まれつき無口な人でも、オフィスのカバには断固として立ち向かわなければならない。

能力主義は意思決定の質を高めるだけでなく、すべての従業員が自分は大切にされ、大きな権限を与えられていると感じられる環境をつくりだす。オフィスのカバがのさばる、恐怖に支配された、陰鬱でどんよりした文化を打ち砕く。最高のモノを生み出す妨げとなる先入

＊37 このフレーズはジョーナ・ブラウンがマッキンゼーで働いたときに聞いたという。マッキンゼーのウェブサイトには、これがうまくまとめられている。「マッキンゼーの全社員は、何かが間違っている、あるいはクライアントの利益に反すると思った場合、異議を唱える義務がある。あらゆる人間の意見が大切だ。チームの責任者やクライアントに異を唱えるのに躊躇するかもしれないが、あなたには自らの視点を他の人々と共有することが期待されている」

観も排除する。私たちの同僚であるエレン・ウエストは、ゲイグラー（レズビアン、ゲイ、バイセクシャル、トランスジェンダーの従業員から成るグーグルのダイバーシティ・グループ）のメンバーから、おもしろい話を聞いた。グーグルは世界初の〝ポスト・ゲイ企業〟と言えるのではないか、というのだ。彼らの結論は、かなりそれに近いというものだった。「グーグルで大切なのは〝何がデキるか〟であって、〝どんなヤツか〟ではない」というのがその理由だ。ビンゴ！

7のルール

「組織再編」というのは「アウトソーシング」や「スライドが八〇枚も続くプレゼンテーション」などと並んで、ビジネス界で最も嫌われている概念の一つだ。ある経営者が、会社の問題の原因はその組織構造にあり、組織のあり方さえ変えれば万事うまくいくようになる、と思いつく。その結果、会社は中央集権型から分散型へ、あるいは機能別組織から事業部制に変わったりする。勝者となる役員もいれば、敗者もいる。一方、ほとんどの従業員は不安定な状態に置かれ、自分の仕事は残るのか、新しいボスは誰になるのか、また窓側のキュービクルにとどまれるのか気を揉むことになる。それから一、二年経つと、また別の経営者（あるいは前回と同じ経営者のこともある）が、まだ会社には問題があるとして新たな組織再編を命じる。こうして企業の〝無限ループ〟[*38]は続いていく。

組織デザインは難しい。会社の規模が小さいとき、あるいは特定の場所ではうまくいったことも、企業規模が大きくなったり、世界中に広がるとうまくいかなくなることもある。世の中でこれほど多くの組織再編が行われるのはこのためだ。完璧な答えがない以上、企業はおよそ最適とはいえない選択肢の間を揺れ動くことになる。このようなムダを避ける一番良い方法は、企業の組織がどうあるべきかといった先入観を捨て、いくつかの重要な原則に従うことだ。

まず、組織はフラットに保つべきだ。たいていの企業には、根本的な矛盾がある。社員はトップとの距離を近くするため、組織はフラットなほうがいい、と言う。だが現実にはヒエラルキーを望んでいる。だがスマート・クリエイティブは違う。彼らがフラットな組織を望むのは、トップの近くにいたいためではなく、仕事をやり遂げたいためで、それには意思決定者と直接折衝する必要があるためだ。ラリーとセルゲイはかつて、マネジャーを全廃することで、こうしたニーズに応えようとした。ふたりはこれを〝脱組織化《ディス・オルグ》〟と呼んだ。その結

＊38　コンピュータ科学者ウケするジョーク（経済学専攻のジョナサン・ローゼンバーグ作）。

果、エンジニアリング部門責任者のウェイン・ロージングは一三〇人もの部下から報告を受けるはめになった。スマート・クリエイティブもそこまで常人と違っているわけではない。普通の従業員と同じように、彼らにも秩序ある組織が必要だ。マネジャー全廃の試みは打ち切られ、ウェインは再び家族に会えるようになった。

結局、私たちがとった解決策は、マネジャー全廃というほど過激なものではなかったが、同じくらいシンプルなものだった。「7のルール」がそれである。私たちは過去にも「7のルール」を採用していた企業で働いたことがあるが、そこでは「マネジャーは最大七人しか直属の部下は持てない」という意味だった。だがグーグルでは、マネジャーは最低七人の直属の部下を持つこと、とされていた(ジョナサンがグーグルのプロダクト担当チームの責任者だったころは、たいてい一五〜二〇人の直属の部下がいた)。正式な組織図もあるが、このルールによって(例外もあるので、ルールというよりガイドラインといったほうが近い)組織図はよりフラットになり、マネジャーによる監督は抑えられ、従業員はより大きな自由を手に入れる。ほとんどのマネジャーの部下は七人よりずっと多かったので、これほど直属の部下が多いと、それぞれをマイクロマネジメントしている時間はないのだ。

独立採算にしない

エリックがサン・マイクロシステムズで働いていたころ、会社は急激に成長していた。事業がかなり複雑になったため、当時の権力者が組織を事業部制に再編すると決めた。新たに誕生した事業部は、サーバの販売という太陽《サン》のコア事業を中心にまわっていたことから「惑星」と呼ばれ、それぞれが独立採算制だった（社内では各事業部が独立採算である理由を、「すべての桶は底を地につけて自立する」ということわざを使って説明することが多かった。真意は不明だが、「桶」と呼んだのは、惑星は自立していないし、桶なら太陽に従属するイメージがないため、あるいは「大企業とはこういうものだ」という説明では不十分だったからかもしれない）。

この方法の問題点は、サンの収入のほぼすべてがハードウェア事業（惑星ではなく、太陽の部分）から生じていたことだ。このため会計士のチームが収益を管理して、各惑星に配分しなければならなかった。体制を運営する仕組みは企業秘密とされ、各事業部のリーダーですら組織図を見ることは許されず、口頭で説明を受けるだけだった。

私たちはできるかぎり、組織は機能別にすべきだと考えている。そしてエンジニアリング、プロダクト、財務、セールスなど各部門が直接CEOにレポートするのだ。なぜなら組織を事業部、あるいはプロダクトライン別にすると、それぞれの事業部が自分のことだけを考えるようになり、情報や人の自由な流れが阻害されるからだ。独立採算制は、各事業部の実績を測るのに都合が良さそうだが、人々の行動を歪めるという好ましくない副作用が生じるリスクがある。つまり事業部の責任者は、自らの事業部の損益を会社全体の損益より重視するようになる。あなたの会社が独立採算制なら、各事業部が自らの利益ではなく、外部の顧客やパートナーを中心に動いているか確認したほうがいい。サンでは惑星ができた結果、生産性が大幅に低下した。各惑星のリーダー（そして会計士）が、実際に収益をもたらす最高のプロダクトを生み出すことよりも、決算の結果を良くすることばかりに気を取られるようになったからだ。

またいかなる場合でも、組織に関する秘密文書を作るのはやめよう。

組織再編は一日で済ませる

ときには組織再編に意味があることもある。グーグルがそういう状況になったときには、いくつか従うべきルールがある。まず、さまざまなグループの特徴を見きわめる。エンジニアは物事を複雑にし、マーケティングの人間はマネジメント階層を増やし、セールスの人間はアシスタントを増やそうとする傾向がある。こうした特徴を認識し、うまく対処することは、大切な第一歩である。二つめは再編をすべて一日で終わらせることだ。不可能に思えるかもしれないが、意外な要素がこれを可能にする。スマート・クリエイティブの集まった会社というのは、混乱への許容度が高いのだ。むしろ混乱はプラスに作用する。なぜならスマート・クリエイティブの場合、混乱した状況に戸惑いを感じるどころか、力が湧いてくるからだ。

ニケシュ・アローラは二〇一二年に、セールス、オペレーション、マーケティング部門を合わせて数千人が所属するグーグルの事業部門を再編した。詳細がまだ固まっていないうちに変更を発表するなど、その行動は速かった。グーグルのプロダクトラインは、アドワーズが唯一の主力プロダクトであった時代から、数年のうちに多様なプロダクト（ユーチューブ広告、グーグル・ディスプレイ・ネットワーク、モバイル広告など）が加わり、急拡大していた。この結果、新たなセールスチームが次々と誕生して現場で混乱が起きていた。複数のプロダクトを抱えるセールス部門のリーダーがたいていそうであるように、ニケシュも〝ワン・グーグル〟の組織に再編し、顧客中心主義に立ちかえろうとした。ニケシュが普通の会社のリーダーと違っていたのは、この組織再編を数週間で計画し、実行してしまったことだ（「一日で」というわけにはいかなかったが、クラレンス・ダローも言うように、一日が常に二四時間とは限らない！）。[*39]自分の部下たちが一斉に仕事にとりかかり、さっさと終わらせてしまうことがわかっていたからだ。それからの数カ月で事業部門は、組織再編の目的を守りつつ、新たな組織がうまく機能するように微調整を加えていった。重要なのは、組織再編を迅速に、完全な計画が固まる前に実施してしまったことだ。その結果、組織は当初想定していた以上に強固なものになり、自ら最終結果をつくりあげるのに協力した社員たちは、それを成功させようと真剣になった。完璧な組織デザインなど存在しないのだから、それを探そうとするのはムダだ。できるだけそれに近いものができたら、あとは社内のスマート・クリエイティブに任せればいい。

ベゾスの「ピザ二枚のルール」

組織の構成単位は〝小さなチーム〟であるべきだ。アマゾン創業者のジェフ・ベゾスはかつて「ピザ二枚のルール」を提唱していた。[*40] 一つのチームは、ピザ二枚で足りるぐらいの規模にとどめなければならない、という意味だ。小さなチームは大きなチームより多くの仕事を成し遂げることができ、内輪の駆け引きに明け暮れたり、手柄が誰のものになるのか思い悩むことも少ない。小さなチームは家族に似ている。ケンカをしたり、機能不全に陥ることもあるが、ここぞという場面では一つになる。プロダクトの売上が大きくなるのにともない、小さなチームが大きくなることもある。数人でやっていたことが、はるかに大勢のチームでなければ追いつかなくなったりする。次のブレークスルーを生み出そうとする小さなチームの存在が否定されなければ、チームが大きくなるのは構わない。成長する会社には、両方が必要なのだ。

一番影響力の大きな人を中心に会社をつくる

組織に関する最後のルールは、一番影響力の大きい人たちを見きわめ、彼らを中心に組織をつくることだ。「会社を動かすのは誰か」は、職務や経験ではなく、仕事ぶりや情熱をもとに判断すべきだ。仕事ぶりは比較的簡単に判断できるが、情熱を測るのは少し厄介だ。最高のリーダー、すなわち自ら手を挙げなくても自然とキャプテンに選ばれてしまうタイプには、これが生まれつき備わっている。鉄の削りくずが自然と磁石に吸い寄せられるように、

＊39 アメリカ史の授業で居眠りしていた人、あるいは他の国で育った人のために説明すると、これは一九二五年夏の「スコープス裁判」からの引用だ。クラレンス・ダローは有名な弁護士で、テネシー州法に違反して、進化論を教えた高校教師、ジョン・スコープスの弁護を引き受けていた。ダローは聖書が「天地創造に〝数日〟かかった」という場合の一日とは二四時間とは限らず、進化論は聖書の教えに必ずしも矛盾するものではない、と主張した。

＊40 Richard L. Brandt, "Birth of a Salesman" (*Wall Street Journal*, October 15, 2011).

彼らのまわりには人が集まってくる。インテュイット元CEOで、私たちにとってのコーチ兼メンターであるビル・キャンベルは、アップルの人事部門責任者だったデビー・ビオンドリロの言葉をよく引用する。「マネジャーは肩書がつくる。リーダーはまわりの人間がつくる」

エリックはあるときウォーレン・バフェットに、買収する会社に何を求めるのか、聞いたことがある。バフェットは「私を必要としないリーダーだ」と答えた。経営者がバークシャー・ハザウェイに媚を売って大金を稼ごうとするのではなく、会社の成功に全力を尽くすことで優れた成果をあげようとしていれば、投資する。社内のチームについても同じことがいえる。あなたが許可をしようがしまいが、自分が正しいと信じることをしようとする人材に投資すべきだ。彼らこそ、あなたの会社きってのスマート・クリエイティブだろう。

だからといって、スターをつくれと言っているわけではない。最高の経営システムは、アンサンブルを土台にしている。スーパースターの共演というより、ダンスチームのパフォーマンスに近い。能力の高い人材が大勢集まり、チャンスがあれば誰でもリードダンサーを務められるシステムのほうが、組織は長期的に安定する。

会社の上層部、すなわち経営幹部層では、プロダクト担当が最も大きな影響力を持つようにすべきだ。目安として、CEOがスタッフ・ミーティングを開くときには出席者の少なくとも五〇%を、プロダクトやサービスのエキスパートとしてプロダクト開発に責任を負っている人たちにしたい。それは経営陣がプロダクトの優位性に意識を集中させるのに役立つ。財務、セールス、法務などオペレーション関係の人々も会社の成功にはもちろん大切だが、議論の主導権を握るべきではない。

またリーダーには、会社の利益より自分の利益を優先することのない人たちを選びたい。すでに見たとおり、事業部制を採用する会社では、事業部の利益を会社全体の利益に優先させるようなことが起こりやすい。エリックがサンにいたとき、新しいサーバが必要になった。休日だったので、社内の資材部に頼まず、自分で倉庫まで行き、棚からサーバを持ってきた。開封すると、「こちらをお読みください」という紙が六枚も入っていた。どれも自分の部署が一番大事だと思っている〝カバ〟たちが入れさせたものだ。

政府のウェブサイトにもこういうものが多い（テレビのリモコンもそうだ。少なくとも、リモコンがあれほど使いにくい理由は他に考えられない。なぜ「ミュート」ボタンはあんなに小さいのに、「オンデマンド」ボタンは大きくて、しかも目立つ色になっているのか？　それはオン・デマンド事業部には達成すべきノルマがある一方、ユーザがＣＭをミュートにしても誰の給料も増えないからだ）。プロダクトデザインから、その会社の組織図が浮かび上がるようではダメだ。新しいｉＰｈｏｎｅの箱を開ければ、アップルにとって一番重要な人は誰か、すぐにわかる。そう、それは顧客であるあなた自身だ。ソフトウェア、製造、リテール、ハードウェア、アプリの責任者ではない。アップル社員の給料小切手にサインをしている人間でもない。これがあるべき姿だ。

社内の一番影響力のある人たちを特定できたら、彼らの仕事を増やそう。一番優秀な人材により多くの責任を与え、彼らがそれを十分に果たしてくれると信じよう（あるいは、これ以上は無理だと思ったら、あなたに伝えてくると信じよう）。昔から「やるべき仕事があれば、忙しい人に任せろ」と言うではないか。

悪党を退治し、ディーバを守れ

こんなナゾナゾを知っているだろうか？　ある島には、常に真実を語る騎士と、常にウソをつく悪党しかいない。あなたは分かれ道に立っており、一方の道は自由へ、もう一方は死へとつながっている。そこにふたりの男が現れた。一方は騎士、もう一方は悪党だが、どちらがどちらかはわからない。どちらの道を選ぶべきか、一つだけ質問ができる。何といえばいい[*41]か？

人生もこの島のようなものだが、もう少し複雑だ。というのも、現実世界の悪党は不誠実なだけでなく、だらしなく利己的で、どんな会社にも忍び込んでくる。たとえば、特別意識は成功を勝ち取るための基本条件であることから、傲慢さという悪党的性質は成功にはつきものだ。謙虚で人のいいエンジニアも、次の世界を変える発明をするのは自分たちだという意識に取りつかれると鼻持ちならない存在になる。これはかなり危険でもある。エゴからは死角が生じるからだ。

悪党の条件は他にもある。同僚の成功を妬むのは悪党の証だ（スマート・クリエイティブのオセロをそそのかしたイアーゴはその典型だ。「閣下、嫉妬にはご用心を。それは緑の目をした怪物で、ひとの心をもてあそぶ[*42]」）。他の人の手柄を横取りするのも悪党。顧客に必要でもないモノ、あるいは顧客のメリットにならないものを売るのも悪党。会社の電子レンジを汚しても掃除をしないのも悪党。教会の壁に落書きをするのも悪党だ。

会社の気質は、そこで働く人々の気質の総和だ。だから、すばらしい気質の会社をつくりたければ、従業員に同じ基準を求めなければならない。悪党を受け入れる余地はない。そして私たちの経験から言って、一度でも悪党らしき行いをした人間は、ずっと悪党だ（トム・ピー

＊41　正解はいくつかある。たとえば、ある方向を指さし、どちらかに「私が『こっちは自由への道か』と聞いたら、あなたは『イエス』と答えるか」と聞く。答えがイエスなら、自由への道だ。答えがノーなら死への道だ。あるいは「私があちらの人にどっちに行けばいいか尋ねたら、何と答えるか」と聞き、答えと逆の道を行くのだ。あるいはどこかのアメリカ大統領のように、とっとと侵略してしまえばいい。

＊42　ウィリアム・シェイクスピア作『オセロ』より。

ターズもこう言っている。「一瞬だけ誠実さを忘れる、といったことはあり得ない」)。

さいわい従業員の行動は社会規範の影響を受けやすい。騎士道精神に満ちた健全な文化では、騎士は悪党が行動を改めるか、あるいは会社を去るまでその悪しき行動を指摘しつづける(オフィスを窮屈にしておくべき、もう一つの理由がここにある。人間は社会統制のもとにあるほど、模範的行動をする。窮屈なオフィスは社会統制だらけだ!)。これは悪党的行動の抑制にかなり効果がある。というのも、悪党は一般的に騎士と比べて、個人的成功をモチベーションとするので、自分の行動が評価につながらないと感じれば会社を去る可能性が高まるからだ。あなたがマネジャーで、部下に悪党を見つけたら、与えていた仕事を騎士に移してしまうのが一番だ。容認できない行動があれば、迅速にその悪党を排除しなければならない。ゾウアザラシの赤ん坊が、他の母親のお乳を飲もうとすると(悪党)、どうなるかご存じだろうか。その母親だけでなく、他のメス(騎士)からも一斉に噛みつかれるのだ。[*43] 会社の基本的利益を犯すような人間には、毅然とした態度を取らなければならない。噛みつく必要はないが、迅速に、断固たる対応を取ろう。悪の芽は早く摘み取れ、だ。

悪党の割合にはティッピング・ポイントがある。悪党の割合がクリティカルマスに達すると(それは意外なほど低い)、悪党のように行動しなければ成功できない、とみんなが思うようになり、問題はさらに深刻化する。[*44] スマート・クリエイティブには多くの美点があるが、彼らとて聖人ではない。だから悪党の割合には目を光らせよう。

ただし、悪党をディーバと混同してはならない。悪党的行動は、誠実さの欠如から生まれる。一方、ディーバ的行動は強烈な特別意識の産物だ。悪党はチームより個人を優先する。ディーバは自分はチームメイトより上だと思っているが、どちらにも同じように成功させたいと望む。悪党はできるだけ迅速に排除しなければならない。だがディーバは、その仕事ぶ

---

*43 ゾウアザラシはかなり残酷だ。「このように噛まれた子アザラシは重傷を負うこともある。子アザラシが鳴きながら逃げると、他のメスアザラシの注意を引くことになり、彼らも攻撃に参加することが多い。その結果、他の母親から乳を盗もうとして捕まった子アザラシは、たいてい群れを追われる」。以下を参照。Joanne Reiter, Nell Lee Stinson, and Burney J. Le Boeuf, “Northern Elephant Seal Development: The Transition from Weaning to Nutritional Independence” (*Behavioral Ecology and Sociobiology*, Volume 3, August 1978), pages 337-67.

*44 心理学で何度も立証されている事実の一つで、幅広い人間行動に当てはまるのが、ある有名な論文のタイトルにもあるとおり「悪は善よりも強し」ということだ。組織では、わずか数個腐ったリンゴがあるだけで、樽全体のリンゴが台無しになってしまう。以下を参照。Roy F. Baumeister, Ellen Bratslavsky, Catrin Finkenauer, and Kathleen D. Vohs, “Bad Is Stronger Than Good” (*Review of General Psychology*, Volume 5, issue 4, December 2001). 組織における腐ったリンゴの効果については、以下を参照。Will Felps, Terence R. Mitchell, and Eliza Byington, “How, When, and Why Bad Apples Spoil the Barrel: Negative Group Members and Dysfunctional Groups” (*Research in Organizational Behavior*, Volume 27, January 2006).

りが異常なエゴに見合ったものであるかぎり許容すべきだ。守ってやるべき、と言っても過言ではないだろう。傑出した人材というのは、往々にして変わっていて扱いが難しく、腹立たしく感じられることも多い。文化は社会規範に支えられているが、ディーバは規範に従うことを拒むので、文化的要因によってディーバが悪党と一緒に排除されてしまう可能性がある。周囲がディーバと一緒に働く方法を見いだせるかぎり、そしてディーバの業績がその行動による巻き添え被害《コラテラルダメージ》を上回るかぎり、ディーバを許容し、その後ろ盾となるべきだ。きっとおもしろいことをやり遂げ、投資に報いてくれるはずだ（ディーバと書くと、女性のイメージがあるが、スティーブ・ジョブズは史上最高のビジネス・ディーバのひとりだった）。

良い意味の〝働きすぎ〟

ワークライフ・バランス。これも先進的経営の尺度とされるが、優秀でやる気のある従業員は屈辱的に感じることもある要素だ。このフレーズ自体に問題がある。多くの人にとって、ワーク（仕事）はライフ（生活）の重要な一部であり、切り離せるものではない。最高の文化とは、おもしろい仕事がありすぎるので、職場でも自宅でも良い意味で働きすぎになるような、そしてそれを可能にするものだ。だからあなたがマネジャーなら「ワーク」の部分をいきいきと、充実したものにする責任がある。従業員が週四〇時間労働を守っているか、目を光らせるのが一番重要な仕事ではない。

私たちはそれぞれ、ワーキングマザーと仕事をしたことがある。夕方の数時間、家族と時間を過ごし、子供を寝かしつけるまでは完全に音信不通になるが、午後九時くらいになるとまたメールやチャットを再開するので、彼らが仕事に戻ってきたのがわかる（働く父親もいるが、このパターンが顕著なのはワーキングマザーのほうだ）。彼女たちは働きすぎだろうか？　仕事が多すぎて、家でもやらざるを得ないのか。そうかもしれない。では、仕事のために家族や私生活を犠牲にしているのか？　それはどちらとも言えない。彼女たちは自分でライフスタイルを選んだのだ。ときには仕事が多すぎて、他のことを犠牲にしなければならないこともあるが、それを受け入れている。だが午後にオフィスを抜け出して子供をビーチに連れて行ったり、あるいは（こちらのほうが多いが）子供たちをオフィスに呼んでランチやディナーを共にしたりする（グーグル本社の中庭は、夏の夜になるとファミリーキャンプ場のようだ。たくさんの子供たちが駆け回っていて、その横で両親は美味しい食事に舌鼓を打っている）。極端に忙しい時期は数週間、あるいは数カ月続くこともあるが（とくに創業直後のベンチャーの場合）、永久に続くことはない。

この問題に対処するには、社員に責任と自由を与えるのが一番だ。社員に遅くまで会社に残って仕事をしたり、あるいは早く帰宅して家族と時間を過ごしたりすることを強制すべきではない。任された仕事に対する全責任を与えれば、彼らは何としてもそれを成し遂げようとするだろう。そのためのスペースと自由を与えよう。二〇一二年にヤフーCEOになった直後に、シリコンバレーで最も有名なワーキングマザーのひとりになったマリッサ・メイヤーは、燃え尽き症候群の原因は働きすぎではなく、自分にとって本当に大切なことを諦めなければならなくなったときに起こる、と語っている。[*45] スマート・クリエイティブに決定権を与えよう。そうすれば、自分にとって好ましい働き方はどんなものか、最適な判断を下すだろう。[*46]

チームの規模を小さく保つのは、ここでも役に立つ。チームが小さいと、誰かが燃え尽きそうで、早く帰宅したり、休暇を取ったりする必要があるときに周囲が気づきやすい。大きなチームでは誰かが休暇を取っていると、「なんでコイツはサボっているんだ？」という話になりやすい。小さなチームでは、空いている席を見てみんなが幸せな気持ちになる。

〝ワークライフ・バランス〟を促進するためではないが、私たちは社員にしっかり休暇を取るよう勧めている。誰かが自分は会社の成功に欠かせない存在なので、一～二週間も休暇を取ったらとんでもないことになる、と思っているなら、かなり深刻な問題があるサインだ。必要不可欠な人間などいるべきではないし、またそんなことはあり得ない。ときには自分のエゴを満たすため、あるいは「必要不可欠な人間」になることが雇用の安定につながるといった誤った認識のために、わざとそういう状況をつくりだそうとする人もいる。そういう人には必ず休暇を取らせ、その間は別の人間にその仕事を任せよう。休暇から帰った人はリフレッシュして仕事への意欲が高まり、代役を務めた人は自信がつくはずだ（これは社員が男女にかかわらず産休を取るメリットでもある）。

「イエス」の文化を醸成する

私たちはどちらも子供がいるので、長年の経験を通じて、親が反射的に「ダメ」というこ

＊45　Marissa Mayer, "How to Avoid Burnout" (*Bloomberg Businessweek*, April 12, 2012).

＊46　働きすぎが燃え尽き症候群（バーンアウト）につながることに疑問の余地はない。当然、私たちの時間やエネルギーは有限なのだから。しかし、燃え尽き症候群に関する研究は、決定権の欠如も大きな問題であることを示している（それ以外の問題には、不十分な報酬、コミュニティの崩壊、公正さの欠如、矛盾する価値観などがある）。燃え尽き症候群に関する権威であるクリスティーナ・マスラックは、それを人々と仕事とのミスマッチの表れと見る。そしてより人間的な労働環境をつくるよう企業に求めている。以下を参照。Cristina Maslach and Michael P. Leiter, *The Truth About Burnout: How Organizations Cause Personal Stress and What to Do About It* (Jossey-Bass, 1997).

とが子供の意欲を奪うことを身をもって学んできた。「炭酸ジュースを飲んでいい?」「ダメ」。「アイスクリームをシングルじゃなく、ダブルで頼んでもいい?」「ダメ」。「宿題やってないけど、ゲームしていい?」「ダメ」。「ネコを乾燥機に入れていい?」「絶対ダメ!」

この「とにかくダメ」症候群は、職場でも見られる。企業は従業員に「ダメ」と伝えるための、巧妙な、往々にしてさりげないが強力な方法を編み出す。決まった手続きやいくつもの承認を義務づける、あるいはミーティングへの出席を強要する、といった具合に。スマート・クリエイティブにとって、「ダメ」と言われるのはちょっとした「死」に等しい。「ダメ」は会社がベンチャーらしい活気を失い、企業的になったことのサインだ。「ダメ」が重なると、スマート・クリエイティブは尋ねるのを辞め、さっさと出口へ向かうようになる。

このような事態を防ぐには、「イエスの文化」を醸成することだ。成長企業にはカオスが蔓延する。たいがいのマネジャーは手続きを増やすことで、それに対処しようとする。手続きのなかには、会社の規模拡大に必要なものもあるが、導入はできるだけ遅らせたほうがいい。新たな手続きや承認を取り入れる場合は、基準を厳格にしよう。それを取り入れるべきだという説得力ある事業上の理由があるのか、確認するためだ。私たちがよく引用する元コネチカット大学学長のマイケル・ホーガンのこんな言葉がある。「最初のアドバイスはこうだ。『イエス』と言おう。なるべく頻繁に、イエスと言うのだ。イエスと言えば、物事が動き出す。

イエスと言えば、成長が始まる。イエスは新たな経験につながり、新たな経験は知識と知恵につながる。（中略）イエスという姿勢は、この不確実な時代に、前へ進むための手段なのだ」[*47]

数年前、ユーチューブの責任者だったサラー・カマンガーも「イエスという姿勢」を問われる重要な場面を経験した。毎週開かれるスタッフ・ミーティングで、高画質再生という新しい機能の導入を議論していたときだ。テストは順調だった。そこでサラーはこう問いかけた。すぐにこの新機能をリリースできないまっとうな理由があるのだろうか、と。すると、ある社員が答えた。「そうだな、計画ではリリースはあと数週間後ということになっているから、もう少しテストをして、完璧を期してはどうだろう」「なるほど。でも計画以外に、いますぐリリースできない理由はあるの？」。誰も答えられなかったので、高画質再生機能はその翌日リリースされた。何の混乱も不具合もなく、たったひとりの「イエスという姿勢」によって、何百万人ものユーチューブ・ユーザが数週間早く新たな恩恵を享受できるようになった。

＊47 Steve Friess, "In Recession, Optimistic College Graduates Turn Down Jobs" (*New York Times*, July 24, 2009).

「お楽しみ」より「楽しさ」を

毎週、グーグルの全社員集会「TGIFミーティング」では、新入社員は一目でそうとわかるプロペラつきのカラフルな帽子をかぶらされ、一カ所にまとまって座る。セルゲイは温かい歓迎の言葉を述べ、全員が拍手すると、こう言う。「さあ、さっさと仕事に戻って」。とびきりうまいジョークでもないが、セルゲイが少しロシア訛りのある、まじめくさった口調で言うと、いつも笑いが起きる。セルゲイは数々のすばらしい才能の持ち主だが、スマート・クリエイティブのリーダーとしての強みのひとつはユーモアのセンスだ。セルゲイがTGIFの司会をするときには、しょっちゅうアドリブのジョークを入れるので、よく笑いが起きる。「創業者が言うんだから、笑ってやるか」的な笑いではなく、本物だ。

優れたベンチャー企業、優れたプロジェクト、ついでに言えば優れた仕事は、楽しくなければいけない。あなたが死ぬほど働いているのに、ちっとも楽しくないという場合、おそらく何か間違っている。楽しい理由の一つは、将来の成功の予感かもしれない。だが、一番大きいのは、同僚と一緒に笑ったり、ジョークを言いあったり、ともに仕事をすることの楽しさであるはずだ。

たいていの企業は「お楽しみ」を企画しようとする。毎年開かれる全社あげてのピクニック、ホリデーパーティ、金曜日のオフサイト・ミーティングなどだ。すてきな音楽や景品も用意されているかもしれない。奇妙なコンテストが開かれ、バツの悪い思いをする同僚もいるかもしれない。フェイスペインティングにピエロに占い師。おいしい料理（ただしアルコールは抜き）もたっぷりあるだろう。あなたも参加するかもしれないが、この手の「お楽しみ」イベントには一つ問題がある。本当の「楽しさ」がないのだ。

例外もあるかもしれない。遊び心を忘れなければ、こうした会社主催のイベントというのもそれほど悪くない。会社主催のパーティを楽しくするのは、それほど難しいことでもない。コツは楽しいウエディングパーティを企画するときと同じだ。最高の参加者（そもそもあなたの社員は最高のはずだ）、最高の音楽、そして最高の食事と飲み物。根っから嫌味な人間によって雰囲気がぶち壊しになることもあるが、八〇年代のカバーバンドとおいしいビールさえあれば、たいていなんとかなる。ビールを飲みながらビリー・アイドルの曲で踊っているときに、不愉快な人間などいないものだ。

それから会社主催のオフサイト・ミーティングというのもある。たいてい「チームビルディングのため」と称して、共同作業の質を高める方法を学ぶ。ロープを使ったエクササイズやシェフのレッスンを受けたり、あるいは性格テストを受けたり、グループで問題を解いたりする。こうして立派な機械の歯車になるわけだ（ならない人もいるかもしれないが）。グーグルのオフサイト・ミーティングに関する考え方は、「チームビルディングは忘れて、思い切り楽しむ」というものだ。ジョナサンがオフサイトを企画するときには、本物の旅行のように感じられるそこそこ遠い場所に出かけ（とはいっても日帰りできる距離）、天気さえよければアウトドアでグループアクティビティを楽しみ、参加者が個人ではできないような経験をしてもらう。

こうしてジョナサンは、チームを引き連れてカリフォルニア州北部全域に足を延ばしてきた。国定記念物のミューアの森、ピナクルズ国立公園、ゾウアザラシで有名なアニョ・ヌエボ、そしてサンタクルーズビーチボードウォークなど。どれもたいした費用はかからない。「お楽しみ」は高くつくことが多いが、仲間と楽しむのにそれほどお金は必要ない。グーグルの創業期、ラリーとセルゲイが主催していたローラーホッケーの参加資格は、スティックとローラースケートを持っていること、そして創業者にヒップチェックされることをいとわないことだけだった。シェリル・サンドバーグはセールスチーム向けに読書クラブを主催していた。これはインド支社でとくに人気があり、全員が参加したほどだ。エリックはソウル支社の全社員と一緒に、支社を訪問した韓国の人気歌手、ＰＳＹと「江南スタイル」を踊った（「誰も見てないつもりで踊れ」というアドバイスには従わなかった。リーダーは注目されるのが宿命なので、下手でも構わず、とにかく踊ることが大事なのだ）。

ジョナサンはあるときマーケティング責任者だったシンディ・マカフリーと、どちらのチームが毎年行われる従業員調査「グーグルガイスト」への参加率が高いか、賭けをした。負けたほうが相手の車を洗わなければならない。ジョナサンが賭けに負けると、シンディは車体の長いストレッチリムジンをレンタルしてきて、車体に泥を塗りたくった（どうやったのかはいまだにわからないが）。そしてチーム全員を集めて、車を洗っているジョナサンに水風船をぶつけさせた。新しいバスケットコートをつくるため、ゴールを二セット調達し、複数のエンジニアチームにどこが最初に組み立てられるか競わせたこともある。ダンクシュートが何かも知らない参加者もいたが、エンジニアの腕が鳴るような挑戦にはすぐに飛びついた。

楽しさの文化の特徴は、イノベーティブな文化とまったく同じだ。つまり、楽しさはあらゆるところから生まれてくる。重要なのは「許されること」の境界をできるだけ広げておくことだ。聖域はなし。二〇〇七年にグーグルのエンジニア数人が、イントラネットシステムのエリックのプロフィール写真が、パブリックフォルダに入っていることに気づいた。そこでこっそり写真の背景を修正し、ビル・ゲイツの画像を入れ、エイプリルフールの日にエリックのページの写真を差し替えてしまったのだ。その日、イントラネットでエリックを探したグーグラーが目にした写真がこれである。

エリックは一カ月間、プロフィール写真をそのままにしておいた。

スマート・クリエイティブのユーモアは、ビル・ゲイツの写真ほど穏便なものではないことも多い。そこに〝ゆるい境界〟の意味があるのだが。二〇一〇年一〇月、エンジニアのコリン・マクミラン[*48]とジョナサン・ファインバーグが「ミームジェン」と呼ばれる社内サイトを立ち上げた。自由にミーム——画像と簡潔なキャプションがセットになったもの——を作成できるほか、お互いの作品にコメントすることができる。これはグーグラーにとって新たなおもちゃであると同時に、会社の現状を辛辣に批判するツールとなり、その両面で大成功を収めた。風刺ソングの大御所であるトム・レーラーや、コメディアンのジョン・スチュワートの芸にも通じるが、ミームは社内で議論になっているテーマの核心を突

エリックはミームジェン・ユーザの人気者だ

「エリック・シュミットが話すと、みんながミームにする」

社内でよく聞かれる不満が、
昔のグーグルのほうがずっと良かった、というものだ

「グーグルへようこそ。さあ入社以来
どれだけグーグルが変わってしまったかグチを言い合おう」

新しいグーグル・グラスのアイデア

「OKグラス、スクワールを出してくれ」

プロジェクト・ルーン（のちほど詳しく説明する）が
発表された直後、
自分のOKR（四半期パフォーマンス目標。これものちほど）を
見直す必要があると思った社員の作品

「プロジェクト・ルーン：もうボクのOKRは野心的とは到底いえない」

ソウルにて。韓国のポップスター、PSYと踊るエリック

「ひとりは笑えるダンスで世界的に有名。残りのひとりはPSYだ」

くものでありながら、かなり笑える。たとえば、こんな具合に。

これは「お楽しみ」ではない。会社の指示でこんな代物が生まれるはずがない。こういう楽しさは、社員を信頼し、「これが世間に知れたらどうする?」という心配性の人間には耳を貸さない、懐の深い環境でしか生まれない。この手の楽しさはいくらあってもいい。多ければ多いほど、仕事の成果はあがる。

何か着ていればいいよ

エリックはノベルのCEOになったばかりのころ、知人から気の利いたアドバイスをもらった。「会社を再建するときには、社内のデキる人間を集めるんだ。それにはまずひとり見つけて、そいつに聞くことだ」。数週間後、サンノゼから(本社のある)ユタへ飛行機で移動した際、乗り合わせたエンジニアを「デキる」と思った。そこで知人のアドバイスを思い出し、そのデキるエンジニアの話を遮り、優秀と思う同僚を一〇人挙げてくれるよう頼んだ。数分後には望んでいたリストが手に入った。そこで名前の挙がった一〇人を個別に面接することにした。

数日後、ひとり目がエリックのオフィスにやってきたが、その顔は真っ青だった。そして開口一番、「私が何かまずいことでもしましたか?」と聞く。ふたり目も三人目も、同じような展開だった。デキるという評価の一〇人がそろいもそろって、不安げで身構えた様子でやってくる。まもなく明らかになったのは、ノベルでは社員をクビにするとき、ひとりずつCEOのオフィスに呼ぶ習慣があったのだ。エリックはそうとは知らずに、社内で一番優秀な人たちにクビになるのではないかという恐怖を与えていたわけだ。

これは既存の企業文化を変更することが、いかに難しいかを痛感する出来事だった。「デキる人間を集めろ」というアドバイスに問題はなかったが、エリックの知らない既存の企業文化によってその効果はぶち壊しになった。創業したばかりの会社で新たな文化をつくるのは比較的簡単だ。だが、既存企業の文化を変えるのはとほうもなく難しく、かつ成功に欠かせない。普通のスマート・クリエイティブは、よどんだ、過度に〝企業然とした〟文化を忌み嫌う。

私たちはつい最近、モトローラ・モビリティでまさにこれを経験した。グーグルが二〇一

＊48 コリンはグーグルに入社する前、ウェブサイトのユーザがロボットではなく本物の人間であることを確認するためのソフトウェア・アプリケーションを制作するｒｅＣＡＰＴＣＨＡの共同創業者だった。ウェブサイトの本人確認のために入力させられる、歪んだテキストがそれだ。だがコリンの最高傑作がミームジェンであるのは間違いないだろう。

二年に買収した会社である。[49] 実行すべき、重要なプロセスはいくつかあった。まず、問題を認識する。いま会社を支配している文化（ミッションステートメントなどに書かれたものではなく、社員が日々経験している本当の文化）は何か、そうした文化が事業にどのような悪影響を与えているのかを確認するのだ。重要なのは、既存の文化をやり玉にあげることではない。それはその会社の人々を侮辱することになる。事業の失敗と、そこで文化の果たした役割の関連性を明らかにすることが目的だ。

次に、目指すべき文化を明確にする。二〇一〇年ワールドカップのナイキのCMのように「未来をかきかえる」のだ。そしてそれへ向けて、具体的で誰の目にもはっきりとわかるようなステップを実行していく。透明性や、部門を越えたアイデアの共有を奨励しよう。全員の予定表を公開し、他の社員が何をしているのかわかるようにしよう。全社ミーティングを増やし、率直な質問をしても不利益にならないことを態度で示そう。実際に厳しい質問が飛んできたら、正直かつ誠実に答えよう。TGIFでモトローラの話題が出たときには、複数のグーグラーが同社のプロダクトについて厳しい質問を投げかけたが、経営陣はその一つひとつにできるだけ丁寧に回答した。その後、ジョナサンは数人のモトローラ社員が「アイツらはクビになるのかな」と囁き合っているのを耳にした。「ならないよ」とジョナサンは答えた。

未来を描くとき、会社本来の文化を振り返るのが役立つこともある。ＩＢＭ再生の立役者となったルイス・ガースナーは、著書『巨象も踊る』にこう書いている。「すべての組織は、ひとりの人間の長い影に過ぎないと言うが、[*50] ＩＢＭの場合、それはトーマス・Ｊ・ワトソン・シニアだった」[*51]。ガースナーはさらにＩＢＭの再建はワトソンの基本的信念にもとづいていた、と説明する。すべての事業分野で傑出した存在になること、最高のカスタマーサービス、そして個人の尊重だ。ただワトソン以来の伝統を基礎にするとは言っても、時代後れの要素は容赦なく切り捨てた。有名な「ダークスーツに白シャツ」というドレスコードは廃止した。顧客に敬意を表する、という当初の目的を果たさなくなっていたからだ。「古いルールに代わる、新たなドレスコードはつくらなかった。ワトソン氏の知恵に立ち戻り、こう決めたのだ。『その日の状況、また誰と仕事するかを考え、ふさわしい服装をするように』[*52]」と

＊49　グーグルは二〇一四年にモトローラをレノボに売却すると発表した。

＊50　これはラルフ・ウォルド・エマーソンの引用だ。エマーソンは次のように書いている。「組織とはひとりの人間の長く伸びた影である」。以下を参照。Ralph Waldo Emerson, *Self-Reliance and Other Essays* (Dover Thrift Editions, 1993), page 26（邦訳『自己信頼』）。

＊51　Louis V. Gerstner Jr., *Who Says Elephants Can't Dance?: Inside IBM's Historic Turnaround* (HarperBusiness, 2002), page 183（邦訳『巨象も踊る』）。

（エリックはグーグルの社内ミーティングでドレスコードを聞かれたとき、こう答えた。「何か着ていればいいよ」）

これはとても時間がかかる作業だ。私たちがモトローラの経験を通じて学んだ一番重要な教訓は、既存の大企業で働いている人の多くがすでに知っていることかもしれない。本書で勧めていることを実践し、会社の文化を変えるには、予想をはるかに超える時間がかかる。

アハライ

あなたが新しいベンチャーの立ち上げ（あるいは既存企業の再生）に取り組もうとしているなら、長時間労働、眠れない夜、そして友人の誕生日パーティに顔を出せない日々が続くことは間違いない。そしてあなたとあなたのアイデアを信じ、同じような犠牲を払おうとする従業員を見つけなければならない。それには自分は絶対成功するというケタはずれの情熱と、夢を実現するだけの合理性が必要だ。強い意思、粘り強さ、何より大切なのは一心不乱に取り組む姿勢だ。イスラエルの戦車司令官は戦闘を開始するとき、「突撃！」とは言わない。「アハライ！（ついてこい！）」と叫ぶのだ。スマート・クリエイティブのリーダーを目指すなら、この姿勢を学ばなければいけない。

エリックはあるとき、パロアルトのフェイスブック本社でマーク・ザッカーバーグとミーティングをした。その時点でフェイスブックが大成功をつかもうとしていることは明白だった。二時間ほど話をして、午後七時ごろにエリックが帰ろうとすると、アシスタントがマークの夕食を運んできて、コンピュータの脇に置いた。マークは机に戻り、仕事を再開した。彼の熱意がどれほどのものか、それを見ただけでよくわかった。

グーグルの初期に入社したエンジニアのひとり、マット・カッツは、グーグルのデータ・センター・インフラの立役者となったエンジニアリング担当幹部のウルス・ヘルツルが、廊下を歩きながら目についたゴミを拾いあげる姿をよく目にした。シリコンバレーではこういう話をよく聞く。玄関前に配達された新聞を、毎朝自分で取ってくるCEO。机を拭いてまわる創業者。リーダーはこうした行動を通じて、平等主義の精神を身をもって示す。自分たちはチームであり、必要だがつまらない仕事を免除されるような〝エライ〟人間はひとりもいないのだ、と。だが、彼らがこのような行動をとる最大の理由は、会社をとても大切に思っているからだ。リーダーシップには情熱が欠かせない。あなたにそれがないなら、さっさと降りたほうがいい。

＊52 Ibid., pages 184-85.

邪悪になるな

エリックがグーグルに入社して、半年ほど経ったころのことだ。それまでには、エンジニアのポール・ブックハイトとアミット・パテルが創業初期のミーティングで考案した「邪悪になるな」というスローガンは何度も耳にしていた。だが、このシンプルなフレーズが企業文化の一部としてどれほど重要な意味を持つかは、やや過小評価していたようだ。この日エリックは、広告システムにある修正を加えることの是非を議論するミーティングに参加していた。その修正を加えれば、かなり会社の収益に貢献する可能性があった。そこでエンジニアの中心メンバーのひとりが、拳《こぶし》でテーブルを叩きながらこう言った。「こんなことはやるべきじゃない。邪悪になるぞ」。会議室は突然静まり返った。西部劇でよくある、ポーカーの途中でプレイヤーが相手のイカサマを指摘し、周囲が「撃ち合いになるぞ！」とばかりに一斉に後ずさりする場面のように。「こいつら、本気だな」とエリックは思った。それから長く、ときには激しいやりとりが続いた末に、修正は見送られた。

「邪悪になるな」というグーグルのスローガンには、もっと深い意味がある。これが本当に会社の価値観と、従業員が強く望んでいる理想を表現していることは間違いない。だが「邪悪になるな」の最大の意義は、それが従業員への権限委譲の一つの手段となっていることだ。

上に挙げたエリックの経験は、決してめずらしいものではない（拳でテーブルを叩くことをのぞけば）。たしかにグーグラーは意思決定をするとき、しょっちゅう倫理の羅針盤に照らしては妥当性を確認している。

トヨタ自動車が「カンバン方式」と呼ばれるジャストインタイム生産方式を取り入れたとき、品質管理方法の一つとして、組立ラインの従業員は品質上の問題に気づいたら、ヒモを引っ張って生産を止められるというルールをつくった。[*53]「邪悪になるな」というスローガンの背後には、これと同じ理念がある。あの会議で新機能の追加を「邪悪」と言い切ったエンジニアは、ヒモを引っ張って生産ラインを止め、全員に提案された修正内容をしっかり吟味し、それが会社の価値観に沿うものか判断するよう求めたのだ。どんな会社にも「邪悪になるな」のように、マネジメント、プロダクト計画、社内ルールの指針となるスローガンが必要だ。

揺るぎない、そしてしっかりと浸透した企業文化の究極の価値はここにある。あなたと会社が道を踏み外すのを防いでくれる。というより、それ自体が道となる。最高の企業文化は、

＊53 David Magee, *How Toyota Became #1: Leadership Lessons from the World's Greatest Car Company* (Portfolio/Penguin, 2007).

高い理想を掲げる。本章で取り上げた一つひとつの要素については、理想を体現するような実例を挙げてきたが、その気になればうまくいかなかった事例もいくつも挙げることができる。ただ失敗はあっても、社員が理想を上回る行動をとるケースのほうがはるかに多く、そのたびにハードルは高くなっていく。それが優れた企業文化の威力だ。会社のメンバー一人ひとりを高めてくれる。そして会社自体をさらなる高みに引き上げてくれるのだ。

戦略

あなたの計画は間違っている

あなたがどんなベンチャーを始めようとしているのか、私たちにはわからない。どんな業界なのかすら知らない。だから大きな顔をして事業計画のつくり方を指南するつもりはない。ただ、あなたに事業計画があれば、それが間違っているということだけは一〇〇％断言できる。ＭＢＡスタイルの事業計画は、どれほど綿密かつ入念に検討したものであっても、必ずある重大な欠陥をはらんでいる。その欠陥のある事業計画を忠実に実行することは、起業家エリック・リースの言う「失敗の実現」につながる。*54 ベンチャー・キャピタリストが「事業計画ではなく、人に投資せよ」という原則に忠実なのはこのためだ。事業計画が間違っている以上、人は正しく選ぶ必要がある。優れた人材が集まったチームは、計画の欠陥に気づき、軌道修正することができる。

では、新たなベンチャー企業が事業計画もなしに、どうやって最高の人材や重要な資源（資金など）を手に入れるのか。実際のところ、計画はあってもかまわない。だが、事業を進めるのにともない判明したプロダクトや市場についての新事実に対処するために、計画を変えることを頭に入れておこう。この迅速な反復作業は成功に不可欠だが、それと同じくらい重要なのが計画の大元となる「基礎」の部分である。インターネットの世紀を特徴づけるテクノロジーの引き起こした地殻変動によって、私たちが学校や職場で学んだ従来型の「戦略の基本」はもはや通用しなくなった。[*55] だから計画は変化するかもしれないが、その根底に一定

＊54 リースは「失敗の実現」を、根本的欠陥があり、何の成果ももたらさない計画を成功裏に遂行すること、と定義している。以下を参照。Eric Ries, *The Lean Startup* (Crown Business/Random House, 2011), pages 22, 38（邦訳『リーン・スタートアップ』）。

＊55 あるいは、正しい基礎を学んでいなかったのかもしれない。たとえばピーター・ドラッカーは一九七四年、「一〇年というのはこんにち、比較的短いタイムスパンである」として、主要な経営判断が本当に効果を発揮するまでには何年もかかる、と指摘している。ただ直後に、長期計画という概念は誤解されやすい、とも語っている。「『短期』『長期』というのは、時間の長短だけで決まるわけではない。ほんの数カ月で実行できる決定が、必ずしも短期計画ではない。重要なのは、その決定がどれだけの期間にわたって有効性を発揮するかだ。一九七〇年代に『一九八五年までにこれをやろう』と決断するのが長期計画ではない。それは単なる時間の空費に過ぎない。そこには八歳の少年が『大きくなったら消防士になるんだ』という程度の現実味しかない」。以下を参照。Peter Drucker, *Management: Task, Responsibilities, Practices* (Harper & Row, 1974)（邦訳『マネジメント』）。

の基礎的な原理が存在することが大切なのだ。それはこんにちの世の中の仕組みに根差し、計画を修正しながら成功に向かううえで指針となるものでなければならない。計画は流動的だが、基礎は揺るがない。

計画が流動的と聞いて、仲間に加わるのをやめる者もいるだろう。たいていの人は不確実性を嫌うからだ。一方、スマート・クリエイティブは「やっているうちにわかるだろう」という考え方を好む。ジョナサンがある部下に対する考課に書いたように、スマート・クリエイティブには「こんにちの変わりやすい環境に柔軟に対応しようとするしなやかさ」[*56]がある。むしろ、彼らはすべての答えがそろっていると称する計画は信頼せず、たとえ答えがそろっていなくても、正しい基礎にもとづく計画に飛びつく。

ジョナサンがこれを部下から学んだのは、二〇〇二年にグーグルに入社してまもなくのことだ。当時のグーグルには、しっかり考え抜かれた戦略的基礎はあったものの、きちんと明文化されていなかった。というより、一九九八年の創設以来、わざわざグーグルの戦略を文書化しようとした者はいなかった。ジョナサンはこの〝欠落〟をすぐに埋めようとした。自分が慣れ親しんできた〝インクが乾くよりも早く陳腐化してしまうような従来型の事業計画〟をまとめようとしたのだ。だが、直属の部下のマリッサ・メイヤー、サラー・カマンガー、スーザン・ウォジスキに止められた[*57]。グーグルには事業計画を文書化する必要性（というより、そもそも事業計画の必要性）などない。むしろ新しい人材を採用し、みんなを同じ方向に進ませるために必要なのは、事業計画の「基礎」を明文化することだ。基礎さえ示せば、あとはグーグラー自身が何をすべきかを見いだすだろう、と三人は主張した。

その結果ジョナサンがまとめたのが、「グーグルの戦略——過去、現在、未来」と題したプレゼンテーションである。これは二〇〇二年一〇月に取締役会に発表され（それが翌年、マイク・モリッツがさらに包括的な計画を求めるきっかけとなった）、その後も長きにわたってグーグルの戦略を説明するのに使われてきた。ここで示された原則は、九〇年代後半に跋扈《ばっこ》したドットコム企業とはまったく違い、こんにちでは〝インターネットの世紀のサクセスストーリー〟の基本的設計図と目されている。具体的には、重大な問題を革新的な方法で解決するような技術的アイデアに賭ける、利益ではなく規模を最適化する、最高のプロダクトによって市場自体を拡大させる、といった内容が含まれている。

＊56 この文言はジョナサンのアップル時代の上司、ジェームズ・アイザックスから借用した。アイザックスはこれをお気に入りの部下（少なくとも私たちはそう信じたい）であった、ジョナサン・ローゼンバーグの考課に書いたのである。

＊57 ジョナサンはマリッサ、サラー、スーザンを「ラクダの群れ」と呼んだ。それぞれに独自の考えがあり、めったにジョナサンの方針に従わなかったからだ。最終的にこれは親愛の情を示す呼び名となったが。

市場調査ではなく、技術的アイデアに賭ける

一九九〇年代半ば、ラリーとセルゲイがグーグルの元となる博士論文の研究プロジェクトに取り組みはじめたころ、有力な検索エンジンはどこもウェブサイトのコンテンツにもとづいて検索結果をランキングしていた。たとえば「大学」という検索語を入れると、実在する大学ではなく、書店や自転車店のウェブサイトが表示されることも多かった。ラリーがこうした検索エンジンの運営会社を訪問し、「大学」を検索したときにいかにひどい結果が表示されたか文句を言ったところ、「悪いのはキミだ」と言われた。もっと的確な検索語を入れればいいじゃないか、と。

そこでラリーとセルゲイはもっと良い方法を編み出した。どんなウェブページがリンクを張っているかを調べることで、ウェブページの品質、すなわちそのコンテンツとユーザの検索語との適合性を判断できることに気づいたのだ。たくさんのウェブページが指し示しているページなら、おそらく質が高いということだろう。[*58] グーグル検索が登場したとき、他の検索エンジンよりはるかに優れた性能を発揮できた理由はほかにもあるが（たとえば学術系のウェブサイトから得られた結果を重視するなど）、プロダクトの優位性の核となったのは、ウェブのリンク構造を最高の結果を導き出すロードマップとする、という技術的アイデアだった。

その後に大成功を収めたグーグルのプロダクトも、ほとんどが強力な技術的アイデアにもとづいていた。逆にあまり成功しなかったプロダクトには、それがなかった。たとえばグーグルの収益の大半を稼ぎ出す広告エンジンの「アドワーズ」は、広告は広告主がいくら払うかではなく、ユーザにとって情報としてどれだけ価値があるかにもとづいてランキングし、ウェブページに掲載すればいい、というアイデアにもとづいている。*59 何千というメディアのウェブサイトからニュースのヘッドラインを集めてくる「グーグル・ニュース」は、記事を

---

*58 グーグル検索の大元となったこの方法は、ラリー・ペイジの名前を取って「ペイジランク（PageRank）」アルゴリズムと呼ばれ、以下の論文で説明されている。Lawrence Page, Sergey Brin, Rajeeve Motwani, and Terry Winograd, "The PageRank Citation Ranking: Bringing Order to the Web" (Standard InfoLab Technical Report, 1999).

*59 二〇〇〇年代初頭のグーグルの強力なライバルの一つが、いち早く広告配信にオークション制度を導入したオーバーチュアだった。オーバーチュアの方法の問題点は、優れた広告をつくった広告主への報酬や、お粗末な広告をつくった広告主へのペナルティがなかったことだ。広告主は意図的に、ユーザの検索語とまったく無関係の広告を出すようになった（たとえばレストランの検索に対して車の広告を出すなど）。ユーザがこうした広告をクリックすることはめったになかったため、広告主は料金を取られることはなかったが、少なくとも広告主の名前は表示されたので無料でユーザ・インプレッションを獲得していたわけだ。広告主の間でこのような行動が広がるほど、広告の質は低くなった。広告を品質に応じてランキングするというグーグルの方法は、こうした行動を排除したため（質の低い広告は表示されない）、質の高い広告が増え、クリック数も増えた。

情報源別ではなく、トピック別にアルゴリズムでグループ化する、という着想にもとづいていた。グーグルのオープンソース・ブラウザである「クローム」は、ウェブサイトが複雑化し、パワフルになるのにともなって、ブラウザも速度重視の発想に切り替えるべきだというアイデアから生まれた。革新的で成功しているグーグルのプロダクトには、技術系の学術誌に載るような重要な技術的アイデアが少なくとも一つはある。グーグル検索に表示される「ナレッジグラフ」は、特定の人物、場所、モノについて、インターネット上に存在する膨大な量の、無秩序な情報を整理し、わかりやすいフォーマットにまとめて表示する機能だ。「ユーチューブ・コンテンツＩＤ」は、すべてのオーディオクリップ、ビデオクリップに固有の識別情報をつくり、それをグローバルな著作権データベースと照合し、著作権所有者がユーチューブ上で自らのコンテンツを見つけられるように（ときにはそれをマネタイズできるように）している。「グーグル翻訳」は膨大な数のマルチリンガルなユーザベースの力を借りて、翻訳品質を着実に高めている。「ハングアウト」（ひとりあるいは複数の人とライブビデオチャットを楽しむ機能）はさまざまな動画フォーマットを端末レベルではなく、クラウドレベルで変換し、多様な端末を使ってグローバルなビデオ会議を簡単に開けるようにした。

たいていの企業ではプロダクト計画を立てるのはプロダクト・リーダーだが、彼らの立てる計画には最も重要な要素が欠けていることが（きわめて）多い。それは、新たな機能、プロダクト、あるいはプラットフォームの出発点となる技術的アイデアは何か、である。技術的アイデアとは、大幅なコストダウンにつながったり、プロダクトの機能や使い勝手を何倍も高めたりするような、新たな技術の活用法やデザインのことだ。そこから誕生するプロダクトは、競合品と比べて本質的に優れている。その差は歴然としていて、マーケティングの努力などしなくても、消費者はすぐにそのプロダクトがほかのどのプロダクトとも違うことに気づく。

ときには技術的アイデアを簡単に生み出せるケースもある。OXO（オクソー）はキッチン用品のデザインを人間工学にもとづいて見直した結果、急成長を遂げた。だが、たいていは苦労する。多くの企業が技術的アイデアを戦略の基礎としないのはそのためかもしれない。その代わりに、従来型のMBA的発想にもとづいて、自分たちの一番得意なことを考え（マイケル・ポーターの言う「競争優位」[*60]）、それを生かしてまわりの市場にも手を広げようとする。この方法は、市場シェアの拡大が成功の指標となる既存プレイヤーにはとても有効だが、新たにベンチャーを興すときには役に立たない。競争優位を生かし、まわりの市場を攻略することだけを目標とする戦略では、業界に破壊的変化をもたらしたり、事業を大きく変えたりすることは不可能だ。最高のスマート・クリエイティブを集めることもできないだろう。

巧みな価格設定、マーケティング、流通、販売戦術によって市場シェアや利益を拡大することもできる。スーパーの食品売場を歩けば、パッケージや宣伝文句を変えただけなのに「新登場」「さらにおいしくなりました！」などとアピールする商品があふれている。こうした戦術は市場調査の産物であることが多い。コンサルタントが何人か集まって、会社の想定顧客ベースを狭義のセグメント（ミレニアル世代、ジェネレーションX、トゥイーンズなど）に切り分ける。その結果、プロダクトデザイナーは三一もの凡庸なフレーバーを開発するはめになる（サーティワンアイスクリームをやり玉に挙げているわけではないので悪しからず）。市場調査コンサルタントを使う最大のメリットは、アドバイスが間違っていたらさっさと責任を押しつけてクビにできることだ。

ジョナサンが一九九〇年代後半にプロダクトチームの責任者を務めたエキサイト＠ホームは、ケーブルテレビ番組を伝送していた同軸ケーブルを、ブロードバンド回線に転換するための技術をベースに誕生した会社だった。エキサイトが開発したケーブルモデムはまさに革新的なプロダクトだったが、厄介な敵が立ちはだかった。市場調査である。ケーブルテレビ会社は、顧客の多くがインテルの「８０２８６」「８０３８６」プロセッサを搭載したパソコンを使っているというデータをもとに、モデムをこうしたパソコンにも対応させるようエキサイトに求めた。だがエキサイトのエンジニアは、こうした古いプロセッサを使ったパソコンの処理能力ではブロードバンドに接続しても意味がなく、モデムを購入した顧客が不満を持つはずだとわかっていた。ケーブルテレビ会社は市場調査を盾に、時代後れのパソコンのためにムダなサービスを提供しろ、とエキサイトに迫った。だがパソコンの性能が「ムーアの法則」に従ってほぼ二年で二倍になっており、速度の遅いパソコンが間もなく市場から消えることを、市場調査は見落としていた。[*61]

＊60　ハーバード・ビジネススクール教授で、コンサルティング会社モニター社の創業者でもあるマイケル・ポーターは戦略論の権威であり、企業、地域、国家の競争優位に関する権威だ。名著*Competitive Strategy: Techniques for Analyzing Industries and Competitors* (Free Press, 1980)（邦訳『競争の戦略』）では、会社が競争力と収益性を維持するための五つの力（ファイブフォース）を挙げた。その続編で同じように強い影響力のある*Competitive Advantage: Creating and Sustaining Superior Performance* (Free Press, 1985)（邦訳『競争優位の戦略』）では、ライバルに対して優位に立つために必要な活動を説明し、競争優位はコストリーダーシップ、差別化、あるいは特別なニッチに集中することから生じると論じた。

＊61　「ムーアの法則」とは、インテル共同創業者のゴードン・ムーアの予測で、一枚のチップ上のトランジスタの数、ひいてはコンピュータの処理能力は、二年で倍増する（一九五六年の当初の記事では「毎年倍増」としていたが、その後やや保守的になった）というものだ。以下を参照。Gorden E. Moore, "Cramming More Components onto Integrated Circuit" (*Electronics*, April 19, 1965), pages 114-17. これまでのところ、この予測どおりになってきた。しかし製造に関する物理学的、あるいは経済上の理由から、いずれムーアの法則は限界に達する宿命にある。以下を参照。Karl Rupp and Siegfried Selberherr, "The Economic Limit to Moore's Law" (*Proceedings of the IEEE*, March 2010), and Rick Merritt, "Moore's Law Dead by 2022, Expert Says" (*EE Times*, August 27, 2013).

この問題については最終的に勝利を収めたエキサイト＠ホームだったが、同社も市場調査に足をすくわれた経験がないわけではない。潜在顧客にインターネット接続サービスについて最も重視する点を尋ねたところ、「速度」という答えが返ってきたため、マーケティングでは「速度」を最大の売りにした。だが、有線ブロードバンドはたしかに速かったが、サービスを使いはじめたユーザが最も評価したのは「常時接続」、すなわち毎回モデムやサーバがダイヤル音や耳障りなシューッという音を立てながらウェブに接続するのを待つ必要がなかったことだ。ジョナサンたちは顧客の期待に沿うようなマーケティングを展開したつもりだったが、市場調査を見ていても、顧客が問題であることすら認識できない問題を解決することはできない。大切なのは顧客の要望に応えることより、顧客が思いつかないような、あるいは解決できないと思っていた問題へのソリューションを提供することだ。

プロダクトの地道な改良を続けること、巧妙な戦術を駆使するのは何も悪いことではないが、市場調査を技術的イノベーションより重視するのは本末転倒だ。既存企業の多くも技術的アイデアから出発したはずだが、途中で道を見失ってしまうのだろう。スーツ組が白衣組より幅を利かせるようになる。もちろん問題は服装ではなく、会社の政策にあり、そこに競合がつけ入る隙が生じる。

グーグルは常に技術的アイデアをプロダクトの出発点とすることを基本原則としてきた

が、その重要性が改めて明らかになったのは二〇〇九年のことだ。プロダクトラインの再検討を実施したところ、あるパターンが浮かび上がったのだ。優れたプロダクトはいずれも事業上の戦術ではなく、技術的要因によって成功を収めていたのに対し、それほどの結果を挙げていないプロダクトはどれも技術的な個性を欠いていた。グーグルのブランド力が高くなったために、どんなプロダクトでも「グーグルがつくった」というだけでそれなりのユーザを集められるようになった。ユーザの数だけをもとに成功を測れば、プロダクトは成功していると誤解しかねない(実際、誤解してしまったこともある)。だが、現実にはそうではないケースも多く、まもなくプロダクトは失速してしまった。失速したケースは例外なく、技術的アイデアが欠けていたものだった。

たとえば当時グーグルは、ネット広告のノウハウを新聞、ラジオ、テレビなど他の広告市場に応用する実験をしていた。優秀な社員による、気の利いた思いつきだったが、費用対効果を劇的に改善し、大幅な差別化につながるような本質的な技術的アイデアが欠けていた。新聞、ラジオ、テレビ広告はいずれも失敗に終わった。失敗に終わった他のプロダクト(iグーグル、デスクトップ、ノートブック、サイドウィキ、ノル、ヘルス、そしてそこそこ人気のあったリーダー)も、当初から優れた技術的アイデアがなかったか、あったとしてもインターネットの進化によって陳腐化してしまったケースだった。

組み合わせ型イノベーションの時代

では、そんな魔法のアイデアはどこで見つかるのか。インターネットの世紀には、あらゆる会社に技術を活用し、重大な問題をまったく新しい方法で解決するチャンスがある。グーグルのエコノミスト、ハル・バリアンの言う「組み合わせ型イノベーション」の時代が始まろうとしているのだ。これは組み合わせ方法を変えることにより画期的な発明が生まれるような、さまざまな構成要素の入手可能性が大きく広がったときに起きる。たとえば一八〇〇年代には、歯車、滑車、チェーン、カムなどの機械装置のデザインの標準化によって製造業が隆盛した。一九〇〇年代には、ガソリンエンジンの誕生によって自動車、オートバイ、航空機などで数々のイノベーションが生まれた。一九五〇年代には集積回路から数えきれないほどのアプリケーションが生まれた。どの時期にも、相互補完的な構成要素が誕生したことで、発明ラッシュが起きた。

こんにちの重要な構成要素は、情報、ネットへの接続性、そしてコンピューティングだ。発明を志す人々は、世界中の情報、グローバル・リーチ、そして実質的に無限のコンピューティング能力を手にしている。オープンソースのソフトウェアやAPI[*62]も豊富で、それを使えばお互いの成果を活用できる。標準化されたプロトコルやコンピュータ言語もある。トラフィック、気候、経済取引、遺伝子情報、誰と誰が社会的につながっているかなど、さまざまなデータを全体的あるいは（許可があれば）個人レベルで示す、情報プラットフォームにもアクセスできる。技術的アイデアを生み出す一つの方法は、新たに入手できるようになった技術やデータを活用し、自らの業界にすでに存在する問題に対する新たな解決策を見いだすことだ。

上に挙げた全産業共通の技術的要素に加えて、各産業には固有の技術やデザインに関する専門知識がある。私たちが身を置いてきたコンピューティング業界では、大元となる専門知識はコンピュータ科学だ。だが他の業界では、医学、数学、生物学、化学、航空学、地質学、ロボット工学、心理学、ロジスティクスなどがそれに当たる。エンタテインメント産業はまったく違うタイプの専門知識を土台としている。ストーリーテリング、パフォーマンス、作曲、創作など。そして消費財を手がける企業は、技術とデザインを組み合わせて画期的なプロダクトを世に送り出す。金融業は技術的アイデアを使って、新種の有価証券やトレーディングのプラットフォームを生み出す（そしてバブルが弾けるまで、あるいは訴追されるまで稼ぎまく

＊62　アプリケーション・プログラミング・インターフェース（API）によってソフトウェア・アプリケーションと他のシステムとの通信が可能になる。

る!)。このようにどんな業界でも、その基礎となる専門知識については膨大な蓄積がある。あなたの会社のオタクは誰か? 研究室やスタジオにこもって新しい、おもしろいモノをつくっている連中だろうか? その〝おもしろいモノ〟がなんであれ、それがあなたの会社の「技術」だ。オタクを探し、彼らの手がける〝おもしろいモノ〟を見つけよう。成功をつかむのに必要な技術的アイデアはそこにある。

技術的アイデアを見つけるもう一つの方法は、小さな問題の解決策に注目し、その適用範囲を広げる方法を考えることだ。これはイノベーションの世界で脈々と受け継がれる伝統でもある。新しい技術は、個別具体的な問題を解決する手段として、かなり原始的な状態で誕生することが多い。蒸気機関は機関車の推進力という〝天職〟を見いだすはるか以前から、炭鉱から水をくみだす便利な手段として使われていた。[*63] マルコーニが売り出した当初のラジオは船と陸との通信手段であり、娯楽手段ではなかった。ベル研究所は一九六〇年代に発明したレーザーをあまりにも低く評価していたため、特許すら取得しなかったほどだ。インターネットですら、当初は科学者など学者が研究成果を共有する手段として構想された。インターネットを生み出したのはとびきり優秀な人々だったが、それでも写真や動画の共有、友達とのコミュニケーション、ありとあらゆる情報の収集など、こんにちのような多様な用途に使われることなど想像もしていなかった。

グーグルが小さな問題の解決策を大きく活用した例として、私たちがとくに気に入っているのは、常に新しい技術のアーリーアダプターとして活躍する人々、つまりアダルト産業に関するものだ。グーグル検索が普及しはじめたころ、最も頻繁に使われていた検索語の一部はアダルト絡みだった。当時のアダルト・コンテンツのフィルターがあまりにもお粗末だったので、社内で数人のエンジニアチームをつくり、最高裁判事ポッター・スチュワートの定義によれば「見ればググればすぐにそうとわかるもの」をアルゴリズムでとらえるという、厄介な課題に取り組ませた。チームはいくつかの技術的アイデアを組み合わせて、優れた解決策を生み出した。まず画像の「コンテンツ」（たとえば、肌の画像など）をかなり正確に把握するとともに、ユーザがその画像にどう反応するかによってその「コンテクスト」も判断できるようになった（たとえば、ポルノ関連の検索語を入力した人に医学の教科書の画像を表示したら、クリックしないか、したとしても表示されたサイトには短時間しかとどまらないだろう）。まもなく完成したフィルター「セーフサーチ」は、不適切な画像のブロックに比類ない効果を発揮した。

＊63　新たな技術は原始的な状態で世の中に登場するという考え方は、ジョナサンの父親で著名な経済史研究者ネイサン・ローゼンバーグのものだ。以下を参照。Nathan Rosenberg, *Perspectives on Technology* (Cambridge University Press, 1976).

こうして小さな問題（アダルト・コンテンツをフィルタリングする）のための解決策（セーフサーチ）が誕生した。

ただ、ここでやめる必要はない。それから一〜二年のうちにグーグルは、ポルノ問題を解決するために生み出した技術を、もっと広範な用途に活用しはじめた。セーフサーチを開発する過程で作成した、何百万というコンテンツベースモデル（ユーザが異なる画像にどう反応するかというモデル）を使って、ポルノに限らずあらゆる画像と検索語との適合性をより正確に評価できるようにしたのだ。次に、検索結果に表示された画像と同じような画像を検索できる機能を追加した（「ヨセミテのこういう写真がもっと見たいな。似たような画像はないかしら？」）。さらに検索語（たとえば「ヨセミテ、ハーフドーム」）を打ち込まず、画像（ヨセミテのハーフドームの写真など）で検索を始められる機能もつくった。こうした機能はすべて、アダルト・コンテンツのフィルター「セーフサーチ」をつくるために開発した技術から生まれたものだ。だから検索画面にあなた好みのヨセミテの写真が次から次へと表示されたら、アダルト産業にちょっぴり感謝してもいい。彼らのおかげでこうした技術が生まれたのだから。

"速い馬"は要らない

技術的アイデアをもとにプロダクト戦略を立てれば、顧客の要求を満たすだけの凡庸なプロダクトを生み出さずに済む（ヘンリー・フォードも「顧客の要望を聞いていたら、速い馬を探しに行っていただろう」と語っている）。[*64] そのような漸進的イノベーションは、現状維持と市場シェアを守ることしか頭にない既存企業には役立つかもしれない。だがまったく新しい事業を立ち上げるとき、あるいは既存の事業を根本的に変えようとしているときには、それでは不十分だ。

技術的アイデアにもとづいてプロダクトをつくる、というのはかなり当たり前のことに思えるが、言うは易く行うは難しだ。二〇〇九年、プロダクト・レビューによって、この戦略を順守することがどれだけ重要か明らかになった直後、私たちはプロダクト・マネジャーに

＊64　これは私たちの大好きな引用だが、おそらく事実ではないだろう。フォードの著書 *My Life and Work*（邦訳『我が一生と事業』）には、速い馬についてはひと言も書かれていない。というより、フォードが自動車をつくる前に、すでに"馬なし馬車"のアイデアは議論されていたと書いている。カール・ベンツが最初にガソリン車をつくったのは一八八五年で、のちにそれを見たフォードは「価値のある機能が一つもない」と酷評している。ヘンリー・フォードは速い馬ではなく、もっと速いベンツを探していたのかもしれない。

開発中の主要プロダクトすべてについて、その計画の土台となる技術的アイデアを数行にまとめるよう求めた。だが、できたマネジャーは数えるほどしかいなかった。「あなたのプロダクトの技術的アイデアは何か」というのは、聞くのは簡単だが、答えるのはきわめて難しい問いであることがわかった。だからあなたのプロダクトについても、ぜひこの質問に答えてほしい。うまい答えが見つからなければ、プロダクトを考え直したほうがいい。

成長を最優先せよ

かつて企業の成長は時間のかかる、系統的なプロセスだった。プロダクトを開発し、地域レベルで成功し、それから営業、流通、サービスチャネルを整備しながら一歩ずつ前進し、それに合わせて製造能力を増強していく。すべてに時間がかかった。ドングリが何十年という歳月を経てオークの木になるように。

これが従来の「成長」であり、いまでもそれで十分な業界もあるかもしれない。「今四半期の売上が八％伸びた」と言えば、ボーナスが増え、昇進できたりする。だが、それも長くは続かないだろう。大きな成功をつかみたいなら、単に「成長する」だけでは足りない。「スケールする」必要がある。英語でスケールというと体重計、あるいは階段などを「登る」という動詞として使われるのが一般的だが、ここではまったく新しい意味で使っている。何かを猛烈なスピードで、グローバルに成長させることだ。

インターネットの世紀には、そういったグローバルな成長は誰にでも手の届くところにある。いまや情報、ネットへの接続、コンピューティング、製造、流通、人材など、あらゆるものが〝大衆化〟した。グローバルな事業領域や影響力を確立するのに、大量の人員や世界的な支店網はいらない。だからと言って、戦略を立てるうえでスケールする方法を考えなくていいわけではない。むしろその逆だ。スケール化は戦略的土台の中核をなす要素だ。こんにち、競争は一段と激しくなり、競争優位は長続きしない。だから「速く、大きくなる」ための戦略が必要なのだ。

ここにおいて非常に重要なのが「エコシステム」だ。インターネットの世紀に大きな成功をつかむリーダーとは、プラットフォームを生み出し、一気に成長させる方法を知っている人物だ。プラットフォームとは、ユーザやプロバイダの集団を一つにまとめ、多面的市場をつくりだすようなプロダクト群やサービス群だ。[*65] プラットフォームは技術を土台とするものが増えている（そうではないものもあるが）。たとえばユーチューブは誰にでも動画を作成し、グローバルな視聴者（あるいは家族や知り合い）に届けることを可能にするプラットフォームだ。古典的な例を挙げれば、電話だ。電話のプラットフォーム（ワイヤーやスイッチのネットワークで端末を結び、利用者同士が会話をできるようにする）は、最初につながった利用者には無意味なものだった。電話をかける相手がいなかったからだ。しかしプラットフォームにつながる電話の数が増えるにつれて、ネットワークの利便性は全員にとって高まった（電話をかけられる相手が増えたからだ）。

固定電話に思いを巡らすと、隔世の感がある。当時「スケールする」というのは、数百万人に普及させることだった。世界の固定電話のネットワークが一億五〇〇〇万台に達するまでに八九年かかった。[*66] 現代のプラットフォームははるかに短い期間で、数十億単位に広がる。フェイスブックはアプリケーション・プラットフォームに転換することでほかのソーシャル・ネットワーク・サイトと一線を画し、誕生から八年あまりで一〇億ユーザを抱えるまでになった。[*67] モバイルOS首位のアンドロイドは誕生から五年目で一〇億台の端末で使われるようになった。[*68] アマゾンは金融アナリストにいくら収益性の低さを批判されても、ひたすら成長に注力した。その結果、こんにちでは少なくとも三つの業界（小売り、メディア、コンピューティング）で最も破壊力を持つ企業となった。

ジョナサンが初めてラリー・ペイジと会ったのは一九九九年のことだ。その日、ふたりで駐車場のジョナサンの車に向かう道すがら、ラリーは雑談のように「いずれ検索を収益化する方法が必ず見つかると思っているんだ」と話した。ユーザが何かを検索するたびに、グーグルには彼らが何に興味を持っているのか正確にわかるんだからね、と。当時、グーグル検索のトラフィックは急拡大していたが、利益はほとんどあがっていなかった。この日、ラリーとジョナサンはグーグルとエキサイト@ホームとの提携の可能性について話し合っていた。ケーブルモデム事業のパイオニアであった@ホームと、初期に登場したネット検索エンジンの一つであったエキサイトの合併によって誕生したエキサイト@ホームには資金力があった。だがエキサイト@ホームがトラフィックから収益を上げるため、ありとあらゆる手を尽くしていたのとは対照的に、グーグルはひたすら成長することに集中した。お金を稼ぐ機会ならいくらでもあった。グーグル・ドットコムのトラフィックは急増していたので、ほかの商業ウェブサイトを見本にして、ホームページに広告を載せるという手もあったが、

＊65　多面的市場とは、二つ以上の、明確に異なるユーザの集団が結びつき、お互いに有益なサービスを提供する場である。良い例が新聞（読者と広告主を結びつける）やクレジットカード（消費者と小売店を結びつける）だ。プラットフォームや多面的市場に関するより詳細な説明は以下を参照。Thomas Eisenmann, Geoffrey Parker, and Marshall W. Van Alstyne, "Strategies for Two-Sided Markets" (*Harvard Business Review*, October 2006).

＊66　Jessi Hempel, "How Facebook Is Taking Over Our Lives" (*Fortune*, February 17, 2009).

＊67　Helen A. S. Popkin, "Facebook Hits One Billion Users" (*NBC News.com*, October 4, 2012).

＊68　"Mobile Makeover" infographic (*MIT Technology Review*, October 22, 2013).

グーグルは見向きもしなかった。そして検索エンジンを改良することに全力をあげた。

広告プラットフォーム「アドワーズ」にも同じアプローチをとった。ＡＯＬやアスク・ジーブスのようなパブリッシング・パートナーと提携し、それぞれのウェブサイトに広告を掲載するのにアドワーズを使ってもらったのだ。このような提携で常に問題になるのは、利益配分だ。グーグルの広告システムによってＡＯＬやアスク・ジーブスのサイトに広告が表示され、ユーザがそれをクリックすると、広告主からグーグルに広告料が支払われる。それをパブリッシング・パートナーといくらずつ分けるべきだろうか。グーグルは常に相手方にできるだけ多く渡すようにした。利益より規模拡大を優先していたからだ。もちろんパブリッシング・パートナーは大歓迎だ。各社とも非常に高い売上目標を設定していたが、グーグル検索が普及するなか、達成に苦労するようになっていた。このためパートナーは目標の未達分を埋め、四半期売上を伸ばすために、グーグルの広告をできるだけたくさん掲載しようとした。

ジョナサンはわざわざＡＯＬの担当者を訪問して、広告を表示しすぎないようアドバイスしたほどだ。ユーザ・エクスペリエンスが悪くなり、トラフィックに悪影響が出ますよ、と。だが相手は耳を貸そうとしなかった。成長より利益を重視していたためだ。グーグルはまさにその逆を行った。

ただ言うまでもないが、優れた企業の基礎とは、いずれ収益を生み出すためのしっかりとした素地を整えるものでなければならない。かつてのドットコム企業の「カネを稼ぐ方法なんて知らない！（でもすごいだろ、オレのサービス！）」というやり方はうまくいかなかったし、それが当然だ。グーグルの創業者たちには、広告で利益をあげられることがわかっていた。創設当初から具体的な収益化のイメージがあったわけではなく、またプラットフォームをスケールする間は収益化については機が熟すのを待っていたが、全体的な収益モデルについては明確な考えがあった。

プラットフォームにはもう一つ、重要なメリットがある。プラットフォームが成長し、その価値が高まると、投資が集まってくることだ。その結果、プラットフォームが支えるプロダクトやサービスの質を高めることができる。ハイテク業界で「プロダクトよりプラットフォーム」という考え方が一般的なのはこのためだ。

ロナルド・コースと企業の本質

あまり認知されていないものの、インターネットの非常に大きな魅力はハイテク業界に限らず、あらゆる業界において、プラットフォームを構築する可能性を大きく広げたことだ。

企業は昔からネットワークを構築してきたが、従来その多くは社内的なもので、目的はコストを抑えることにあった。つまりシカゴ大学の経済学者で、ノーベル賞も受賞したロナルド・コースの考えに従ってきたのである。コースは、ベンダーを探し、条件交渉をし、きちんと業務が遂行されるように監視するコストは高いため、企業にとって業務を外部に任せるより、内製化したほうが合理的な場合が多い、と主張した。いわく、「企業は、社内で新たな取引を組織するコストが、同じ取引を自由市場での交換のかたちで実行する場合のコスト、あるいは別の会社との間で組織するコストと一致するまで拡大する」。[*69] 二〇世紀の優れた会社は試算の結果、必要な取引のほとんどについてはコースの言い分が正しいという判断に達した。社内の管理コストのほうが、アウトソーシングによる取引コストより低かったのだ。この結果、取引はなるべく社内にとどめ、どうしても社外で取引をする場合は、相手を厳格に管理できる少数の取引先に絞った。このように二〇世紀を支配していたのは、巨大なヒエラルキー、あるいは閉鎖的ネットワークを持つ企業だった。

こんにちでもコースの論理は妥当性を失ってはいない。しかし、それに従った場合の企業の行動は、二〇世紀とはまったく異なるものになった。できるだけ巨大な閉鎖的ネットワークを構築するのではなく、より多くの機能をアウトソースし、より多くの、多様なパートナー企業とのネットワークを構築するようになった。なぜか。その理由をドン・タプスコットが著書『ウィキノミクス』で的確に指摘している。「インターネットによって取引コストが劇的に低下したため、コースの法則は逆から読んだほうがよくなった。いまとなっては、企業は社内で取引をするコストが、社外と取引するコストを超えないようになるまで規模を縮小すべきだ」[*70]。多くの企業がオペレーション上の理由、そしてコスト削減のためだけにこの論理に従った。賃金の低い市場にアウトソースすれば、コストを抑えられる。

ただ、そういう企業は重要な点を見落としている。インターネットの世紀において、ネットワークを構築する目的はコストを抑え、オペレーションを効率化することだけではない。本質的に優れたプロダクトをつくるためだ。コストを下げるためにネットワークを構築する会社は多いが、プロダクトやビジネスモデルを根本から見直すためにそうする会社は少ない。数えきれないほどの産業で既存企業がこの重大な機会を逸しており、新たな企業が攻め込む隙が生じている。

ツイッターはハイテク企業ではない。パブリッシング企業だ。エアビーアンドビーは宿泊

*69 Ronald Coase, "The Nature of the Firm" (*Economica*, November 1937).

*70 Don Tapscott and Anthony D. Williams, *Wikinomics: How Mass Collaboration Changes Everything* (Portfolio/Penguin, 2006), page 56（邦訳『ウィキノミクス』）。

業のプラットフォーム、ウーバーは個人に移動手段を提供するプラットフォームだ。23アンドミーはコンシューマー・サービスの会社であると同時に、プラットフォーム的でもある。有料で顧客自身の遺伝情報をマッピングするが、そうした情報を収集すれば強力なデータ・プラットフォームを生み出すことができる。たとえば製薬会社が23アンドミーのデータを使って、新薬研究の協力者を探し、また研究で得られたデータをプラットフォームに加えることもできる。

プラットフォームの例はまだまだある。スクエアは中小企業向け決済の、ナイキ・フュエルバンドはフィットネスの、キックスターターは資金調達のプラットフォームだ。マイフィットネス・パルはダイエットの、ネットフリックスは動画鑑賞の、スポティファイは音楽のためのプラットフォームである。こうした企業は、既存の技術要素をまったく新しい方法で組み合わせ、既存の事業の在り方を根本からつくり変えている。パートナー企業が顧客と関係を築くためのプラットフォームを整え、そのプラットフォームを使って高度に差異化されたプロダクトやサービスを提供している。このモデルはどんな産業にも当てはまる。旅行、自動車、アパレル、レストラン、食品、小売り[*71]——。どんな業界にも、プロダクトの質を高め、より多くの人に使ってもらう方法はある。

これが二〇世紀型経済と、二一世紀型経済の違いだ。二〇世紀は閉鎖的ネットワークを持つ巨大企業が支配していたが、二一世紀を引っ張るのはグローバルでオープンな企業だ。プラットフォームをつくる機会は、私たちの身の回りにいくらでもある。それを発見するのが優れたリーダーだ。

特化する

もう一つの勝ちパターンは、特化すべき対象を見つけることだ。成長の可能性がある専門分野を見つけることが、プラットフォームを生み出す近道になることもある。[*72] グーグルは一九九〇年代末、検索プラットフォームを拡大するため、たった一つのことに集中した。最高の検索サービスの実現である。その指標として五つの軸を設けた。①スピード（遅いより速いほうがいいに決まってる）、②正確性（検索結果の検索語に対する妥当性）、③使いやすさ（おじいちゃんやおばあちゃんもグーグルを使いこなせるか？）、④網羅性（インターネット全体を検索できて

＊71　ネイサン・ローゼンバーグは、既存の技術を新しい方法で活用することにおいて、こうした企業が果たしている重要な役割を指摘した。ローゼンバーグはイノベーションを「漸進的イノベーションを生み出すための新たなフレームワークを生み出すもの」と定義しており、これはまったく新しい産業の創出につながることが多いという。

いるか）、⑤鮮度（検索結果には最新の情報が表示されるか）、である。グーグルはユーザに正しい答えを届けることにとことんこだわっていたため、ユーザが回答に不満があるときはライバルの検索サイトですぐに検索できるように、検索結果のページの一番下にはヤフー、アルタビスタ、アスク・ジーブスなどへのリンクが表示されることもめずらしくなかった。

当時、有力サイトの多くは「ポータル化」を目指していた。幅広い興味やニーズに対応する、多機能なメディアサイトである。ネットスケープ、ヤフー、ＡＯＬなど、そうした企業には検索に興味がないところもあり、進んでグーグルと提携し、検索機能を任せてくれた。[*73] グーグルは検索こそ急成長するインターネット産業のなかでも最も重要なアプリケーションの一つだと信じていた。ただ、検索に特化したのは、最終的に検索のほうがポータルより収益性や影響力が高そうだと予知していたためではない。ほかの誰よりも自分たちが得意なのは検索だと思ったからだ。[*74] こうしてインターネットの草創期、業界の主要企業がポータル化に邁進するのを尻目に、グーグル検索の質は着実に高まっていった。

（検索の質を高めることは、パブリッシャーのサイトへのトラフィックを増やすというプラス効果もあった。ユーザがサイトの提供するニュース、情報、エンタテインメントを見つけやすくなったためだ。この結果、より多くのコンテンツがネット上で提供されるようになった）

＊72　ジム・コリンズは、哲学者のアイザイア・バーリンのエッセイを念頭に、特化するという戦略を「ハリネズミの法則」と呼んだ（バーリン自身は古代ギリシアの叙情詩人、アルキロコスの謎めいた作品を読み解き、こう書いた。「キツネにはさまざまな策略があるが、ハリネズミはたった一つだけ、非常に有効な戦術を知っている」）。コリンズは著書*Good to Great*（邦訳『ビジョナリーカンパニー』）で、分析した企業のうち優れた会社はすべてハリネズミ・タイプだったと書いている。ただ学者のなかには、「ハリネズミの法則」を成功のカギとするコリンズの見解への批判も多い。特化戦略はすばらしい成功をもたらす可能性があると同時に、取り返しのつかない失敗につながる可能性があり、リスクが高いというのがその根拠だ。たとえば以下を参照。Phil Rosenzweig, *The Halo Effect* (Free Press/Simon & Schuster, 2007)（邦訳『なぜビジネス書は間違うのか』）。しかし、ハリネズミが知っている、たった一つの非常に有効な戦術が何であるかは不明とはいえ、私たちはこの法則を評価している。

＊73　一九九九年に初めて提携した相手はネットスケープで、その結果、初日からあまりに膨大なトラフィックが押し寄せた。ネットスケープのユーザに対応するため、自社の検索サイト（グーグル・ドットコム）を一時的に閉鎖せざるを得なかったほどだ。私たちの同僚、クレイグ・シルバースタインによると、あの日グーグル・ドットコムを閉鎖するために書かれたコードは、いまも無効化された状態でグーグルのプログラムに残っている。そのコメント行は以下のとおり。#ifdef MAKE_GOOGLE_UNAVAILABLE_BECAUSE_DISASTERS_ARE_HAPPENING

＊74　ラリーとセルゲイは認識していなかったが、ふたりはマイケル・ポーターの主張にもとづいて会社をつくっていたといえる。「平均以上の結果を達成する有効な戦略として、厳格に絞り込んだプロダクト群に特化することが考えられる。（中略）また特定のプロダクト分野に特化することで得られた専門知識やイメージによって、プロダクトの差別化を強められる可能性もある」Michael Porter, *Competitive Strategy: Techniques for Analyzing Industries and Competitors* (Free Press, 1980), pages 208–9（邦訳『競争の戦略』）。

初期設定は「クローズ」ではなく「オープン」に

プラットフォームはオープンであるほうが、急速にスケールする。プラットフォームのプラットフォームである、インターネットを見ればよくわかる。一九七〇年代初頭、ビント・サーフとロバート・カーン[*75]は異種のコンピュータ・ネットワーク（たとえばインターネットの先祖であるARPANETなど）をつなぎ、通信するための通信プロトコル「TCP／IP」を開発していた。実際にどれほどの規模の、またどれほどの数のネットワークをつなぐことになるか見当もつかなかったため、接続できるネットワークの数に上限を設けず、このプロトコルを使えばあらゆるネットワークがあらゆるネットワークとつながれるようにした。このインターネットをオープンにする、というたった一つの決断（当時としては自明の選択ではなかった）が、こんにち私たちが使っているすばらしいウェブの世界を生み出すことになった（ハル・バリアンはインターネットを「研究室から逃げ出した実験」と呼ぶ）。

あるいは、再び固定電話の例を見てみよう。かつてAT&Tの固定電話は音声通信という単一のアプリケーション・プラットフォームと見なされており、アメリカ国内におけるネットワークの成長は頭打ちとなった。イノベーションは一切生まれず、成長要因は人口増加、あるいはティーンエイジャーになったベビーブーム世代が家に二台目の電話を求めることしかなかった。だが政府の命令によってＡＴ＆Ｔがネットワークを新たな端末やほかの通信会社に開放した結果、イノベーションが一気に湧き起こった。新しいタイプの電話、ＦＡＸ、モデム、安価な長距離電話（いまや長距離電話という概念すらないが）――こうしたイノベーションはすべて、プラットフォームがクローズからオープンに転換したことで生まれた。[*76]

もう一つの例が、ＩＢＭ－ＰＣだ。一九八一年の誕生以来、ソフトウェア・デベロッパーやメーカーが自由にアプリケーションやアドオン・コンポーネント、さらには独自の互換機まで開発できるようなアーキテクチャを採用していた。しかもＩＢＭにライセンス料を支払う必要もなしに、である。この決定によりＩＢＭ－ＰＣは誕生したばかりの「マイクロコンピュータ」市場で圧倒的なスタンダードとなり、マイクロソフトとインテルというちっぽけな二つの会社にとっては大きな追い風となった。[*77]このエコシステムには大量のアプリケーション、アクセサリ、ライバルメーカーも加わり、それから四半世紀にわたってコンピュー

---

*75 インターネットの生みの親のひとりで、スマート・クリエイティブの代表ともいえるビントは現在、グーグルのチーフ・インターネット・エバンジェリストを務めている。

*76 Phil Lapsley, *Exploding the Phone: The Untold Story of the Teenagers and Outlaws Who Hacked Ma Bell* (Grove/Atlantic, 2013), pages 298-99.

*77 James M. Utterback, *Mastering the Dynamics of Innovation* (Harvard Business School Press, 1994) page 15.

ティング市場の支配的なプラットフォームとなった。IBM－PCが閉鎖的プラットフォームだったら、こうしたことは起こらなかったはずだ。[*78]

「オープン」というのは、映画《羅生門》的な言葉だ。それぞれ異なる思惑を持つ会社によって、解釈のしかたがまったく違ってくる。だが一般的には、ソフトウェア・コードや研究成果などできるだけ多くの知的財産を共有し、独自のスタンダードをつくらずオープンなスタンダードに従い、顧客にプラットフォームから退出する自由を与えることを意味する。ライバルに対して持続的に競争優位を確立し、要塞の門を閉ざして断固として守り抜けと説く従来型のMBA流経営から見れば、異端かもしれない。異端の常として、「オープン」は本流の立場から見るとおそろしい。居心地のよい、閉ざされた世界に顧客を囲い込んで競争するほうが、オープンな荒野に乗り出し、イノベーションと実力を頼みに勝負するよりずっと楽だ。オープンな世界では、スケールやイノベーションと引き換えに、コントロール能力を手放さなければならない。[*79]そして自社のスマート・クリエイティブが勝利する方法を導き出してくれると信頼するのだ。

あなたが堅牢な守りを固めた従来型企業に立ち向かおうとしているなら、まさにその堅牢性を突けばいい。相手が閉ざされた豚舎で餌を貪り食っている間に、破壊的なビジネスモデルと破壊的なプロダクトで攻撃をしかけるのだ。そこではオープンシステムが大きな力を発揮する。それはエコシステムにイノベーション（プラットフォームにとっては新たな機能、パートナーには新たなアプリケーション）をもたらし、互換性のあるコンポーネントのコストを押し下げる。ユーザにより多くの価値をもたらし、新たなエコシステムの成長を加速する。たいてい犠牲になるのは、従来型企業のクローズド・プラットフォームだ。教育市場に目を向けると、カーン・アカデミー、コーセラ、ユダシティなどが地盤を固めようとしている。[*80] インターネットの世紀の技術（オンライン動画、インタラクティブでソーシャルなツール）とオープンなビジネスモデル（誰もが無料で受講できる）を組み合わせている。これは既存勢力（高い固定

---

*78 対照的に、一九八四年に登場したアップルのマッキントッシュは、クローズド・システムだった。ビル・ゲイツは一九八五年、当時アップルCEOだったジョン・スカリーにこんなメモを渡している。「マッキントッシュと比べて、IBMのアーキテクチャには、互換PCをつくるメーカーの投資分も含めれば、一〇〇倍のエンジニアリングのリソースが投じられている」。以下を参照。Jim Carlton, "They Coulda Been a Contender" (*Wired*, November 1997).

*79 オープンイノベーションの権威は、経済学者のヘンリー・チェスブロウだ。代表作は以下のとおり。*Open Innovation: The New Imperative for Creating and Profiting from Technology* (Harvard Business School Press, 2003)（邦訳『オープンイノベーション』）および*Open Business Models: How to Thrive in the New Innovation Landscape* (Harvard Business School Press, 2006)（邦訳『オープンビジネスモデル』）。

*80 エリックはカーン・アカデミーの取締役である。

費をカバーするため学費が高い）とはまったく異なる。この新たな破壊的勢力が勝利を収めるのか、その場合に勝者となるのはどこか、あるいは既存勢力のなかで目端の利く大学が反撃するのか、まだ見通すことはできない。少なくとも「インターネット技術＋オープンシステム」という組み合わせが、カーン・アカデミーの掲げる「世界水準の教育をどこでも、誰にでも、無償で」という使命を実現するような、より良い教育のエコシステムを生み出すことだけは間違いなさそうだ。

オープンなシステムをつくると、何千人という人材の才能を活用できるようになる。サン・マイクロシステムズ共同創業者のビル・ジョイが言うように「できる人はたいてい誰かほかの人のために仕事をしている」からだ。[*81] オープンな世界では、すでに他の人が完了した仕事をやり直す必要がなくなり、誰もが新たな発明を生み出してシステム全体を前進させることに集中できるため、イノベーションが大いに促進される。この手法で成功したのがネットフリックスだ。二〇〇六年、映画レンタル事業を手掛ける同社は、お薦め作品を表示するアルゴリズムを改良したいと考えたが、社内チームの成果は伸び悩んでいた。そこで従来は非公開にしていた一億件ものユーザによる作品評価を公開し、それを使って現在のアルゴリズムの正確さを少なくとも一〇％改善する仕組みを最初につくった個人あるいはグループに、一〇〇万ドルの賞金を出す、と発表した。コンテストの進め方もオープンなものだった。ネットフリックスはトップクラスの参加チームの進捗と順位を公開したのだ。こうして三年も経たずにすばらしいソリューションができあがった。[*82]

オープンソースを選択することにはもう一つ、それほど知られていないが、同じくらい重要なメリットがある。すべての情報をオンラインで公開すると、隠れた意図が何もないことを世に示すことができる。ソフトウェアの場合、ソースコードをオープンにすると、それが特定の企業に利益をもたらしていないか誰もが確かめられるようになり、万一そういう状況があれば是正することができる。何かをオープンソースにすることは、プラットフォーム、産業、そしてエコシステム全体を成長させることに全力で取り組む、と宣言するのに等しい。競争環境が公平で、特定のプレイヤーが不当に優遇されていないことが全員にわかる。誰かが不当な優遇を受けているのではないかという疑念を解消することは、成長の追い風となる。[*83]

＊81 Karim Lakhani and Jill A. Panetta, "The Principles of Distributed Innovation" (*Innovations*, Volume 2, Number 3, Summer 2007).

＊82 Steve Lohr, "Netflix Awards $1 Million Prize and Starts a New Contest" (*Bits* blog, *New York Times*, September 21, 2009).

オープンシステムを選ぶべき根拠として最後に挙げるのは、「ユーザの自由」という考え方だ。これは顧客の囲い込みのまさに逆である。顧客が自由にシステムから退出できるようにしよう。グーグルには、ユーザができるだけ簡単にグーグルのプロダクトから退出できるようにすることを任務とするチームがある。公平な競争環境で戦い、プロダクトの優位性によってユーザの支持を勝ちとりたいと考えているからだ。顧客が自由に退出できるようにすると、彼らをつなぎとめるために懸命に努力しなければならなくなる。

「初期設定はオープン」の例外

オープンか否かというのは、倫理的選択ではない。初期設定をオープンにするのは、エコシステムにおいてイノベーションをうながし、コストを下げる最適な方法なので、むしろ戦略的選択と見たほうがいいだろう。オープン化を実践すれば、スケールや収益性を実現するのに役立つだろうか、と自問してみよう。オープン化にただよう高潔なオーラに吸い寄せられ、スマート・クリエイティブは集まってくるだろう。「グローバル・プラットフォームのように世界を変えるモノは何もない」なんて歌もあったじゃないか（ちょっと違うかもしれないが、こんな歌があってもいい）。

グーグルはいくつかの例外を除き、初期設定をオープンにする。ただ、例外があることについて、偽善的だという批判も受ける。オープンの価値を説きながら、一部ではそれに反しているじゃないか、と。ただ、私たちは偽善的ではなく、現実的なだけだ。一般的にオープンであることが最高の戦略であると考えているものの、特定の状況下ではクローズにしたほうがうまくいくこともある。どう見てもライバルより優れているプロダクトがあり（おそらく優れた技術的アイデアにもとづいているため）、新しく急成長を遂げる市場で競争しているときは、プラットフォームをオープンにしなくても急速に成長することができる。創業初期のグーグル検索や広告エンジンはまさにそうした事例だったが、こうした状況はめったにない。

さらにオープンなプラットフォームがユーザやイノベーションにプラスにならないこともある。従来型企業がプラットフォームをクローズにする根拠としてよく主張するのは、シス

＊83　小さな会社やインキュベーターもオープンソースを実践することができる。有望なベンチャー企業に創業資金を出資するYコンビネーターは、自社の出資先がエンジェル投資家から資金を集めるときのために準備していた、タームシートなどの法的文書を誰でも使えるように公表した。これらの文書をオープンソース化した目的は、出資する側・される側の双方にとって、そのプロセスをより簡単で安価なものにすることだという。以下を参照。Michael Arrington, "Y Combinator To Offer Standardized Funding Legal Docs" (*TechCrunch*, August 13, 2008), "Series AA Equity Financing Documents" (ycombinator.com/seriesaa).

テムをオープンにすると品質が下がる、だからクローズの状態を維持するのは優れた企業市民として顧客の利益を守る行為にほかならない、ということだ。グーグルも創業初期に経験したように、たしかにこの主張が真実である場合もある。グーグルが検索や広告のアルゴリズムをオープンにしていたら、品質に重大なダメージが生じていたはずだ。検索業界には、ユーザ・エクスペリエンスを低下させることで利益を得ようとする輩《やから》が多いからだ。ユーザにとって最も妥当性の高い検索結果や広告を表示し、クリックしてもらうより、自分たちに都合のよい結果や広告を、それがユーザにとって価値があるかどうかはお構いなしに見せようとする。だから、こと検索というエコシステムにとっては、グーグルがユーザの検索語にふさわしい結果を表示するためのアルゴリズムは秘密にしておくのが一番いい、というのが私たちの判断だ。

二〇〇五年に「アンドロイド」という小さなモバイルOSの会社を買収したときも、それをオープンソースにすべきか否かをめぐり、経営陣で議論になった。アンディ・ルービンをはじめとするアンドロイド出身組は当初、クローズにすべきだと考えていたが、セルゲイはその逆を主張した。なぜオープンにしないんだ? アンドロイドをオープンにしたほうが、細分化されたモバイルOSの世界で一気にスケールすることができるじゃないか、と。こうしてアンドロイドはオープンソースと決まった。一方、アップルはiPhoneのベースであるｉＯＳをクローズとした。規模よりコントロールを維持することを選択したわけだ。オープンソースを選択したアンドロイドは驚異的な成長を遂げ、そのおかげでグーグルはパソコンからモバイルへというプラットフォームの変化にスムーズに対応できた。この新たなプラットフォームは、検索とかなり相性がいい（より多くの人がスマートフォンを使ってネットに接続するようになれば、検索の頻度が高まるからだ）。ｉＯＳはクローズ・システムのまま、すばらしいスケールと収益性を達成した。新たな事業という観点からいえば、どちらの道も勝利につながっていたわけだ。ただ、ここで重要なのはｉＰｈｏｎｅの成功の根底には、グーグルの検索のケースと同じように、急速に変化する業界において明らかに他を圧倒する優れたプロダクトを生み出すような比類なき技術的アイデアがあったということだ。クローズ・システムでもこれほど強烈なインパクトを発揮できるプロダクトがあるなら、挑戦してもいいだろう。だがそうではない場合、初期設定はオープンにしたほうがいい。

ライバルに追随するな

ライバル企業の動向を気にするビジネスリーダーが多いことには、よく驚かされる。大企業の幹部が集まる会議では、スマートフォンをチェックしたり、その日の予定を考えたりして上の空になっている人が多いが、そこでライバル企業の話が出れば、すぐに全員が耳をそばだてる。まるで組織のなかで一定以上の地位に達すると、自分の会社の状況と同じくらいライバル企業の状況を気にしなければならないルールでもあるかのようだ。強迫観念にとらわれていることが、企業の上層部のデフォルトの心理状態になっているケースがあまりに多い。

ライバルの動向へのこだわりは、凡庸さへの悪循環につながる。ビジネスリーダーは他社の動きを観察し、真似ばかりしている。ようやく他社から目をそらしたかと思えば、今度はリスクをとることに慎重になり、インパクトの小さな漸次的変化しか起こさない。ライバルの近くにいると、安心感が得られる。ヨットレースでもおなじみの戦略で、先頭を走るヨットは後から来るヨットに合わせて船の向きを変える。後続船が別の方向に進み、自分より強い風を見つけるのを防ぐためだ。ライバル企業はダンゴ状態になり、どこか一社が抜け駆けをして別の場所で新たな風を見つけることを許さない。だがラリー・ペイジが言うように、「同じようなことをしている他社を負かすだけでは、仕事としてちっともおもしろくないじゃないか」[*84]。

ライバルばかり見ていては、本当にイノベーティブなモノは絶対に生み出せない。あなたとライバルが市場シェアの数パーセントをめぐって争っている間に、そんなものはまったく気にしないほかの誰かが出てきて、新しいプラットフォームをつくり、市場を一変させてしまうだろう。もう一度ラリーの言葉を引用しよう。「もちろん、ぼくらもライバルのことを多少は気にするさ。でもぼくの重要な仕事は、社員にライバルのことを考えさせないようにすることだ。一般的に、人はすでにあるモノのことを考えがちだ。ぼくらの仕事は、まだ考えてみたこともないけれど、本当に必要なモノを思いつくことだ。ライバルがそれを知っていたとしても、当然ぼくらには教えてくれないからね」*85

ライバルを無視しろと言っているわけではない。競争は企業を強くし、緊張感を与えてくれる。人間はとかく慢心しやすい生き物で、どれだけ自分に油断するなと言い聞かせても意味がない。ライバルほどやる気に火をつけてくれる者はいない。マイクロソフトが二〇〇九年に検索エンジンＢｉｎｇを立ち上げたとき、グーグルは大きな不安に駆られ、全員が総力を挙げて検索の強化に取り組んだ。そのなかでグーグル・インスタント（検索語を入力している間に検索結果を表示する）、画像検索（画像を検索ボックスにドラッグすると、画像を認識して検索語として使う）などの新機能の種が生まれた。つまりＢｉｎｇの登場は、これらのすばらし

＊84　Steven Levy, "Google's Larry Page on Why Moon Shots Matter" (*Wired.com*, January 17, 2013).
＊85　Miguel Helft, "Larry Page on Google" (*Fortune*, December 11, 2012).

い新機能誕生の直接的きっかけとなったのだ。

ニーチェも『ツァラトゥストラはこう語った』に書いている。「あなたの敵を誇りに思え。そうすれば敵の成功はあなたの成功にもなる」[*86]。ライバルを誇りに思おう。ただ、追随はしないこと。

エリックからのアドバイス——戦略会議の要諦

私たちは仲間とともに戦略を検討するのに、数えきれないほどの時間を費やしてきた。スマート・クリエイティブのチームができ、新しい事業の基本条件を書き出す準備が整うと、この作業はがぜん楽しくなる。みなさんが最初の戦略ジャム・セッションを開くときが来たら、私たち自身がこれまで経験してきた戦略会議のなかで——ホワイトボード、壁に貼られたポストイット、手書きのメモ、自分自身に宛てたメールのなかから——集めた珠玉の英知（であってほしい）にぜひ目を通してほしい。

正しい戦略にはある種の美しさがある。多くの人やアイデアが成功のために一つになっている感覚とでも言おうか。

まず、「五年後はどうなっているか」と尋ねるところから始めよう。そこから現在に戻ってくるのだ。慎重に検討しよう。いま、自信を持って断言できることは、すぐに変わってしまう可能性がある。とくに状況を劇的に変えるのは、技術によって費用曲線が急速に下方シフトしている環境下における生産要素、あるいは新たなプラットフォームなどである。

五年の間には、多くの市場に破壊的要因、そして機会が現れるだろう。あなたに影響をおよぼす破壊的要因はなんだろう。

いまや完璧な市場情報や潤沢な資本が手に入るようになった。だからプロダクトとプラットフォームで勝負しなければならない。戦略会議では時間の大半を、プロダクトとプラットフォームの検討に使おう。

市場で破壊的変化が起きるとき、想定されるシナリオは二つある。あなたが既存企業である場合、破壊的挑戦者を買収、育成、あるいは無視することができる。無

＊86 Friedrich Nietzsche, edited and translated by Stanley Appelbaum, *Thus Spake Zarathustra (Selections)* (Dover Publications, 2004)（邦訳『ツァラトゥストラはこう語った』）。

視する戦略は短期間しか通用しないだろう。買収あるいは育成することを選択した場合、挑戦者の攻撃の武器となる技術的アイデアをしっかりと理解しなければならない。

一方、あなた自身が挑戦者である場合、そのアイデアを軸にプロダクトを開発し、事業を構築しなければならない。さらには既存企業があなたを阻止するために使いそうな手段（取引先、規制、訴訟など）を把握しておこう。

あなたとインセンティブが一致しそうな、ほかのプレイヤーを巻き込めないか考えてみよう。戦略には、既存のビジネスの枠組み（部門、会社、チーム）の外側にいる人々が、内側にいる人々と一緒になってイノベーションを考えるような仕組みを盛り込む必要がある。

何より重要なのは成長だ。インターネットの世紀で大成功を収めるのは、成長とともに質が高まり、強くなるようなプラットフォームだ。

ざっくりとしたタイムフレームと、達成したい目標を設定しよう。

市場調査や競争分析に頼るのはやめよう。スライドは活発な議論を封じ込めてしまう。代わりに会議室に集まった全員にインプットを求めよう。

反復は戦略の最も重要な構成要素だ。常に学習した結果にもとづいて、とにかく早く反復作業を繰り返そう。

成功している大企業は例外なく、次の点から出発している。

①問題をまったく新しい方法で解決する
②その解決法を生かして急速に成長・拡大する
③成功の最大の要因はプロダクトである

最後に、あなたと一緒に戦略を検討する仲間について。賢く選ぼう。在職期間が長いとか、社内の職位が高いといった人ばかりを集めるのではなく、最高のスマート・クリエイティブ、そしてこれから起こり得る変化を見通す能力が高い人材を選ぶべきだ。

人材

採用は一番大切な仕事

二〇〇〇年二月のある日、ジョナサンはグーグルのプロダクト部門の責任者候補としてセルゲイ・ブリンの面接を受けるため、マウンテンビューに向かっていた。面接は形式的なものだろう、と思っていた。エキサイト@ホームのシニア・バイスプレジデントという当時の仕事には満足していたので、転職すると決めたわけではなかった。ただ、自分はネット検索と広告のエキスパートだし、ベンチャー・キャピタル、クライナー・パーキンスのパートナーで、グーグルとエキサイト@ホームの取締役を務めていたジョン・ドーアの推薦と来れば、採用は決まったようなものだと考えていた。セルゲイは面接の大部分を、自分を口説き落とすのに使うんじゃないか――。

ベイショア・パークウェイの人であふれかえったオフィスに到着すると、セルゲイに案内されて会議室に入った。軽く挨拶を交わすと、セルゲイはお気に入りの質問をぶつけてきた。

「ぼくが知らない、何か複雑なことを教えてくれないか？」。本気モードの面接が始まったことに驚いたものの、スタンフォード大学の経済学者を父に持ち、名門クレアモント・マッケナ大学で経済学を専攻したジョナサンは、さっそくホワイトボードを使って「限界費用と平均費用は、平均費用の最低点で交わる」という経済法則を証明しはじめた。それから費用関数と収入関数を使って、会社の生産量と利益を最大化するような最適生産量をはじき出す方法をデモンストレーションすれば、セルゲイを虜《とりこ》にできるだろう（少なくともこの話題は経済学徒の睦言にはうってつけだ）。ただ、まもなくセルゲイがローラーブレードをいじったり、窓の外を眺めたりしはじめたので、自分の答えが彼の問いを満足させるものではないことに気づいた。セルゲイにとって自分の話には何も得るものがなく、経済法則には少しも興味がなく、また天才的な数学能力でホワイトボードに書かれた経済学の公式などとっくに解いてしまったのかもしれない。すぐに戦術を変えなければ。そこでジョナサンは経済学の講義をやめ、新しい話題を持ち出した。「求愛のテクニック」である。まず、自分が妻を初めてデートに誘った方法をケーススタディとして、〝釣り針をおろす〟方法の解説から始めた。[*87] セルゲイはようやく話に興味を示し、ジョナサンはまんまとオファーを勝ちとった。[*88]

大企業の幹部に「あなたの仕事のうち一番重要なものは？」と尋ねると、ほとんどの人が反射的に「会議に出ること」と答えるはずだ。さらにしつこく、「いやいや、一番退屈なものではなく、一番重要なもの」と聞けば、ビジネススクールで学んだ経営の基本を並べ立てるだろう。「優れた戦略を立て、事業機会をとらえてシナジーを生み出し、競争が一段と激化する市場でも着実に業績を向上させること」といった具合に。同じ質問を一流のスポーツチームのコーチやゼネラルマネジャーにしたらどうだろう？　彼らも会議にたくさんの時間を割くが、一番重要な仕事は「最高のプレイヤーをドラフトで獲得するか、スカウトするか、あるいはトレードで持ってくること」と答えるだろう。優秀なコーチは、どれだけ優れた戦略を立てても、優れた人材の代わりにはならないことをよくわかっている。それはスポーツだけでなく、ビジネスでも同じだ。優秀な人材のスカウトは、ひげを剃るのに似ている。毎日やらないと、結果に出る。

経営者の場合、「あなたの仕事のうち一番重要なものは？」という問いへの正解は「採用」だ。あの日、ジョナサンを面接していたセルゲイは、真剣そのものだった。ジョナサンは当

＊87　ジョナサンは彼女にバラとパズルを送った。バラはまだ会ったこともない自分に興味を持ってもらうため、そしてパズルは彼女が賢い女性かどうか確かめるためだった。彼女は賢い女性ではあったが、ジョナサンとは交際することにした。

＊88　ジョナサンは二〇〇〇年二月にグーグルからオファーを受けたが、およそ利口とはいえない理由によって辞退した。その二年後、エリックから別のオファーを受け、入社した。

初、それは自分が幹部候補で、入社したらセルゲイと仕事をする機会が多くなるためかと思っていた。だが入社して、グーグルの経営者はすべての候補者を同じぐらい真剣に面接することを知った。相手が駆け出しのソフトウェアエンジニアであろうが、幹部候補であろうが、グーグラーは最高の人材を確実に採用するために最大限の時間と労力をかける。

そんなことは当たり前だと思うかもしれない。だが、たいていの企業幹部は自身もおなじみの採用プロセス（履歴書、電話によるスクリーニング、面接に次ぐ面接、オファー、交渉に次ぐ交渉、そしてオファーの受諾）を踏んで採用されたにもかかわらず、入社した途端に他人の採用には一切かかわろうとしなくなる。採用は担当者の仕事だとばかりに。履歴書の審査は、若手社員か人事部門の誰かに任せておけばいい。面接は面倒な仕事だ。フィードバック・シートに記入するのは時間のかかる気の進まない作業で、金曜の午後まで先延ばししがちだが、そのころには面接の細部はすっかり忘れている。こうして、他の面接者がもっとましなレポートを書くことを期待しながら、自分は適当なフィードバックを書いて提出する。組織内での地位が上がるほど、幹部は採用プロセスから遠ざかる傾向があるが、本来はその逆であるべきだ。

インターネットの世紀には、採用を重視すべきもう一つの、さらに重要な理由がある。従来型の採用モデルはヒエラルキー型だ。人材を必要とする部門のマネジャーが部下のインプットにもとづいて合格者を選び、幹部がそれを自動的に承認する。ただインターネットの時代には、こうして入社した社員はコラボラティブ（協業的）な環境で、大きな自由度や透明性の下、地位とは無関係に働くことになる。つまりたったひとりのマネジャーの判断が、社内の幅広いチームに影響をおよぼすのだ。

ヒエラルキー型の採用がうまくいかない理由はもう一つある。経営者（そして経営本の筆者）は「自分より優秀な人材を採用すべきだ」とよく言うが、ヒエラルキー型採用プロセスではそうしたことはまず起こらない。「コイツは優秀だから採用しよう」という合理的な判断は、「コイツが入社したらオレが無能に見えて昇進できなくなり、子供には負け犬と思われ、妻は愛想を尽かしてカフェのイケメン店員と駆け落ちし、オレはすべてを失うんじゃないか」という感情的な思惑の前に敗北する。要するに、人間の本能が邪魔をするのだ。

グーグルの創業者たちは初めから、最も優秀な人材を採用しつづけるには、産業界ではなく学術界のモデルを見習う必要があることを理解していた。大学は通常、教授に採用した人間を解雇しないので、専門委員会を立ち上げ、教員の採用や昇進の検討に膨大な時間を費やす。私たちが採用はヒエラルキー型ではなく、委員会によるピア型が好ましいと考えるのはこのためで、候補者の経歴が空きポストと合致するか否かにかかわらず、とにかく優秀な人材を採用することに集中する。エリックは、シェリル・サンドバーグにふさわしい仕事がないにもかかわらず、採用のオファーを出した。ほどなくしてシェリルは法人営業チームの立ち上げという職務を担当することになったが、それは入社した彼女自身が作ったポストだ（言うまでもなく、シェリルはその後グーグルを離れ、フェイスブックのＣＯＯとなり、ベストセラー作家の仲間入りも果たした。スマート・クリエイティブを採用すると、やがて社外でさらにすばらしいチャンスをつかむ者も出てくる。この点については本章の後半でさらに詳しく述べる）。ピア型の採用プロセスで重要なのは、組織より人だ。ポストを埋めることよりスマート・クリエイティブを採ること、マネジャーの思惑より会社全体の利益が大切なのだ。

「人材は会社の最も重要な資産」というのは言い尽くされた言葉だが、そう口にするだけでは資産と呼べるだけのスマート・クリエイティブのチームはつくれない。メンバーを採用する仕組みを見直す必要がある。さいわい、仕組みの見直しは誰でもできる。ここまで述べてきた変革のなかには、既存企業がすぐに実行するのは難しいものもあるが、採用の方法はいつでも変えられる。問題は、きちんと採用するには多大な労力と時間がかかることだ。だが、これほど価値のある投資はない。

群れ効果

すばらしい人材の集まる会社は、すばらしい仕事を成し遂げるだけではない。さらに多くのすばらしい人材を引き寄せる。[*89] 最高の従業員は群れのようなものだ。お互いについていこうとする。最高の人材を何人か獲得できれば、その後まとまった数を確保できるのは間違いない。グーグルは充実した福利厚生で有名だが、スマート・クリエイティブが集まってくるのは無料の食事や会社の補助つきのマッサージや緑豊かなキャンパスのためでも、ペット同伴で出勤できるためでもない。最高のスマート・クリエイティブと一緒に働きたいからだ。

この〝群れ効果〟は、プラス方向にもマイナス方向にも働く。Aクラスの人材は同じAクラスを採用する傾向があるが、BはBだけでなく、CやDまで採用する。だから妥協をしたり、誤ってBの人材を採用すると、すぐに社内にBのみならずCやDまで入ってくることになる。そしてプラスかマイナスかにかかわらず、群れ効果が最も強く出るのは、従業

＊89　ＡＳＡモデルをご存じだろうか。以下の資料を参照。Benjyamin Schneider, "The People Make the Place" (*Personnel Psychology*, September 1987). 最初のＡは、優れた人材が他の優れた人材を引き寄せ、優れた企業文化をつくりあげることを指す。

員にスマート・クリエイティブが多く、会社がまだ新しいときだ。この場合、一人ひとりの重みが相対的に高くなる。初期に採用される従業員は、社内で目立つ存在だ。また優れた人材が集まる環境では、自然とアイデアが共有され、発展していく。こうした傾向は常に見られるが、会社の初期段階ほどとくに顕著になる。

プラスの群れ効果は、意図的につくりだすことができる。「あなたは優秀、だから私たちが採用します」というグーグルの初期の採用広告[*90]には、「よし、自分を必要としているこの会社に行ってやろうじゃないか！」という反応を引き出す狙いが込められている。目的はグーグルの採用基準がきわめて高いことを世に知らせることだ。結果的にこれは応募者の意欲をくじくどころか、優れた人材を引き寄せるのに威力を発揮した。ジョナサンはかつて、自分が採用した人材の履歴書をまとめてデスクに置いておき、獲得したい人材が現れると、未来の同僚がどんな人々か伝えるためにそれを見せた。とくに優秀な社員の履歴書だけを選別したのではなく、それまで採用した全員分である。スマート・クリエイティブはまさにそういう集団に加わりたいと思うものだ。だから採用の基準を思い切り高くし、それを世間にアピールしよう。

これがとくに重要なのは、プロダクト部門の人材を採用するときだ。彼らはとてつもないインパクトを生み出す可能性を秘めている。だからプロダクト部門の採用プロセスには細心の注意を払おう。最強のプロダクト部門を生み出すプロセスを確立できれば、その効果は会社全体に広がっていく。目的は、妥協への甘い誘惑に負けない採用文化を醸成することだ。会社の急成長が続くカオスのなかでは、そうした誘惑がとみに強くなる。

情熱のある人間は情熱を口にしない

スマート・クリエイティブの明確な特徴は、情熱があることだ。何かに対して、強い思い入れがある。ただ、本当に情熱的な人間は「情熱」という言葉を軽々に口にしない。どうすれば〝本物〟を見分けることができるのか。私たちの経験から言って、求職者はたいてい情熱のある人が評価されることを知っている。だから「私が情熱を感じるのは……」と言って旅行、フットボール、家族など一般的な話題を持ち出すのは危険なサインだ。面接中に「情熱」という言葉を乱用することにしか情熱を感じない人物である可能性が高い。

情熱家はそれを表に出さない。心に秘めている。それが生き方に表れてくる。粘り強さ、

＊90 マリッサ・メイヤーはスタンフォード大学のコンピュータ科学部に貼られた採用広告で初めてこのフレーズを目にして、それをグーグルに持ち込んだ。

気概、真剣さ、すべてをなげうって没頭する姿勢といった情熱家の資質は、履歴書でははかれない。また必ずしもすでに成功しているとは限らない。何かに本物の情熱を抱いている人は、最初はうまくいかなくても努力を続ける。情熱家に失敗はつきものだ（私たちがスポーツ選手を高く評価するのはこのためだ。スポーツは敗戦から立ち直る方法を教えてくれたり、少なくともその機会をたくさん与えてくれる）。情熱のある人間は、自分の興味があることについては際限なく語りつづける傾向がある。興味の対象が仕事にかかわる場合もある。たとえば「検索を完璧にすること」は、一生やりつづけても、まだ困難で日々やりがいを感じられるような仕事の一例だろう。興味の対象が趣味のこともある。アンドロイドの創業者アンディ・ルービンは、ロボットが大好きだ（現在はグーグルが立ち上げたばかりのロボット事業を率いている）。グーグルのエンジニアリング部門の初代トップであったウェイン・ロージングは望遠鏡に、エリックは飛行機と空を飛ぶこと（そして飛行機の操縦にまつわる話をすること）に情熱を感じる。

こうした一見仕事とは無関係の情熱が、会社に直接的な恩恵をもたらすことも多い。アンドロイドの天文学アプリ「スカイマップ」を使うと、スマートフォンが星図になる。これは数人のグーグラーが自由時間（あとで詳しく説明する「二〇％ルール」）に開発したものだ。コンピュータ・プログラミングが好きだからではなく、熱狂的なアマチュア天文学者だったからだ。[*91] 私たちが感心したグーグルへの応募者のなかには、サンスクリット語の研究に情熱を持っていた人や、古いピンボールマシンの修理が大好きという人もいた。何かに深い興味を持っている人は話がおもしろい。だから面接をするときの私たちの哲学は「ムダ話をさせるな」ではない。むしろ、求職者が興味のあるテーマについては〝ムダ話〟を奨励したいと思っている。

情熱家が話を始めたら、とにかく真剣に聞こう。とくに「情熱を追求するスタイル」に注意を払うのだ。たとえばスポーツ選手には情熱のある人が多いが、ひとりだけで黙々と競技するトライアスロンやウルトラマラソンの選手と、グループでトレーニングする人とではどちらが好ましいだろうか。孤独なのか社交的なのか、排他的なのか協調的なのか。仕事上の経験を語るときには、たいていの人はこうした問いの〝正解〟を意識している。一匹オオカミと一緒に仕事をしたいと思うような人はいないだろう、と。しかし、自分の情熱があることについて話していると無防備になりやすいので、人となりをつかみやすくなる。

＊91　スカイマップはグーグルが開発し、二〇〇九年にリリースされた。二〇一二年にコードはオープンソース化された。

ラーニング・アニマルを採用する

あなたの会社の従業員について考えてみよう。自分より優秀だと心から思えるのは誰か。チェスやクロスワードパズルで対戦したくない相手は？　自分より優秀な人間を採用せよ、という格言があるが、どれだけ実行できているだろう。

この格言はいまも妥当性を失っていないが、その意味は考えられている以上に深い。もちろん優秀な人はいろいろなことを知っていて、凡庸な人より高い成果をあげる。ただ、大切なのは優秀な人が「何を知っているか」ではなく、「これから何を学ぶか」だ。フューチャリストのレイ・カーツワイルもこう言っている。「情報技術は指数関数的に成長している。だが私たちの未来に対する直観は、指数関数的ではなく直線的だ」[*92]。私たちの経験から言っても、指数関数的な発想のもととなるのは〝地頭〟だ。知力こそ、変化対応能力の最も有効な指標である。

ただ、知力だけでも足りない。とびきり優秀な人でも、変化のジェットコースターを目の当たりにすると、もっと安全なメリーゴーラウンドを選ぼうとするケースはやまほどある。心臓が飛び出しそうな体験、つまり過酷な現実に直面するのを避けようとするのだ。ヘンリー・フォードは「人は学習を辞めたとき老いる。二〇歳の老人もいれば、八〇歳の若者もいる。学びつづける者は若さを失わない。人生で何よりすばらしいのは、自分の心の若さを保つことだ」[*93]と言った。グーグルが採用したいのは、ジェットコースターを選ぶタイプ、つまり学習を続ける人々だ。彼ら〝ラーニング・アニマル〟は大きな変化に立ち向かい、それを楽しむ力を持っている。

心理学者のキャロル・ドゥエックは、これを別の言葉で表現する。「しなやかマインドセット」[*94]だ。能力は生まれつき決まっていると考える人は、状況がどれほど変化しようと、ひたすらその能力を誇示しようとする。だが、しなやかマインドセットの持ち主は、努力すれば自分の持ち味とする能力を変えたり、新たな能力を開花させることができると考える。人は変われる。適応できる。むしろ変化を強いられると、心地よく感じ、より高い成果をあげられる。ドゥエックは実験によって、マインドセットを変えることで、まったく新しい思考や

＊92 以下からの引用。"IT Growth and Global Change: A Conversation with Ray Kurzweil" (*McKinsey Quarterly*, January 2011).

＊93 フォードの名言とされるものの常として、これも本当にフォードが口にした言葉かは定かではない。

＊94 少なくとも一般向けの文献で説明するときには、この表現を使っている（学術文献では、知識、人格をはじめとする肯定的資質に関する「漸進的理論」を持つ人々、という言い方をしている）。一般向けの著書には以下がある。Carol S. Dweck, *Mindset: The New Psychology of Success* (Random House, 2006)（邦訳『「やればできる！」の研究』）。

行動が引き起こされることを明らかにした。自分の能力は変わらないと考えていると、その自己イメージを維持するために「到達目標」を設定する。一方、しなやかマインドセットの持ち主は「学習目標」[*95]を設定する。学ぶこと自体が目標になると、くだらない質問をしたり、答えを間違えたりしたら自分がバカに見えるのではないかなどと悩んだりせず、リスクをとるようになる。ラーニング・アニマルが目先の失敗にこだわらないのは、長い目でみればそのほうが多くを学び、さらなる高みに上れることを知っているからだ。[*96]

特定のポストのために人を採用をするときには、過去に同じような仕事で実績をあげた人を選びがちだ。だが、これではラーニング・アニマルを採ることはできない。どんな採用情報を見ても、応募資格の筆頭に来るのは「当該分野の経験があること」だ。製品Xのデザイン責任者なら、製品Xの開発経験五〜一〇年以上、それに製品Xの関連学位保持者であることが必須とされる。

知力より専門能力を重視するのは、明らかな間違いだ。とくにハイテク業界ではそう言い切れる。あらゆる業界では急速な変化が起きており、いまあなたが採用しようとしているポストに求められる役割もすぐに変わるはずだ。昨日までの先端的プロダクトが明日には陳腐化するような時代に、スペシャリスト採用にこだわると裏目に出る可能性が高い。スペシャリストが問題を解決するとき、その手法には自分の強みとされる専門分野ならではの偏りが生じがちだ。それでは次々に生まれる新たな専門分野のソリューションに太刀打ちできないこともある。優秀なゼネラリストには偏りがなく、多様なソリューションを見比べて最も有効なものを選択することができる。

ラーニング・アニマルを見つけるのは容易ではない。ジョナサンお得意の手法は、応募者に過去の失敗を振り返ってもらうことだ。二〇〇〇年代初頭には、よくこんな質問をした。「一九九六年に、君が見逃したインターネットの重要なトレンドは何かな？　君の推測が当たった部分、はずれた部分はどこだろう？」。これは見かけ以上に難しい質問だ。応募者は自分

＊95　Elaine. S. Elliot and Carol S. Dweck, "Goals: An Approach to Motivation and Achievement" (*Journal of Personality and Social Psychology*, Volume 54, Number 1, January 1988), pages 5-12.

＊96　異なるマインドセットが子供の意欲と学習に具体的にどのような影響をおよぼすかというドゥエックの先端的研究は以下を参照。Carol S. Dweck, "Motivational Processes Affecting Learning" (*American Psychologist*, Volume 41, Number 10, October 1986). ラーニング・アニマルにもこれと関連した資質がある。情熱と粘り強さを組み合わせたもので、心理学者はこれを「気概」と呼ぶ。心理学者のアンジェラ・ダックワースらは「気概のある人」は挫折や誘惑に負けずに前進する意欲が高く、最終的に長期的目標（大学を卒業する、全国スペリングテストで上位に入る、ウエストポイントの過酷な訓練プログラムを優秀な成績で修了する、など）を達成する可能性が高いことを明らかにした。以下を参照。Angela L. Duckworth, Christopher Peterson, Michael D. Matthews, and Dennis R. Kelly, "Grit, Perseverance and Passion for Long-Term Goals" (*Journal of Personality and Social Psychology*, June 2007, Volume 92, Number 6).

が予測したことを明確にし、現実に起きたことを分析し、両者の比較からわかったことを述べなければならない。そして自分の失敗を認めなければならない。「私の最大の欠点は、完璧主義すぎるところです」といった月並みな発言は通らない。答えを適当にでっちあげることは不可能だ。

この質問は他の分野にも応用できる。直近の重大な現象を引き合いに出せばいい。大切なのは、応募者に予知能力があるかではなく、どのように思考を組み立て、また失敗から何を学んだかを見定めることだ。この質問にきちんとした答えが返ってくることはめったにないが、それができる人はラーニング・アニマルの可能性が高い。もちろん、いきなり「私には特別な才能はない。ただ情熱的なまでに好奇心が旺盛なだけだ」[*97]と言い出す応募者もいるだろう。これはアルバート・アインシュタインの自己分析で、彼なら即座に採用になったはずだ(「情熱的」という言葉を口にする過ちなど、相対性理論を考案したという成果に比べれば取るに足らない)。

ラーニング・アニマルを採用できたら、彼らに学習を続けさせよう。すべての従業員に、常に新しいことを学ぶ機会を与えよう。直接、社業の役に立たないことでも構わない。そして身に着けた能力を発揮してもらおう。本物のラーニング・アニマルならそれを少しも苦痛に感じないはずだ。むしろ進んで研修をはじめさまざまな学習機会に参加する。そういう反応をしない人には注意したほうがいい。おそらく、ラーニング・アニマルの皮をかぶった偽物だ。

LAXテスト

ここまで情熱、知力、ラーニング・アニマルのマインドセットが、採用候補者に欠かせない資質であることを述べてきた。もう一つの重要な要素が人格だ。単に親切で信頼感があるというだけでなく、多才で、世界と深くかかわっている人間、つまり「おもしろい」人間だ。以前は面接中に人格を判断するのは、もっとずっと楽だった。レストランでランチやディナーを食べながら、ときには一杯やりながら面接することが珍しくなかったからだ。テレビドラマ《マッドマン》でもおなじみのスタイルだ。こういう場では候補者の素顔を観察することができる。ガードを緩めたとき、どんな姿を見せるか。ウエイターやバーテンダーにどんな態度で接するか。人格の優れた人は相手の立場やお酒の入り具合にかかわらず、敬意を

＊97　伝記作家カール・シーリグに宛てた一九五二年三月一一日の手紙。Einstein Archives 39-013 from *The Expanded Quotable Einstein* (Princeton, 2000).

もって接する。

最近はあまり候補者を酔わせる機会がないので、とくに面接の前後の様子をしっかり観察する必要がある。ジョナサンはビジネススクールの二年生だったとき、大手コンサルティング会社の面接を受けた。ポジションを争った相手は、才能があり由緒正しい家柄で（名前はボズワース・ボズワース三世だったと思う）、ジョナサンよりはるかに立派な経歴書の持ち主だったうえに、ルックスも上だった。ジョナサンに勝ち目はなかった。採用されるのは絶対にボズワースだ。面接開始を待つ間、ジョナサンはアシスタントとおしゃべりをしていた。相手はジョナサンの出身地であるカリフォルニアに旅行するつもりだという。そこでジョナサンはどこに行って、何を見たらいいよ、と事細かにアドバイスした。翌日、このコンサルティング会社から採用オファーの電話がかかってきた。ジョナサンは何かの間違いか、あるいはふたりとも採用が決まったのかと思ったが、そうではなかった。面接官によると、ボズワースが採用されなかったのは秘書に失礼な態度をとったからだという。「君のことは感じがいいと言っていたよ」。私たちも面接をしたあとには、たいていアシスタントに候補者の印象を聞き、その答えを参考にする。「ボズワース・ルール」とでも呼んでおこうか。

ただ、人格と同じくらい重要なのは、候補者がおもしろい人物かどうかだ。同僚と一緒に、ロサンゼルス国際空港（LAX）で六時間足止めを食ったとしよう（エリックはいつも一番不愉快な環境のたとえとしてＬＡＸを使う。ロンドンやアトランタでも構わないが）。その同僚と楽しく会話をしながら過ごせるだろうか。有意義な時間になるだろうか。それとも退屈な相手との会話を避けようと、さっさと機内持ち込み荷物を開けてタブレットを取り出し、メールなどのチェックを始めるだろうか（テレビスターのティナ・フェイは「ＬＡＸテスト」の代わりに、《サタデー・ナイト・ライブ》のプロデューサー、ローン・マイケルズの評価基準を使うという。「午前三時にトイレで鉢合わせしたくない人間は雇うな。みんな会社にいるんだから」）[*98]。

グーグルでは面接のフィードバック・シートの四つのセクションの一つとして「グーグラーらしさ」という項目を設け、ＬＡＸテストを採用プロセスのなかに正式に取り込んでいる（他の三つの項目は「全般的な認知能力」「職務関連の知識」「リーダーシップの経験」だ）。「グーグラーらしさ」には、野心、意欲、チーム重視とサービス重視の姿勢、傾聴・コミュニケーション能力、行動力、優秀さ、対人能力、独創性、誠実さなどが含まれる。

（ラリーとセルゲイはＣＥＯを探していたとき、極端なＬＡＸテストを実践した。候補者を週末、旅行に連れ出したのである。エリックはもう少し現実的だった。「はっきり言って、一緒にバーニングマンに

＊98　ティナ・フェイは二〇一一年四月二〇日にグーグルを訪れたとき、ステージ上でインタビューをしたエリックにこの話をした。

行く必要はないよ。代わりにディナーはどうだい？」）

斬新な発想は多様性から生まれる

ＬＡＸテスト、グーグラーらしさテスト、あるいは〝午前三時のトイレテスト〟に合格した人物なら、会話の相手としておもしろく、尊敬できるだろう。ただ、好きになれる相手とは限らない。ＬＡＸで一緒に足止めを食った相手が、あなたとは何の共通点もなく、むしろ政治的立場が逆だったらどうだろう。それでも知力、クリエイティビティ、そしてグーグラーらしさの条件の面であなたと同等（あるいはそれ以上）の人物なら、刺激的な会話は成り立つはずだし、会社にはふたりとも必要だ。

一緒にビールを飲みたいと思うような相手と働きたい（あるいはそういう経営者の下で働きたい）という人は多い。ただ正直に言うと、グーグルで最も優秀な社員のなかには、絶対一緒にビールを飲みたくない人もいる（頭からビールをかけてやりたい人も何人か……）。だが、嫌いな相手とも一緒に働かなければならない。なぜなら「いい人ばかり」の職場は均質的なことが多く、職場の均質性は悪い結果を招きやすいからだ。視点の多様性、すなわちダイバーシティは会社が近視眼的になるのを防ぐ、きわめて効果的な政策だ。

人種、性的志向、身体的障害などさまざまな面で多様な人材を採用することは、道徳的に正しい行為であるのは間違いない。ただそれ以上に、企業戦略的に見た場合のほうがはるかに大きな意義がある。バックグラウンドの異なる人々は世界を違う目で見る。女性と男性、白人と黒人、ユダヤ教徒とイスラム教徒、カトリックとプロテスタント、退役軍人と民間人、同性愛者と非同性愛者、ラテン系と欧州系、クリンゴン人とロミュラン人[*99]、アジア人とアフリカ人、車いすを使う人と使わない人——こうした視点の違いは、まったく新しい発想を生む。多様な人材が同じ職場で働くことで生まれる幅広い視点には、はかり知れない価値がある[*100]。

すばらしい才能の持ち主の外見や行動は、あなたとは違っていることも多い。だから誰か

---

*99 ただし、ボーグは受け入れられない。彼らの同化という行為はダイバーシティに反する。

*100 ダイバーシティの価値の評価に取り組む研究者もいる。社会学者のセドリック・ヘリングは民間企業を対象とした調査で、人種のダイバーシティと売上高、顧客数、市場シェア、利益の増加には相関があることを発見した。さらにこれらの業績指標の一部とジェンダーの多様性にも相関がみられるという。以下を参照。"Does Diversity Pay?: Race, Gender, and the Business Case for Diversity" (*American Sociology Review*, Volume 74, Number 2 April 2009). 一方、ダイバーシティによって組織内に対立が生じると指摘する学者もいるが、私たちの経験から言って、対立は思慮深い意思決定につながる好ましいものだ。

を面接するときには、自分の先入観を自覚し[101]、目の前の相手がすばらしい成功をつかむための情熱と知性と人格を持っているかだけに意識を集中しよう。

同じことが、入社した社員のマネジメントについても言える。能力主義を徹底するため、採用と同じようにパフォーマンス（成果）の評価も客観的データ中心であるべきだ。意識するだけでは、性別、人種、肌の色などの影響を排除することはできない。社員の評価には実証的かつ客観的な方法を確立する必要がある。そうすれば出身や外見にかかわらず、一番優秀な社員が評価されるようになる。

絞りを広げる

情熱と知性、誠実さと独自の視点を持った理想の候補者は間違いなくどこかにいる。問題はどう見つけだし、獲得するかだ。この重要な鎖は、四つの輪でできている。発掘、面接、採用、報酬だ。

発掘から始めよう。これはどのような候補者を探しているか、明確に定義するところから始まる。グーグルの採用パートナーであるマーサ・ジョセフソンはこの作業を「絞りを広げる」と表現する。絞りを変えることで、カメラの画像センサーに入る光量が変わる。採用担当者の多くは絞りを狭くする。いま求められている仕事をきちんとこなせそうな、特定の分野で特定の仕事に就いている特定の人のなかから候補者を探そうとする。だが優秀な採用担当者は絞りを広げて、当たり前の候補者以外からも適任者を探そうとする。

あなたがすばらしい人材のそろう他社から、何人か引き抜きたいと思っているとしよう。相手の会社もそれを察知し、優秀な社員をがっちり囲い込んでいる。だが、あなたが絞りを広げ、現在求められる仕事だけでなく、将来求められる仕事もこなせる人材に目を向ければ、隠れた〝宝石〟を見いだし、いまの雇用主以上のチャンスを提示できるかもしれない。本当はプロダクト・マネジメントをやりたいのに、エンジニアリング部門から異動を認めてもらえないエンジニア、セールスに挑戦したいのに、空きがないという理由でチャンスをもらえないプロダクト・マネジャーなど。あなたがリスクをとり、彼らに新しい職務への挑戦を促せば、優れた人材を獲得できるだろう。彼らがあなたの会社を選ぶ理由は、あなたがリスクをとる姿勢を見せたからにほかならない。リスクをとる意欲のある人々は、まさにあなたが

＊101　これは言うは易し、行うは難しだ。このためグーグルは従業員に自らの無意識の先入観を意識するトレーニングをしている。無意識の性向については以下が詳しい。Anthony G. Greenwald and Mahzarin R. Banaji, "Implicit Social Cognition: Attitudes, Self-Esteem, and Stereotypes" (*Psychological Review*, January 1995, Volume 102, Number 1).

求めているような主体的選択をするものだ。

たとえば、ソフトウェアエンジニアの採用を検討しているとしよう。あなたの会社のコードはすべてある特定のコンピュータ言語で書かれている。ただ、だからといってその言語に通じた人材を選ぶ必要はない。どの言語を使っているかにかかわらず、一番優秀なエンジニアを採用すべきだ。そうすればＪＡＶＡでもＣ言語でもＰｙｔｈｏｎ（パイソン）でもＧＯ（ゴー）でも、必要なものをさっさと身に着けるだろう。また求められる言語が変われば（実際、変わるだろう）、誰よりも早く適応するだろう。スーパーコンピュータの先駆者であるセイモア・クレイは、あえて経験の乏しいエンジニアを採用した。そうすれば「通常は不可能と思われていることすら知らない人材が集まる」[*102]からだ。グーグルのＡＰＭ（アソシエイト・プロダクト・マネジャー）も、同じような目的の制度だ。これはマリッサ・メイヤーがジョナサンのチームのディレクターだったころ、新卒のとびきり優秀なコンピュータ科学者を採用するための制度をつくれ、というトップの指示で立ち上げたものだ。こうした制度自体は珍しいものではない。新卒者を雇用する企業は多い。それだけなら簡単だ。難しいのは、彼らに本物のプロジェクトで、本当に影響力のあるポストを与えることだ。スマート・クリエイティブはこうしたポストを与えられると張り切るが、リスクを避けたがるマネジャーはそれを嫌がる。「あいつらは何の経験もないじゃないか」（それはプラスだ！）、「失敗したらどうするんだ？」（失敗はするだろうが、私たちには想像もつかないような成功を収めるだろう）といった具合に。ＡＰＭ第一号となったブライアン・ラコウスキのおかげで、この制度は順調に船出した。ブライアンはスタンフォード大学卒業と同時にグーグルに採用され、すぐにＧメールのプロダクト・マネジメントという大役を与えられた。リード・エンジニアだったポール・ブックハイトと直接やりあう立場だ。ブライアンは現在、アンドロイド担当チームの責任者となっている。もちろんＧメールの実績は文句のつけようがなかった。

私たちにもしくじった経験はある。あるときサラー・カマンガーは、マーケティング部門の若手社員の優秀さに感心し、ＡＰＭ制度に登用したいと主張した。だが、その若手社員はＡＰＭの条件であるコンピュータ科学の学位を持っていなかった。サラーは、この社員はプログラミングを独学で学び、「エンジニアと緊密に連携して、プロダクトを出した経験もある」と訴えたが、ジョナサンをはじめとする複数の幹部が絞りを広げることを頑として拒み、登用は認められなかった。ケビン・シストロムというこの若手社員はその後グーグルを退社し、インスタグラムの共同創業者となった。その後、一〇億ドルで会社をフェイスブックに売却している。[*103] 礼にはおよばないよ、ケビン！

＊102 Tracy Kidder, *The Soul of a New Machine* (Little, Brown, 1981), page 59（邦訳『超マシン誕生』）。

絞りを広げる方法の一つは、候補者の「軌道」を見ることだ。グーグルの元社員、ジャレド・スミスは最高の人材はキャリアの軌道が上向いていることが多い、と指摘する。その軌道を延長すると、大幅な成長が見込める。優秀で経験豊富でも、キャリアが頭打ちになった人はたくさんいる。こうした候補者については、どんな成果を期待できるかがはっきりしている（これはプラスだ）が、予想外ののびしろがない（これはマイナスだ）。年齢と軌道に相関はないことも指摘しておくべきだろう。また自分で事業を経営している人、あるいは型にはまらないキャリアパスを歩んでいる人には、軌道という指針は当てはまらないこともある。企業のヒエラルキーの上になるほど、絞りを広げるのは難しくなる。重要なポストの採用では、必ずといってよいほど経験が決め手になる。実際、経験は大切だが、こんにちではほとんどの業界で環境が激変しており、過去の経験だけでは成功できない。企業は幹部を採用するとき、経験を過大評価する傾向がある。才能あるスマート・クリエイティブには何ができるかに、もっと注目する必要がある。

たとえば二〇〇三年、私たちは経営陣を整える取り組みの総仕上げとして、人事部の責任者を探しはじめた。五〇人近い候補者を面接し、その多くが従来の意味での人事業務ですばらしい実績を上げていたが、グーグルが必要としている任務への適性を備えている候補者は見つからなかった。グーグルは産業史上、先例のないスピードで成長していたため、候補者たちが身に着けていた〝標準的な経験〟が役に立つとは思えなかった。私たちが求めていたのは、グーグルが従来の会社とは次元の違うスピードで前進できるような、拡張性のある採用エンジンをつくってくれる人物だった。

適任者探しは長引いた。「宇宙物理学が専門の、ローズ奨学生を探してみたらどうだ」とエリックはあるとき提案した。議論の結果、宇宙物理学の専門家ならこの任務に必要な知識はあるかもしれないが、おそらくグーグルに入社して経営幹部になろうとは思わないだろう、という結論に達した。「わかった、それなら法律事務所のパートナークラスにしよう」とセルゲイが提案した。それから間もなく、ジョナサンは大物弁護士がセルゲイのオフィスで必死に契約書を作成している場面を目撃した。セルゲイが〝課題〟を出したのだ。質の高い、包括的でおもしろい契約書をつくってくれ、と。三〇分後、候補者は「セルゲイ・ブリン氏は一ドルおよびその他の約因により、悪魔に魂を売り渡す契約を締結する」とする「契約書666」を完成させた。とびきり質の高い、おもしろい契約書だったが、この弁護士は採用されなかった。専門性が足りない、と判断されたためだ。

＊103 Somini Sengupta, Nicole Perlroth, and Jenna Wortham, "Behind Instagram's Success, Networking the Old Way" (*New York Times*, April 13, 2012).

弁護士もダメとなったため、ヘッドハンティングを手伝ってくれていたマーサ・ジョセフソンが、正しい条件の組み合わせは「マッキンゼー＆ローズ奨学生」ではないか、と提案し、ショーナ・ブラウンを連れてきた。結局、私たちはショーナに事業運営の実績がないにもかかわらず、その責任者として採用した。ショーナの採用が大成功だったため、ジョージ・レイエスという優秀な最高財務責任者（CFO）が二〇〇八年に退任すると決めたとき、エリックは再びマーサに「ショーナ級の人材をもうひとり頼む」と伝えた。そこでマーサが見つけてきたのが、マッキンゼーのパートナーでローズ奨学生だったパトリック・ピシェットで、二〇〇八年にCFOを引き継いだ。

（グーグルが有能な人材を求めるのは、幹部クラスだけではない。ある年、ショーナがロンドン支社でローズ奨学生の集まりを開き、ジョナサンはそこでスピーチをすることになった。マウンテンビューでの面接に進む人をどう選ぼうかと考えていると、廊下でセルゲイと鉢合わせした。相談すると、セルゲイは答えた。「なんで選ぶ必要があるんだい？　全員雇えばいいじゃないか」。その場ではとんでもない、と思ったが、よくよく考えると、それほどとんでもない話ではなかった。そのときの集まりに出ていたローズ奨学生の何人かは、のちにグーグルで大活躍した）

絞りを広げることはリスクをともなう。失敗することもある。優秀だが経験の乏しい人は、それほど優秀ではないが経験のある人よりも、採用当初のコストが高くなる。上司となるマネジャーはそうしたコストを避けたがるかもしれないが、大義のためにはそんなつまらない懸念は捨てるべきだ。すばらしく優秀なゼネラリストを採用するほうが、会社にとってははるかに価値がある。

誰もが〝スゴイ人〟をひとりは知っている

たぶんあなたにも、めちゃくちゃすごいことを成し遂げた知り合いがひとりはいるだろう。K2に登頂した、アイスホッケー選手としてオリンピックに出場した、ベストセラー小説を出した、働きながら大学に通って優等学位で卒業した、最近個展を開いた、(本物の)非営利団体をつくった、四カ国語を操る、特許を三つ持っている、趣味でつくったアプリがランキングの一〇〇位以内に入った、バンドでリードギターを弾いている、ステージでブルーノ・マーズと踊ったことがある、など。あなたがそういう人をひとり知っているなら、他の人も同じようにそういう知り合いがいる、と考えるのが合理的だ。ではなぜ、採用を担当者だけに任せるのだろう?　全員がそのスゴイ知り合いを連れてくるべきではないか?

常にずばぬけて優秀な人材が集まってくる、優れた採用文化を醸成する第一歩は、候補者を発掘するうえで採用担当者が果たす役割を正しく理解することだ。ポイントは、候補者の発掘は採用担当者の独占的業務ではない、ということだ。誤解しないでほしい。私たちは優秀な採用担当者が大好きだ。しょっちゅう彼らと連絡を取り合うし、その優れた知識や努力には感謝している。ただ人材を探すのは全社員の仕事であり、この認識を会社に浸透させる必要がある。採用担当には採用プロセスの管理を任せるが、採用活動には全員を動員すべきだ。

会社が小さいうちは、これは簡単だ。全員が採用にかかわるのが当然だからだ。ただ、企業の規模が大きくなると、マネジャーは誰を採るかより、どうやって必要な頭数を確保するかばかりを考えるようになる。私たちの経験では、社員数五〇〇人前後がターニングポイントだ。「多くの人員をまわしてもらうこと」のほうが、「最高の人材を見つけること」より頻繁に話題にのぼるようになる。後者は採用担当に任せておけばいい、というわけだ。だが、そんなことはない。採用を採用担当者に丸投げすると、採用担当者はよりすぐりの人材を探すのをやめて、月並みあるいはそれ以下の人材で手を打つ危険がある。質の悪い人材を採用しても、ツケを払うのは自分たちではなく、会社だからだ。とびきり優秀な社員の数を二倍にするのは、じつは簡単だ。ラリー・ペイジがよく言うように、全社員がひとりずつ、優秀な人を連れて来ればいい。会社が採用を完全に他人任せにすると、社員の質は低下する。

採用を全社員の担当業務に含める、簡単な方法がある。結果を測るのだ。紹介者の数や、面接をした数を数えよう。フィードバック・フォームを記入するまでにかかった時間も測ろう。社員に採用イベントに協力を呼びかけ、どれくらいの頻度で協力したか記録しよう。そうした結果を合算し、パフォーマンス・レビューや昇進の参考データとするのだ。採用は全員が取り組むべき仕事なので、このように成績をつけるのが一番だ。

面接のスキルは最も重要

採用の基準を高くするほど、面接プロセスは重要に、そして難しくなる。面接は相手をよく知る機会であり、履歴書よりはるかに大切だ。名門大学でGPA三・八という申し分ない成績を収め、陸上競技もしていたという輝かしい履歴書の持ち主が、面接をしてみたらおもしろみのないガリ勉で、独創的なアイデアなど何年も思いついたことがない人物だった、ということもある。

ビジネスパーソンが磨くべき最も重要なスキルは、面接スキルだ。経営学の教科書やMBAコースでは、そんなことは言われなかったかもしれない。CEOや大学教授、ベンチャー投資家は、成功するのに一番重要なのは人材だ、とよく言うが（実際そのとおりだ）、実際にどうやってその優秀な人材を獲得するかには触れないことが多い。彼らが口にするのは理論だが、ビジネスは実践であり、面接という人工的かつ時間的制約のある状況で、候補者の能力を見定めなければならない。それには特別な、そして高度なスキルセットが必要だが、はっきり言ってほとんどの人は面接が下手だ。

本章の初めに投げかけた「あなたの仕事のうち一番重要なものは？」という質問に戻ろう。たいていの人は「会議に出ること」と答える。実際、一日の大半を会議に費やす人も多い。会議の良いところは、社内のヒエラルキーの上のほうにいる人間ほど、何も準備をする必要がないことだ。会社のトップ（あるいはそこに限りなく近い人間）なら、準備はすべてまわりがやるので、会議に出て話を聞き、意見を言うだけでいい。それを受けて、まわりの人間が対策を実行するので、トップは手ぶらで次の会議に向かうだけだ。

一方、質の高い面接をするには、そういうわけにはいかない。準備が必要だ。それはあなたが平社員であろうと、経営幹部であろうと変わらない。きちんとした面接をするには、自分の役割を理解し、候補者の履歴書を読み、そして一番重要なこと——何を聞くか——を考えなければならない。

まず応募者がどんな人物か、また会社にとって重要な人材になり得る理由を自分で考えよう。履歴書を読み、グーグル検索を使って応募者がこれまでかかわってきた仕事を調べ、その仕事についてもさらに検索をしよう。パーティでの酔っぱらった写真など見る必要はない。

それより応募者に対する自分なりの評価をしよう。興味をそそる人物だろうか？　面接では事前調査で得た知識を使い、さらに深く探ろう。候補者が答えるのに苦労するような質問を投げかけよう。そのプロジェクトで最も難しかった点は何か。あるいは成功した理由は何か？　候補者が変化を主導する人物か、あるいはそれに追随する人物なのかを確かめよう。

面接の目的は、応募者とあたりさわりのない会話をすることではなく、相手の限界を確かめることだ。とはいえ、過剰なストレスをかけるのは避けよう。最高の面接は、友人同士の知的な会話のようなものだ（「いま、どんな本を読んでいる？」など）。質問は間口の広い、複雑なものにしよう。正解が一つではないので、相手のモノの考え方や議論の組み立て方を見られる（応募者が何を主張し、どのようにその正当性を主張するか）。たくさんの応募者に同じ質問をぶつけて、答えを比較するといい。

応募者のバックグラウンドについて聞くときには、単なる過去の経験談ではなく、「そこから何を学んだか」を説明させよう。履歴書をなぞるだけでなく、応募者に思考能力をアピールさせよう。「何に驚きを感じましたか？」というのは、うまい聞き方だ。よくある質問ではないので、用意してきた答えは使えない。応募者は自分の経験を、これまでとは違った目で振り返らなければならない。「大学の学費をどう工面しましたか？」「あなたのウェブの検索履歴を眺めたら、履歴書に書かれていないどんな一面が発見できますか？」というのも良い質問だ。どちらも応募者について理解を深めるのに役立つはずだ。かなり具体的なので、話を聞く能力、質問の理解力も測ることができる。

面接では「シナリオ問題」も役に立つ。とくに上級ポストの人材を面接するときには、その人物が部下をどのように使い、信頼するかを見定める手がかりとなる。たとえば「あなたが危機的状況に陥ったら、あるいは重要な意思決定を迫られたら、どうしますか」という質問は、候補者が必要なことは自分でやるほうがいいと思うタイプか、周囲の力を借りようとするタイプか見るのに役立つ。前者は同僚に対して不満を抱きやすく、すべてをコントロールしようとするのに対し、後者はすばらしい人材を採用し、信頼して仕事を任せる可能性が高い。また、この質問に対して一般論で答えるのは、問題を見抜く目がない証拠だ。応募者はおもしろい回答、それが無理ならせめて具体的な回答をすべきだ。マーケティングの教科書からコピペしてきたような答え、あるいは常識的な思考を映したような答えは、相手が凡庸で、物事を深く考える能力がないことを示している。

グーグルは応募者に、頭を使わないと解けない難問を出すことでも有名だ。ただ、最近は面接中に難問を出さなくなっている。質問（と答え）の多くがネットに流出し、候補者が複雑な問題を考える能力を知る手がかりにならなくなったからだ。面接前に難問を徹底的にリサーチし、覚えた答えをその場で思いついたかのように語る能力を知る手がかりにはなるが、そしてそれは貴重な資質ではあるものの、私たちが求めているものとは少し違う。難問を出すのはエリート主義だという批判も受けてきた。こうした批判をする人に、はっきり言っておこう。「そのとおりだ」と。グーグルはできるだけ最高の人材を獲得したいと思っている。「傑出した人材」と「優秀な人材」ではまったく違うと思っているからで、両者を見分けるためにあらゆる手を尽くしている。それでもまだエリート主義的な採用が間違っていると主張する向きには、一つ質問がある。「コインが一二枚あり、一枚だけ重さの違う偽物が混じっている。天秤を三回だけ使って、偽物を見分けるにはどうすればいいか？」*104


*104 最初に一二枚を四枚ずつに分け、そのうち二つのグループを天秤に乗せる。両方が釣り合えば、偽物は秤に乗せなかった三つ目のグループに入っている。その場合二回目の計測では、測ったばかりの二つのグループから二枚を選び、三つ目のグループの二枚と比較する。両者が釣り合えば、偽物はまだ一度も天秤に乗っていない二枚のうちのどちらかだ。釣り合わなければ、偽物は二回目の計測で天秤に乗せた三つ目のグループのどちらかになる。三回目の計測では、偽物を含む二枚のうちのどちらかを、すでに本物と確認されたグループのコインと比較する。天秤が釣り合えば、偽物は秤に乗せなかったコインだ。釣り合わなければ、天秤に乗せたコインが正解である。

これは易しいほうのシナリオだ。難しいほう、つまり最初の計測で秤が釣り合わないケースは自分で考えてほしい。

グーグルがこの手の質問を好む理由は二つある。まず正解にたどりつくかは別として、その人物に難しい問題を分析する知力があるかわかること。そして、その作業を楽しむタイプかがわかることだ。

面接の準備をするときには、評価を受けるのは相手だけではないことを頭に入れておこう。優秀な候補者は、あなたと同じくらい厳しい目で、あなたを評価している。面接の最初の数分を、履歴書に目を通したり世間話をするのに使ったりすれば、複数の選択肢がある候補者(最高の人材はたいてい複数のオファーを受けている)は良い印象を受けないだろう。第一印象はお互いに与え合うものだ。

自分から適切な質問をするよう心がけるのは当然だが、相手が的を射た質問をするかにも注目しよう。良い質問をする人は、好奇心が旺盛で、頭がよく、柔軟でおもしろく、自分がすべての答えを知っているわけではないことをわかっている。まさしく、あなたが求めているスマート・クリエイティブの条件だ。

面接のスキルを高めるには、練習するしかない。だから私たちは若手社員に、面接する機会があれば積極的に活用すべきだと口を酸っぱくして言い聞かせている。アドバイスに従う人もいるが、ほとんどは耳を傾けない。もっと重要な仕事に時間を使いたい、と考えるのだ。どれほどありがたい機会をもらっているのか、まったく理解していない。「目を覚ませよ。これは給料をもらって一番重要なスキルを伸ばすチャンスだ。しかも、判断を間違っても、自分がそいつの上司になる可能性は低いなんて、これ以上うまい話はないじゃないか」と言っても、無視されてしまう。社員に面接をさせるのは、子供を歯医者に行かせるのと変わらない。

もちろん、誰もが面接が得意というわけではないし、上達したいと思わない人が上達するわけがない。グーグルでは「信頼できる面接官プログラム」を立ち上げた。本当に面接がうまく、それが好きな人ばかりの精鋭チームで、面接の大部分は彼らがこなす（その結果として、パフォーマンス・レビューでは高い評価を受ける）。このプログラムに挑戦したいというプロダクト・マネジャーは、面接のトレーニングを受けるほか、少なくとも四人の面接官が実際に候補者を面接する様子を見学しなければならない。プログラムのメンバーになると、実際に行った面接、信頼度（直前に面接をキャンセルしたり、約束をすっぽかしたりしても問題ないと考えている人が多いのには驚かされる）、フィードバックの速さや質（面接から四八時間以上経過すると、フィードバックの質は明らかに低下する。グーグルの最高の面接官は、面接の直後にフィードバック・フォームに記入する時間を確保している）など、さまざまなパフォーマンス指標で評価される。評価は公開され、「自分のほうがうまくやれそうだ」と思う他の社員にも挑戦を促している。つまり、このプログラムを通じて面接をしないことが自分の評価にマイナスになる、という意識を浸透させているのだ。この結果、面接をすることは面倒な仕事ではなく特権になり、全社的に面接の質が底上げされた。

そして応募者がウェブにアップした、パーティの酔っぱらった姿などについてひと言。重大な人格的欠陥を示すものでないかぎり、私たちはネット上の写真やコメントをもとに否定的評価を下すことはない。すでに述べたとおり、グーグルが求めているのは情熱のある人で、情熱がある人はネットでかなり活発に活動する傾向がある。これはデジタルメディアが好きだという証拠であり、こんにちの世界では重要な資質だ。

面接時間は三〇分に

面接には少なくとも一時間必要なんて、誰が決めたのか。面接が始まって数分もしないうちに、相手が会社あるいは特定のポストに向いていないことが判明するケースは少なくない。残り時間をムダ話に費やす必要がどこにあるのか。とんでもない時間のムダだ。だからグーグルは面接時間を三〇分に設定している。ほとんどの面接の結果は不採用なので、そこに時間をかけすぎるのは避けたいし、実際に優れた面接官のほとんどは三〇分もしないうちに不採用の判断を下している。応募者が有望で、もう少し話を聞きたいと思ったら次の面接を設定すればいいし、その場で続きをやってもいい（面接後にフィードバックを記入する時間をあらかじめ一五分確保しておけば、それも可能だ）。面接時間が限られているほど、会話の内容は〝プロテインたっぷり、脂肪分はちょっぴり〟に、つまりムダ話や無意味な質問の時間はなくな

● 面接回数と評価平均点の精度の関係

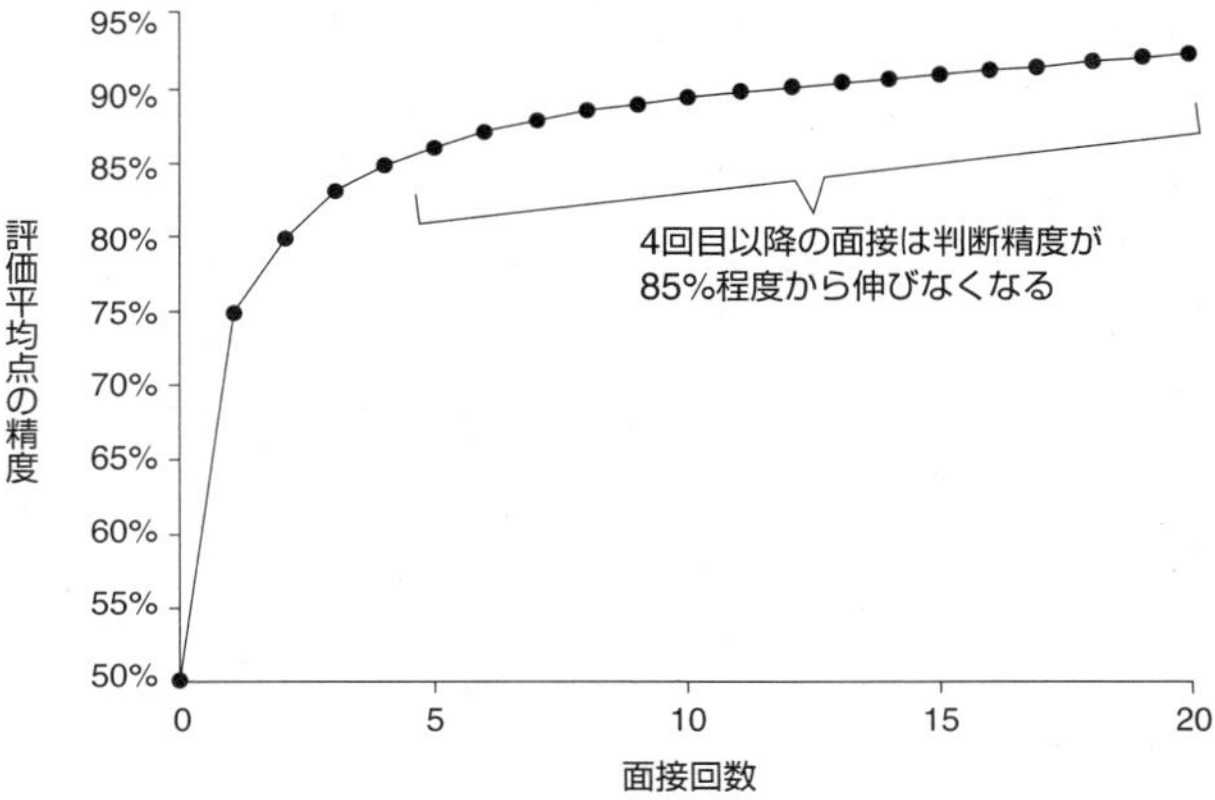

る。本質的な議論に集中せざるを得ない（とくに面接官自身が！）。

たいていの会社では、採用面接は長すぎるし、また数も多すぎる。グーグルでも創業初期に、ある候補者を三〇回以上面接したのに、それでも採否が決まらなかったことがある。そんなのはおかしい。そこでひとりの候補者を三〇回以上面接することを禁止するルールをつくった。その後さらに調査してみると、四回目以降の面接は、「判断精度」を高めることへの貢献度が一％に満たないとわかった。要するに四回目以降になると、それ以上面接をすることの増分費用が、追加的フィードバックがもたらす価値より低くなるということだ。そこでルールを見直し、面接の上限を「五」という魅惑的な素数（少なくともコンピュータ科学者にとっては）に設定した。

意見をまとめる

改めて念押しするが、面接官にとって面接の目的は「意見を形成すること」だ。それも「イエス」か「ノー」かという、かなり強い意見である。グーグルでは面接をした候補者を一～四の四段階で評価する。平均点は三前後で、それを解釈すると「この人にオファーを出しても構わないが、自分以外の誰かが強く推す必要がある」という意味だ。平均点として三というのは悪くないが、個人の判断としては単なる責任逃れである。というのも、面接官自身が採用すべきか否か決められないので、他の誰かに判断を委ねていることになるからだ。私たちは面接官に、態度を明確にするよう求めている。たとえばプロダクト・マネジメントチームでは、「四点」という評価は「この人物はまさに今回募集しているポストに適任である。この人を採用しないなら、私が承知しない」という意味になっている。単に「この人物を採用するべきだ」と言っているのではない。「この人物の採用を邪魔する者がいたら、私が直接出かけて行って、データをもとに激論を戦わせる！」と宣言しているのだ。「私が承知しない」などとあえて厳しい表現を使っているのは、スマート・クリエイティブは誰が自分たちのチームに加わるかをとても気にするためだ。それは新たな家族の一員を迎え入れるのに等しい。面接は必ず一つの、個人的な判断につながるものだ。煮え切らない態度は許されない、というのが彼らの価値観なのだ。

ただ「意見をまとめよ」という場合、「何に対しての意見か」を明確にする必要がある。候補者の採否に関する意見であるのは明らかだが、どのようにその意見を形成するか、指針を示さなければならない。グーグルでは候補者の評価を四つのカテゴリーに分解し、すべての部門で共有している。所属がセールス、財務、あるいはエンジニアリングのいずれであるかにかかわらず、またどんな職務や地位に着くかを問わず、スマート・クリエイティブは四つのカテゴリーすべてで高い評価を受ける。四つのカテゴリーは以下のとおりだ。

【リーダーシップ】 私たちが知りたいのは、候補者がチームを動かすために、さまざまな状況で異なる筋肉をどんなふうに使ってきたか、だ。そこには自らの職務あるいは組織でリーダーシップを発揮した経験のほか、正式なリーダーに任命されていなくてもチームの成功に貢献した実績が含まれる。

【職務に関連する知識】 私たちは個別のスキルセットだけでなく、幅広い強みや情熱を持った人材を求めている。また与えられた役割で成功するのに必要な経験や経歴を持っていることも確認したい。とくにエンジニアリング部門の候補者については、コードを書くスキルや得意とする技術分野も確認する。

【全般的な認知能力】 私たちは学業成績よりも、候補者がどのようなモノの考え方をするかに興味がある。候補者がどのように問題を解決するかを理解するのに役立つような、職務関連の質問をすることが多い。

【グーグラーらしさ】 私たちは候補者の個性を見極めたいと思っている。そしてグーグルが、本当に候補者が輝ける職場なのかも確認したい。このため曖昧さへの許容度、行動重視の姿勢、そして協力的な性向がみられるかを判断しようとする。

縁故採用（あるいは昇進）は許さない

面接に関してありがちなもう一つの失敗は、採用を担当するマネジャーに判断を委ねることだ。問題は、その担当者が採用した社員の上司である期間はせいぜい数カ月、あるいは数年であることだ。人員配置が頻繁に変わるためである。しかも、ずばぬけた成功を収める組織では、個々の社員にとって誰の下で働くかより、誰とともに働くかのほうがはるかに重要だ。採用の判断の重要性を考えれば、新入社員が一年後にどうなっていようが構わないようなマネジャーの手に委ねておくわけにはいかない。

このためグーグルでは、採用の判断を採用委員会で決定する仕組みをつくった。誰かを採用するには、委員会の承認が必要だ。推薦者が誰であるかは関係ない。委員会の判断は縁故や誰かの意見ではなく、データにもとづいて決める。委員会のメンバーになる条件は、他の条件を一切排除して「会社にとって何が最適か」だけを基準に判断できること。それだけだ。委員会のメンバーは多様な視点を確保できるような構成にする必要があるが、効率的に運営できる人数にとどめなければならない。せいぜい四、五人だろう。メンバーの構成を最適化すれば、幅広い意見が得られるので、入社年次、スキル、強み、経歴の面でダイバーシティに配慮しよう（誰でも自分と似たような人を採用する傾向があるためだ）。委員会形式とはいっても、その人物を採用しようとしているマネジャーに何の権限もないわけではない。マネジャー、あるいはその部下の採用担当者は委員会の会議に出席し、候補者が次の面接に進めるか否かを決めることはできる。つまり採用の「決定権」はないが、「拒否権」はあるのだ。委員会形式をとることで、採用担当者が縁故者を合格させるのを防げる（縁故者が傑出した人材であれば話は別だが)。

二〇〇〇年代初頭、グーグルが数千人単位で従業員を採りはじめたころ、エリックとラリーとセルゲイは、新入社員の多くが優秀ではあるが、自分たちが求めているほどのレベルではなくなっていることに気づいた。各部門が「どんな」採用活動をしているかは管理できないが、「誰を」採用するかは管理できるはずだ、と三人は考えた。ラリーは、採用オファーを出す前に経営幹部が必ずそれを確認する制度を提案した。それを受けてウルス・ヘルツルが考案した採用プロセスは、数段階の採用委員会の最上段に〝ひとり委員会(メンバーはラリーのみ)〟が乗っかるヒエラルキー構造になった。こうしてラリーは数年間にわたり、すべてのオファーに目を通した。これは採用にかかわる者全員に、会社にとって採用がどれほど重要か改めて示す効果があった。このプロセスは効率より質を優先し、頭数の確保より選別を徹底することを念頭に設計された。その後、できるかぎり効率化も進めたが、当時の方針はいまも変わっていない。採用の質ほど大切なものはない。

このシステムにおいて唯一無二の価値を持つのが「採用パッケージ」だ。候補者が採用プロセスを進んでいくなかで蓄積される情報が、すべてまとめられた書類である。採用パッケージは包括的であると同時に標準化されている必要がある。採用委員会のメンバー全員がまったく同一の情報を受け取り、それが候補者の全体像を示す内容になっているようにするためだ。グーグルの採用パッケージはこうした目的（そしてすべてのオファーに目を通すラリーを満足させるという目的）を念頭に、エンジニアが設計した。基本となるテンプレートは全社共通（すべての職務、国、職位に適用される）で、必要に応じて多少手を加えられるようになっている。

完成した採用パッケージは、あふれんばかりの「意見」ではなく「データ」が詰まっているのが理想だ。両者の区別はとても重要だ。採用を担当するマネジャーや面接官は、単に意見を述べるだけでは許されない。その裏づけとなるデータを提示する必要がある。たとえば「ジェーンは優秀だから、採用すべきだ」という発言は認められない。「ジェーンは優秀だから採用すべきだ、その証拠にマッカーサー・フェローシップを受賞している」なら合格だ。〝天才賞〟と言われるマッカーサー・フェローに選ばれるような候補者はまずいないので、すべての意見の裏づけとしてデータや実証的な観察結果を添えるのはなかなか難しい。だが、そうした裏づけのないパッケージは委員会では相手にされない。

もう一つの大切なルールは、この採用パッケージは採用委員会が検討する唯一の情報源である、ということだ。パッケージに含まれていない事柄は、検討されない。このため採用パッケージを作成する人は、漏れのないように細心の注意を払わなければならない。パッケージに情報を入れずに、インパクトを高めるために委員会の場で突然持ち出す、といったことは許されない。〝奥の手〟を用意した人間は、間違いなく撃沈される（比喩的な意味で……と言いたいところだが)。採用されるのは、パッケージの内容が最もすばらしい人材であって、採用委員会に強力な後ろ盾のいる人ではない。

最高のパッケージとは、よくできた役員会議の資料に似ている。すべての主要事実が紙一枚に要約されており、その裏づけとなる資料が一式そろっている。要約にはその人物を採用するという判断の正当性を示す、客観的なデータやエビデンスがまとまっている。一方、裏づけとなる資料には、面接の報告、履歴書、過去の報酬、推薦者情報(とくに社員の紹介である場合)、その他の参考情報(大学の成績証明書、特許あるいは受賞の証書、候補者の書いた論文あるいはコードのサンプルなど)が含まれる。

採用パッケージを作成するうえでは、細部が重要だ。新卒者の大学のGPAは、アメリカの標準的な四段階評価によるものか、あるいはジュネーブ大学のように六段階評価のものか。新卒者の場合、学年内での順位も重要な情報だ。成績のインフレが進んでいるため「A」評価にはかつての価値はないかもしれないが、学年トップであることにはまだ価値がある。パッケージは短時間で読めるようにフォーマットにも工夫が必要だ。たとえば面接中の候補者の最も優れた回答と最もお粗末な回答にマーカーで印をつけて、目に留まりやすくするといった具合に。しかし、すべてをフォーマット化する必要はない。候補者が提出した履歴書は、そのままコピーしてパッケージに入れよう。どのようなタイプミスやフォーマットミス

（太字やイタリックの使い方など）をしているか、採用委員会のメンバー全員が確認できる。このようにパッケージの隅々まで注意を払うことで、委員会のメンバーに候補者の細かな情報まできちんと伝わる。

しかし、純粋な数字データばかりのパッケージも〝嘘〟をつくことはある。面接をする人には、それぞれの偏りがある。ある人にとっての「三・八」の評価は、別の人にとっては「三・九」かもしれない。この問題を解決するには、さらに多くのデータを集めるしかない。採用パッケージには面接官の過去の評価データ（実施した面接の数、評価の分散と平均点など）を必ず含め、採用委員会のメンバーが常に高い点数をつける面接官と評価の辛い面接官を認識できるようにしよう（採用パッケージにこうしたデータが含まれることがわかっていれば、面接官は評価に厳正な態度で臨み、きちんとした裏づけのある点数をつけるようになる）。

マネジャーのなかには、自分のチームのメンバーを選ぶ絶対的な権限を求める人もいる。グーグルが委員会制度を立ち上げたとき、それを嫌がり、「辞めてやる」と息巻いた人もいた。そういう人には辞めてもらって構わない。自らのチームについてそれほど強力な権限を望むような人間は、おそらく会社にいないほうがいい。独裁者的性質は、仕事のあらゆる面に顔をのぞかせるはずだ。優れたマネジャーなら、委員会を通じた採用のほうが会社全体にとって好ましいことを理解できるだろう。

同じように、誰を昇進させるかもトップダウンの経営判断ではなく委員会を通じて決めたほうがいい。グーグルではマネジャーは昇進の候補者を推薦し、審査の過程でサポーターとなることはできるが、決定権はない。理由は採用のときと同じだ。昇進の影響は全社におよぶので、その重要性を考えると個別のマネジャーに任せておくわけにはいかないのだ。昇進については採用以上に、委員会ベースのプロセスが好ましい理由がある。スマート・クリエイティブの多く（私たちの経験ではほぼ全員）が対立を避ける傾向があり、「ノー」と言うのが苦手だ。委員会の場合、昇進を拒否するのは個人ではなく、顔のない委員会である。些細な違いのようだが、これが昇進のインフレを抑えるのに驚くほど効果的なのだ。

（グーグルの人材管理については、本書には書ききれないことがまだたくさんある。もっと詳しく知りたい、あるいは採用に限らずグーグルの人事全般についての考え方を知りたいという読者には、私たちの同僚ラズロ・ボックが近々出版する著書『ワーク・ルールズ！』をお薦めしたい。人事管理の責任者を務めるラズロは同書で、グーグルの創設初期に確立されたルールが、いかにしてあらゆるチームや企業が参考にできるシステムに発展したかを書く予定だ）

採用の質を犠牲にしてまで埋めるべきポストはない

質を重視するからといって、採用プロセスに必ずしも時間がかかるわけではない。むしろ、ここまで説明してきたグーグルの仕組みは、採用を迅速化するためのものだ。面接時間は三〇分、ひとりの候補者につき最大五回まで。面接官には、面接が終わったらすぐに採用担当者に合格か不合格かを知らせるよう義務づけている。採用パッケージは、合否を最終的に決定する採用委員会が一二〇秒以内に目を通せるようにデザインされている（実際、目を通す時間はきっかり一二〇秒計っている）。こうしたルールによって、採用プロセスが迅速化し、たくさんの数をこなせるようになることに加え、曖昧さを排除できる。これは候補者にとってもプラスだ。何度も面接を繰り返し、結論を遅らせるのはフェアじゃない。あなたが採用すべきスマート・クリエイティブも、さっさとことを進めたいと思うタイプだ。

ただし、採用には絶対に侵してはならない黄金律がある。「採用の質を犠牲にしてまで埋めるべきポストはない」だ。速さか質か、という二者択一を迫られる場面は必ず出てくるが、必ず質を選ばなければならない。

破格の報酬

首尾よくスマート・クリエイティブを獲得したら、今度は報酬を払わなければならない。ケタはずれの人材には、ケタはずれの報酬で報いるべきだ。ここでも参考になるのはスポーツ界だ。傑出した選手は報酬も傑出している。プロチームでは、ベンチの端っこにすわるルーキーが数十万ドルの報酬に甘んじる一方で、スター選手が数億ドルの報酬を受けとることは珍しくない。スターにそれだけの価値があるのだろうか？　野球界の伝説、ベーブ・ルースはハーバート・フーバー大統領より年俸が高いのは正しいと思うかと聞かれて、こう答えた。「いいんじゃない？　去年は彼よりいい働きをしたと思うよ」。もう少し、合理的に説明しよう。スター選手には間違いなく、それだけの価値がある（期待どおりの働きをすれば、だが）。なぜなら傑出したスポーツ選手には、常人の何倍もの成果をもたらす稀有《けう》な力があるからだ。彼らが真価を発揮すると、とほうもないインパクトが生まれる。スター選手はチームを勝利に導き、それはビジネスの面でも大きなリターンに直結する。ファンが増え、観客が増え、ユニフォームや野球帽などグッズの売上も伸びる。要するに、チームに莫大な収入をもたらすのだ。

こんにちのスマート・クリエイティブは、プロスポーツ選手とは似ても似つかない存在かもしれないが、一つ重要な共通点がある。「とほうもないインパクト」をもたらす可能性だ。スポーツ界の一流プレイヤーと同じように、ビジネス界の一流プレイヤーにも十分な報酬を支払うべきだ。トップ選手に良い仕事をさせたいなら、彼らの能力を認めて破格の報酬を払おう。

だからといって新規採用者に言い値を払ってはいけない。むしろ報酬カーブは低いところから始めるべきだ。報酬以外の要素で最高のスマート・クリエイティブを惹きつけることは可能だ。魅力的な仕事内容、優秀な同僚、大きな責任と機会、刺激的な企業文化や価値観、そしてもちろん無料の食事やペット同伴出勤は強力な武器になる（グーグルの創業初期に入社したあるエンジニアに、ペットのイタチ同伴で出勤することを認めたところ、報酬にはまったくこだわらなかった）。ただし、彼らが入社後、抜群の働きをするようになったら、それにふさわしい報酬を払おう。インパクトが大きい人材ほど、報酬は大きくすべきだ。

一方マネジャーは、破格の報酬を支払う対象を破格の働きをした人材に限定するよう心掛けるべきだ。相手はプロフェッショナルであり、リトルリーグのコーチをするのとはわけが違う。リトルリーグなら外野に座り込んで、試合中ひたすらタンポポや四つ葉のクローバーを摘んでいるような選手でもスタンディング・オベーションとトロフィーをもらえる。すべての人間には基本的人権があり、生まれながらに平等だ。しかし言うまでもなく、それは全員が仕事において同じような能力があるという意味ではない。だから、あたかもそうであるように報酬を払ったり、昇進させたりするのはやめよう。企業は従来、経営トップに近い人々（巨額報酬を受け取るCEOなど）、あるいは取引に近い人々（投資銀行家や営業マン）の報酬を手厚くしてきた。[*105] しかしインターネットの世紀で最も重要なのは、プロダクトの優位性だ。だから当然、最も手厚い報酬を受け取るべきは、最高のプロダクトやイノベーションの近くにいる人々だ。つまり画期的なプロダクトや機能の開発に貢献した人材には、たとえ駆け出しの平社員であっても莫大な見返りで報いる必要がある。職位や入社年次にかかわらず、ずばぬけた人材にはずばぬけた報酬を払おう。重要なのは、どれだけのインパクトを生み出すかだ。[*106]

レーズンは放置し、M&Mを放出せよ

これほどの手間暇をかけ、最高のスマート・クリエイティブを獲得するための採用プロセスを整えたら、彼らはどんなふうに報いてくれるだろう？　そう、退社するのである！　これは動かしようのない事実だ。よくよく頭に入れておこう。最高の人材を採用しても、その一部はもっと良い場所があることに気がつく。ただ、これは必ずしも悪いことではない。

むしろ健全でイノベーティブなチームには避けられない副産物のようなものだ。それでも彼らを引き留めるために全力で戦おう。

スマート・クリエイティブをつなぎとめる一番の方法は、弛緩させないことだ。彼らの仕事をおもしろくする新たな方法を常にひねり出そう。アドセンスの開発に携わり、本書の冒

＊105 経済学者は通常「トーナメント理論」でこれを説明する。たいていの競争の場はトップを目指す長距離走のような仕組みで、勝者には莫大な報酬が用意されている。トーナメント理論を最初に提唱したのは以下の論文である。Edward Lazear and Sherwin Rosen, "Rank-Order Tournaments as Optimum Labor Contracts" (*Journal of Political Economoy*, Volume 89, Number 5, October 1981).

＊106 私たちも経済学者と同じように、まったく働きの違う人材に同じような報酬を支払う平等主義的な報酬システムには疑問を感じる。報酬の幅を狭くするのは、努力をしない人を優遇し、最も優秀な人のやる気を損なうのではないか。この問題についての学術的研究は以下を参照。George P. Baker, Michael C. Jensen, and Kevin J. Murphy, "Compensation and Incentives: Practice vs. Theory" (*Journal of Finance*, July 1988). 説明として考えられるのは、報酬の幅を広げると、チームの士気に悪影響をおよぼし、生産性が低下することだ。たとえば以下の論文を参照。Devid I. Levine, "Cohesiveness, Productivity, and Wage Dispersion" (*Journal of Economic Behavior and Organization*, Volume 15, Number 2, March 1991). 私たちはそうしたトレードオフを考慮しても、報酬の幅を広げる価値はあると考える。経験上、最高の人材から最高の成果を引き出すメリットのほうが、不公平感がチームにおよぼす悪影響よりはるかに大きい。たいていの社員は同僚の成功を喜び、自分も同じような報酬を得るために最高の仕事をしようと努力するものだ。

頭で紹介した〝ムカつく広告〟対策にも貢献したジョージ・ハリクが退社の意向を漏らしたとき、エリックは自分のスタッフ・ミーティングに出席したらどうか、と持ちかけた。こうしてジョージは、共同創業者とエリック直属の幹部だけが出席するミーティングに顔を出すことになり、専用のメーリングリストにも加えられた。エリックをはじめ経営陣は、エンジニアリング部門の第一線からの意見をこれまで以上に聞けるようになり、ジョージも経営について多くを学んだ。そこで見聞きしたことに刺激を受けたジョージはプロダクト・マネジメントチームに加わり、さらに二年間グーグルで働いた。エリックがスタッフ・ミーティングに誘わなければ、得られなかったはずの貢献だ。

ジョナサンも自らのスタッフ・ミーティングを管理する人手が足りなかったとき、同じアプローチを採った。通常、経営幹部はこの役割を秘書室長に任せるが、専従の室長を置くと社内政治が盛んになるだけだ。そこでジョナサンは複数のAPMに半年ごとに秘書室長の役割を任せた。通常のAPMの仕事のかたわら、自分の直属部下として働くようにしたのだ。他のAPMには、社内サイトに掲載されるサイドプロジェクトに志願するよう奨励した。たとえば二〇〇三年九月には、グーグルでプロジェクトがどのように遂行されているか、ラリー・ペイジが把握するのを手伝うスタッフが募集された。あまり楽しそうな仕事とは思えなかったが、共同創業者と仕事ができるチャンスに複数の若手APMが手を挙げた。このような特別任務を与える目的は、スタッフ・ミーティングを活性化するためでも、安い労働力を確保するためでもない。優秀な人材の日常をよりおもしろく、やりがいのあるものにすることだ。

とはいえ、おもしろいサイドプロジェクトだけでは、優秀な社員を夢中にさせ、退社を思いとどまらせるには力不足なケースも多い。とびきり価値のある人材については、その利益を組織の制約より優先しなければならない。スタンフォード大学を卒業すると同時に、共同創業者たちに採用されたサラー・カマンガーが良い例だ。サラーはアドワーズの開発に貢献し、その後プロダクト部門で数年間働いた。ただサラーをゼネラルマネジャーに昇進させ、責任を拡大すべきタイミングになったとき、社内にふさわしいポストがなかった。そこで経営陣は彼のためにユーチューブの責任者という新たな役割をつくった。似たような例は枚挙にいとまがない。優秀なスマート・クリエイティブに新しい挑戦をさせるべきタイミング、あるいは本人がそうした希望を口にしたときには、グーグルはそれを叶える方法を見いだしてきた。大切な人物にとって最適な処遇を考え、組織のほうがそれに合わせればいい。

ジョブ・ローテーションのかたちで、社員が新しい役割に挑戦できる制度をつくってしまうという手もある。ただ、やり方を間違えると、裏目に出るリスクもある。グーグルのAPM制度（マーケティングと人材部門にもそのスピンオフ版ができた）は、一二カ月ごとに強制的に配置換えをする。この仕組みは若手社員を対象にした小規模なプログラムとしては有効だが、会社全体で部署を超える配置換えを制度化するのは難しい。そこでグーグルでは日頃から職務の異動を奨励し、それをできるかぎり簡単にするとともに、マネジャーの間で日常的に話題にするようにしている。幹部は自らのスタッフ・ミーティングで議論するほか、他の部署を担当する幹部とも直接話し合う。「君のチームに異動の候補者はいるか？」「どこに行きたがっているんだ？」「そこが彼にとって最適な選択だろうか？」といった具合に。

異動の議論では、対象者が優秀な社員であることが絶対条件だ。異動させるメンバーを選ぶときのマネジャーは、ハロウィンでもらったお菓子を交換する子供と変わらない。M&Mのチョコレートは絶対に譲らず、レーズンの小袋を他人に押しつけようとする。そのマネジャーのチームには好都合かもしれないが、会社全体から見ればマイナスだ。エリックがやりがいと刺激を与えたい最も優秀な人材が、特定のチームに塩漬けにされる。会社がジョージ・ハリクをスタッフ・ミーティングに招き入れたのは、凡庸なジョージの能力をなんとか伸ばしてやろうと思ったからではない。とびきり優秀な彼をなんとか会社につなぎとめたいと思ったからだ。マネジャーにはレーズンを手元にとどめ、M&Mを放出させよう。

愛する者には旅をさせよ（ただし手を尽くしてから）

優秀な人材にやりがいのある、夢中になれる仕事を与えても、やはりもっと青い芝を求めて去ろうとする者は出てくるだろう。その場合、慰留の努力はスタープレイヤーとリーダーとイノベーター（それが同一人物とは限らない）に集中しよう。彼らを会社につなぎとめるため、手を尽くすのだ。こうした人材が退社すると、彼らを慕う部下が一緒に辞めるなど、波及効果が広がる可能性がある。報酬が理由で退社するケースはめったにないので、慰留の第一歩はじっくり相手の話を聞くことだ。退社を考える社員は話を聞いてもらいたい、必要とされ、大切にされたいと思っている。

話し合いをするとき、経営者は会社の代弁者になってはいけない（「残ってくれ！」）。退社を考えているスマート・クリエイティブの立場に立とう。社員、とくに若手は短期的思考になりがちだ（まだ学生時代のリズムが抜けていないのかもしれない）。障害に突き当たると過剰反応して、新学期を迎えるたびに成績がリセットされ、まっさらなノートとともに再スタートを切れた日々を懐かしんだりする。彼らがもっと長い目でキャリアを考えられるように、力を貸そう。もう少しここにとどまったほうが、いずれ本当に退社するときにもっと大きな成功をつかめるのではないか。退社することによる経済的デメリットをきちんと検討したのだろうか。明確な資金計画はあるのか、退社によって失うものを本当に理解しているのか――。退社を考える理由に耳を傾け、会社にとどまりながらダイリチウム結晶〔訳注：《スター・トレック》に出てくる宇宙船の燃料〕を補充する方法を一緒に考えてみよう。相手が話し合いを続ける気になったら、会社にとどまった場合のキャリア開発プランを提示しよう。そうすれば会社の成功だけでなく、スマート・クリエイティブの成功を真剣に考えている姿勢を伝えることができる。

ずばぬけて優秀なスマート・クリエイティブは、自ら起業するために退社を考えることが多い。それを思いとどまらせようとするのはやめ、「エレベーター・ピッチ」をさせてみよう（「エレベーター・ピッチ」というのはベンチャー・キャピタル業界の用語で、「投資家をうならせるような事業プランを三〇秒で説明する」という意味だ）。「君の戦略的基盤は何だい？」「どんな文化をつくるつもりだ？」「私が投資家だったら、何を言う？」といった質問をぶつけて、満足な返事が返ってこなかったら、まだ起業の準備は整っていないサインだ。私たちならそういう場合、会社にとどまり、仕事を続けながら自分のアイデアを育てていくようアドバイスする。グーグルが出資したいと思うようなアイデアが固まったら、快く送り出してあげるよ、と（出資はしないかもしれないが！）。これはなかなか断りがたい申し出で、多くの優秀な人材をつなぎとめるのに効果を発揮してきた。

また優秀なスマート・クリエイティブが、すでに他の会社から魅力的なオファーを受け取っているケースもある。なかには「××をしてくれなければ、退社する」といった脅迫的態度で交渉してくる者もいる。その場合、勝負はすでについている。脅迫的態度をとるのは、いまの会社への愛着がなくなっていることの表れで、たいてい絆を取り戻すのは困難だ。しかし、まだ絆が残っていて、カウンターオファーを出したいという場合には、とにかく急いだほうがいい。できれば一時間以内に出そう。それ以降になると、相手はもう新しい会社に移る心の準備を始めてしまう。

そして言うまでもないが、大切なスマート・クリエイティブにとって退社するのが本当に最高の選択肢である場合には、送り出してあげよう。ジョナサンのアップル時代の同僚で、リンクトインの共同創業者兼CEOであるリード・ホフマンの言うとおりだ。「仕事を辞めるからといって、従業員との関係まで終わりにする必要はない。大切な従業員が退社すると言ってきたら、まずは慰留しよう。次に新しい仕事での成功を祈り、会社のOB・OGネットワークに温かく迎え入れよう」[*107]

---

*107 Reid Hoffman, Ben Casnocha, and Chris Yeh, "Tours of Duty: The New Employer-Employee Compact" (*Harvard Business Review*, June 2013).

かつてグーグルに、ジェシカ・ユーイングというとても優秀な若手プロダクト・マネジャーがいた。iグーグル（ユーザがグーグルのホームページをカスタマイズするためのツールで、二〇一三年に終了した）の立ち上げに貢献し、その後も活躍が期待されていた。だがジェシカには、作家になりたいという強い情熱があった。「君のキャリアがこれからどんな軌道を描くか、考えてみたかい？　まだストックオプションの権利も獲得していないじゃないか」と私たちはアドバイスした。それでも熟慮の末、ジェシカは退社した。ジェシカ、しばらく音沙汰がないけれど、作品はまだかな？

解雇はつらいよ

自分がクビになるほどではないが、誰かをクビにするのもとてもつらいことだ。経験者なら、哀れな社員を呼び出し、「もう会社に置いておけない」と告げるのがどれほど難しいことかわかるだろう。すでに社員のほうでそれを予想していて、穏やかに受け止めるケースもあれば、逆上して手当たりしだいモノを投げはじめる者もいる。腹いせに経営者を悩ませようと、労働法を盾に訴えてくる者もいる。性格的な強さ、自信、大胆さなど、スマート・クリエイティブの魅力的な要素が、問題児を解雇する際には大きな障害となる。だから、しっかり胸に刻んでおこう。ダメ社員を解雇するような不愉快な事態を避けるには、最初から彼らを採用しないのが一番だ、と。だからグーグルでは、採用プロセスを厳格にすることで偽陰性（本当は採用すべきだったのに、採用しなかったケース）が出るほうが、偽陽性（本当は採用すべきではなかったのに、採用したケース）が出るより好ましいと考えている。

あなたの会社の採用はどうか、テストしてみよう。下位一〇％の社員を解雇し、代わりに新規採用者を迎え入れたら、組織全体のパフォーマンスは改善するだろうか。そうだとすれば、そのような質の低い社員を合格させてしまった採用プロセスを見直し、改善する方法を検討したほうがいい。もう一つ、テストがある。退社したいと言われても、懸命に引き留めようと思わない社員はいるだろうか。もし辞めてもいいと思う社員がいるなら、おそらく辞めさせたほうがいいだろう。

最後にひと言。他人をクビにするのが好きな人もいる。そういう人間には注意したほうがいい。解雇は恐怖の文化を醸成し、それは間違いなく組織を蝕む。「できないヤツはクビにすればいい」と言うのは、採用プロセスの適正化に十分な時間をかけない言い訳に過ぎない。

グーグルの「採用のおきて」

●自分より優秀で博識な人物を採用せよ。学ぶもののない、あるいは手強いと感じない人物は採用してはならない。

●プロダクトと企業文化に付加価値をもたらしそうな人物を採用せよ。両方に貢献が見込めない人物は採用してはならない。

●仕事を成し遂げる人物を採用せよ。問題について考えるだけの人物は採用してはならない。

●熱意があり、自発的で、情熱的な人物を採用せよ。仕事がほしいだけの人物は採用してはならない。

●周囲に刺激を与え、協力できる人物を採用せよ。ひとりで仕事をしたがる人物は採用してはならない。

●チームや会社とともに成長しそうな人物を採用せよ。スキルセットや興味の幅が狭い人物は採用してはならない。

●多才で、ユニークな興味や才能を持っている人物を採用せよ。仕事しか能がない人物は採用してはならない。

●倫理観があり、率直に意思を伝える人物を採用せよ。駆け引きをしたり、他人を操ろうとする人物を採用してはならない。

●最高の候補者を見つけた場合のみ採用せよ。一切の妥協は許されない。

キャリアの選択――F-16を選べ

私たちはよくキャリアについてアドバイスを求められる。駆け出しの起業家や大学を卒業したての〝ヌーグラー〟から頭角を表しはじめたスター経営者まで、誰もが自分のキャリアをどのように構築していくべきか、知りたいと思っている。たとえば母校の卒業式でスピーチをする栄に浴したら（プリンストン大学とクレアモント・マッケナ大学のみなさん、聞いてますか？）、きっとこんなことを話すだろう。

●キャリアはサーフィンのように

ジョナサンはビジネススクールの学生だったころ、プロダクト・マネジメントに関心があったので、その仕事ができそうな企業二社の説明会に出かけた。一社はシャンプーや家庭用洗剤などを製造する大手消費財メーカーだ。そこでは消費財業界のプロダクト・マネジメントは科学だ、と説明された。土台となるのはフォーカスグループやプロダクトの売れ行きなど具体的なデータである。担当者は「バックミラーを確認しながら車を走らせるようなものだ」と言った。もちろん、それを優れた手法と考えての発言である。

次にジョナサンは、シリコンバレーの大手ハイテク企業の説明会に行った。「シリコンバレーのプロダクト・マネジメントは、F-16戦闘機で巨岩がごろごろしている荒野を高度二メートル、マッハ二で飛び回るようなものだ。しかも墜落したって、アーケードゲームで負けたぐらいのショックだ。コインは山ほどあるしな」。そいつはいいや！　最高の業界とは、ポケットいっぱいのコインを持ってF-16戦闘機を飛ばせるところだ。もちろん墜落しないように最善を尽くしながら。

ビジネスにおいて、とくにハイテク業界においては、優れた仕事をするだけでは成功できない。巨大な波を少なくとも一つはとらえ、岸まで乗っていかなければならない。大学を卒業し、社会に出ようとする若者は、まずどの会社で働くかを考え、次にどんな仕事をするか、そして最後にどの業界で働くかを考える傾向がある。だが、キャリアの出発点においては、この順序はまるきり逆であるべきだ。一番大切なのは、正しい業界を選ぶことだ。なぜなら長いキャリア人生のなかでは何度か転職する可能性が高いが、別の業界に移るのはとても難しいからだ。業界はサーフィンする場所（北カリフォルニアなら間違いなくマーベリックスが最高だ！）、企業は波だ。常に最大かつ最高の波が来る場所に身を置くようにしよう。

企業の選択を誤ったり、あるいは最初の波（就職した会社）で厄介な上司に出会ってしまったりしても、すばらしい波が続々来るような業界にいるならまだ希望はある（サーフィンのたとえはこのくらいで）。反対に、キャリアの出発点で間違った業界を選んでしまうと、社内で成長する機会は限られている。上司も居座る可能性が高く、他の企業への転職を考えても売りになるスキルは身に着かない。

さいわいインターネットの世紀の地殻変動によって、サーフィンに適した業界が山ほど生まれている。大きな成長が見込めるのはインターネット企業だけではない。エネルギー、製薬、ハイテク製造業、広告、メディア、エンタテインメント、家電なども有望だ。一番おもしろいのは、プロダクトサイクルの回転が速くなっている業界だ。それによって破壊的変化のチャンスが増え、フレッシュな人材が活躍する機会も多いからだ。だがプロダクトサイクルが長いエネルギーや製薬のような業界でも、とほうもない変化や機会が待ち受けている。

報酬面では、駆け出しのころはストックオプションなど株式関連の報酬は限られている。だから特定の企業に賭けるより、正しい業界で専門能力を磨くほうが大きなリターンにつながる。経験（そして年齢！）を重ねると、今度は正しい波（企業）を選ぶほうが重要になる。その段階では、報酬パッケージに占める株式の割合が増える可能性が高いので、優先順位が逆転するのだ。

●技術の目利きを探せ

正しい業界を選んだら、次は会社を選ぶ番だ。そのときは〝技術の目利き〟の意見をよく聞こう。これは一般人が気づく前に、技術の方向性やそれが業界に与える影響を見通す力を持った天才的なスマート・クリエイティブである。ビル・ゲイツとポール・アレンは、半導体とコンピュータの価格が低下し、コンピューティングの未来を握るのはソフトウェアになることを見抜いたうえで、マイクロソフトを創業した。チャド・ハーレイはビデオカメラと回線容量とストレージの価格下落によって動画エンタテインメントの在り方が変わることを見通し、ユーチューブを創業した。リード・ホフマンはウェブの人と人とを結びつける力がプロフェッショナルにとって重要な意味を持つと考え、リンクトインを立ち上げた。マーク・ベニオフは強力なソフトウェアが活きる場所はクラウドであることを見抜き、その考えに基づいてセールスフォース・ドットコムを起業し、ドットコムバブル崩壊のなかでもまったく揺るがなかった。スティーブ・ジョブズはコンピュータを消費者が身にまとう時代が来ると予想した。技術と時代がジョブズに追いつくまでに二〇年かかったが。

技術の目利きを見抜くにはどうすればいいか。一つは経歴に注目することだ。技術の目利きは、それを正式な仕事にするはるか以前から、技術への嗅覚や起業家精神の片鱗を見せているケースが多い。リード・ホフマンが初めての仕事を得たのは一二歳のときだ。ゲームソフトのメーカーに、ゲームの改善案を説明書のコピーに書き込んで送ったことがきっかけだった。*108 別に仕事を探していたわけではなく、単にゲームをもっと良くしたかっただけだ。マーク・ベニオフは一五歳で初めてコンピュータ・プログラム（プロダクト名は〝How to Juggle〟）を売り、当時人気のあったコンピュータ「アタリ800」向けのゲームを開発する会社を起業した。ラリー・ペイジはレゴでプリンタをつくっていた（低解像度のドットマトリクス方式ではあるが、それでも立派）。

以上は有名な例だが、これほど知られていなくても洞察力に定評がある人はたくさんいる。彼らこそ、一番いい場所で最高の波をとらえる人々だ。そんな目利きを見つけ、目を離さず、その言葉に耳を傾けよう。

●キャリア計画を立てよう

キャリア開発には、努力と入念な計画が必要だ。自明なことだが、私たちのところに来る相談者のなかで、それができていない人があまりに多いのには驚かされる。ジョナサンはその場合、お気に入りのトム・レーラーの言葉――「人生は下水管のようなものだ。何が出てくるかは、何を入れるかで決まる」[*109]――とともに、キャリア計画のエクササイズ一式を渡す。そして、真剣にエクササイズをこなしたら、サポートすると約束する。

キャリア計画をつくるための簡単なステップを紹介しよう。

まず、現在ではなく五年後の自分にとって理想の仕事を考えてみよう。どこで、何をしていたいか。いくら稼いでいたいか。仕事内容を書き出そう。たとえばその仕事を転職サイトに載せるとしたら、どんな説明になるだろう。今度は時計の針を四〜五年進めてみよう。あなたはその理想の仕事に就いている。その時点の経歴書は、どんな内容になっているだろう。その理想の職に就くために、その間あなたは何をしたのだろう。

理想の仕事を念頭に置きながら、自分の強みと弱みを評価してみよう。そこにた

*108 Evelyn Rusli, "A King of Connections Is Tech's Go-To Guy," (*New York Times*, November 5, 2011).
*109 Tom Lehrer, "We Will All Go Together When We Go," *An Evening Wasted with Tom Lehrer* (Marathon Media, 2010).

どりつくために、どんなスキルを磨く必要があるのか。この作業には他の人からのインプットが必要だ。上司や同僚の意見を聞いてみよう。最後に、どうすればその仕事に就けるのか。どんなトレーニングや実務経験が必要だろう。

ところで、考えた結果、理想の仕事はいまの仕事だという結論に達したなら、それはあなたの野心が小さすぎるということだ。もう一度エクササイズをやり直し、安易に手に入るようなものではなく、少し背伸びした目標を考えてみよう。

このステップを実践すれば、きっと効果がある。やらなければ、ヨギ・ベラの名言を実践することになる。「目的地がどこかわからないときは、注意したほうがいい。おそらくそこにはたどり着けないから」[*110]

●統計学は二一世紀を生き抜く武器

統計データほどセクシーなものはない。積極的に使いこなそう。インターネットの世紀で最高に魅力的な仕事には、必ず統計学が必要になる。それは限られたオタクの世界に限らない。ハル・バリアンは「個人にとって間違いのない選択肢は、値下がりしているモノと補完性のある分野で専門性を磨くことだ」と指摘している。値下がりしているモノと補完性のある分野で専門性を磨くことだ」と指摘している。データは、それを処理するコンピューティング能力とともに、確実に値下がりしている。私たちはビッグデータの時代に生きている。ビッグデータを理解するには、統計のプロが必要だ。データの民主化は、それを分析できる者が勝者となることを意味している。データは二一世紀の剣であり、それを使いこなせる者がサムライだ。だから戦士たちよ、剣を研げ。統計学を身に着けるのだ。

「数字は苦手なんだけど……」という人もいるかもしれない。とくに後ろのほうに座っている、派手なカラーシャツを着たそこの君。だが心配はいらない。希望はある。適切な質問を投げかけ、その答えを解釈する能力も、答えそのものを導き出すのと同じぐらい重要なスキルだ。どんな業界で働いていようとも、適切なデータを適切に処理することが、正しい意思決定にどのように役立つかをきちんと理解する必要がある。数字が得意な人々にどんな質問をするべきか、またその答えを活用する最適な方法は何か、学習しよう。数字に強くなくても、賢明な選択のための数字の使い方を習得することは可能だ。

＊110 Yogi Berra, *The Yogi Book: I Really Didn't Say Everything I Said!* (Workman Publishing, 1998), page 102.

●資料を読む

たいていの企業には、膨大な文書化された情報がアーカイブされている。そのなかで最良のものを選び出し、読んでみよう。グーグル社内で私たちにアドバイスを求めてくる人がいると、二〇〇四年のＩＰＯのときに共同創業者たちが書いた手紙や、その後エリックとラリーが書いた社内向けの戦略メモに目を通すよう勧める。そこにはグーグルの価値観や戦略が、最も明快かつ簡潔に書かれている。だが、忙しいのでそんなものを読んでいるヒマはない、と思っている人が多い。それは大きな誤りだ。

また、社内の資料だけで満足する必要はない。ウェブには大量の情報があり、二束三文のものもあるが、すばらしい情報もたくさんある。さまざまなツールを駆使して、自分が尊敬する筆者やサイトを活用する方法を考えてみよう。同じような価値観を持つ優秀な人たちとサークルを立ち上げ、おもしろい本や記事の情報を交換しよう。どんな分野でも、他の人々に一歩先んじる最高かつ最も簡単な方法は、それについて知識を深めることだ。最適な方法は、文献を読むことである。忙しくてモノを読む時間などないと言う人は多いが、それは自分の仕事について知識を深めることを重視していないと言っているのと同じだ。自分の仕事について、誰よりも多くの資料に目を通しているのは誰か、ご存じだろうか。経営者である。だから経営者的な発想に切り替え、資料を読もう。

●エレベーター・ピッチを準備する

あなたが廊下で上司の上司と顔を合わせ、いまどんな仕事をしているのか、と聞かれたとしよう。いっそのこと、CEOにしてしまおう。あなたはどう答えるだろうか。これは単なる質問のための質問ではない。いますぐ、やってみよう。持ち時間は三〇秒だ。

うーん、あまり感心しない。おそらくエレベーター・ピッチは練習していなかったのだろう。練習しよう。エレベーター・ピッチでは、あなたがいま取り組んでいる仕事、その根底にある技術的アイデア、想定される成果（とくに顧客にとってのメリット）、それが会社全体の事業でどのような役割を果たすか、といったことを説明しなければならない。すべてについてよく考え、自信を持って話せるように練習しよう。

求職中の人もエレベーター・ピッチは用意すべきだ。経歴書を要約するのではなく、その最もおもしろい部分を抽出し、自分がどんな仕事をしたいか、どのようなインパクト（顧客や会社にとってのメリット）を生み出せるかを語るのだ。他の誰でもなく、あなたにしか語れない内容は何か。

●海外に出よ

個人は特定の地域にしばられがちだが、企業はその規模や業務内容にかかわらず常にグローバルなものだ。だからあなたがいまどこにいるか、また出身がどこであるかにかかわらず、機会があれば常に外へ出よう。どこか別の場所で生活し、働くのだ。勤務先が大企業なら、国際的な任務に志願しよう。きっとマネジャーは歓迎し、あなたの従業員としての価値は高まるだろう。

仕事で海外に出ることができない場合は、旅をしよう。そして海外に出かけたら、世界をあなたの顧客の目で見てみよう。たとえば小売業で働いているなら、地元の店をいくつかまわってみるのだ。メディアで働いているなら、地元の新聞を買ったり、ラジオをつけたりしよう。せっかく海外に出張したのに、空港からホテルまで乗ったタクシーの運転手との会話以外、何の知識や情報も得ずに帰ってくる人があまりにも多い。そうした運転手たちが、自らのグローバル企業の経営戦略への影響力を知ったら驚くだろう。

●情熱と仕事を結びつける

私たちの誇る元同僚、シェリル・サンドバーグの言葉を引用しよう。「自分の情熱と仕事を結びつけることができるのは、究極の贅沢です。そして間違いなく幸せにつながる道でもあります」[*111]。まさにそのとおりだ。仕事に「惚れ込んで」おらず、単に「好き」というぐらいでは、能力を最大限発揮し、成功をつかむことはできないだろう。言い古された言葉だが、真実である。情熱と仕事を結びつけることは贅沢だという指摘も的を射ている。お金がかかるという意味ではなく、なかなか手に入らないものなのだ。たいていの人は自分の情熱が何かわからないか（キャリアの出発点で自分が何に情熱を感じるかわかっている人がどれだけいるだろう）、わかっていても手が届かない（あなたが情熱を感じるのは木彫りの人形づくりでも、世界が必要としているのはエンジニアで、あなたの妻子が望んでいるのは安定した収入かもしれない）。

私たちがこのテーマをキャリアアドバイスの冒頭ではなく、最後に挙げたのはこのためだ。自分が情熱を持てるものを見つけるのは、必ずしも簡単ではない。社会に出る時点では、情熱どうこうより、単に仕事があるだけで満足かもしれない。そ

*111　二〇一一年五月一七日に行われたバーナード・カレッジ卒業式におけるシェリル・サンドバーグの祝辞。

してキャリアを積んでいくうちに、そこが思っていたような刺激的な舞台ではないことに気づくのだ。おそらく情熱と満足のいく仕事の、どちらも見つけられずに。すべてを捨ててやり直すこともできなくはない。「やあ、ぼくだ。ところで今日仕事を辞めて、モンタナに農場を買ったよ」なんて電話をしたら、家族はどんな反応をするだろう?

もっと堅実なやり方もある。軌道修正するのだ。「生まれ変わったら就きたい仕事」に近く、それでいて現在のキャリアパスからでも手の届く「五年後の理想の仕事」を考え、ゴールに設定してみよう。適切なゴールを設定するという簡単な作業によってキャリアを好転させた人たちを、私たちはたくさん見てきた。

意思決定

「コンセンサス」の本当の意味

二〇〇九年一二月、グーグルがハッカー攻撃を受けていることが発覚した。ハッカーの攻撃自体はとくに珍しくはない。というより日常茶飯事だ。だがそのときは様子がまったく違った。攻撃のレベルの高さも目的も、それまで経験したものとはケタ違いだった。犯罪者（犯罪組織といったほうが適切だろう）はどういうわけかグーグルのサーバにアクセスする方法を突き止めていた。それまでの攻撃はサービスを妨害したり、サイトを閉鎖させたり、ユーザがアクセスしにくくするのを目的としていた。だが今回の敵が狙っていたのは、私たちの機密情報だった。

セルゲイ・ブリンは即座に攻撃の阻止と、サーバに侵入した組織の正体と手法の解明に乗り出した。数時間のうちにとびきり優秀なコンピュータ・セキュリティの専門家をかき集め、マウンテンビューの本社近くのビルに招集した。対策チームはそれから一～二週間で、攻撃の状況をリアルタイムに監視できるシステムをつくりあげた。その結果明らかになったのは、背筋が寒くなるような事実だった。ハッカーは単に知的財産を盗んでいただけでなく、人権活動家のものを含むGメールのアカウントにアクセスしようとしていた。しかも攻撃の震源地は最も急速に成長している経済大国、中国だった。

グーグルが中国市場に参入したのは、その五年半前の二〇〇四年半ばだ。経営的に言えば、中国に参入するのは当然の判断だった。世界最大の人口と数千万人（現在は数億人）のインターネット・ユーザを擁する巨大市場であり（いまもそうだ）、経済は急成長を続けていた。検索市場には百度（バイドゥ）という強力な国内プレイヤーのほか、ヤフーも台頭していた。ラリーとセルゲイは中国を訪問し、そこで生まれつつあるイノベーションや活力に圧倒された。ふたりは常に世界トップクラスのエンジニアの獲得に意欲を燃やしており、中国にはそういう人材が山ほどいた。*112

だが、あらゆる経営指標が中国参入を強力に支持していたとはいえ、「邪悪になるな」という企業理念に照らすと、そうとも言い切れなかった。中国ではインターネット上の情報の流通は自由ではなかった。グーグルも身をもってそれを学んでいた。普段、中国の人々はア

---

*112 グーグルが中国に最初のエンジニアリング・センターを開設したのは二〇〇五年である。

メリカ版の「Google.com」に自由にアクセスし、何の制限も受けずに検索結果を入手することができる（使用言語は英語だが）。だがときどき中国からのトラフィックはゼロになり、「Google.com」にアクセスしようとするユーザが百度（の検閲済みの検索結果）に誘導されることもあった。グーグルが中国のためにローカライズしたサイトをオープンすることは、中国の人々にとって好ましいことだろうか？　そのために同国の規制に従い、グーグルの文化や理念とは本質的に矛盾する中国政府の検閲に加担することになったとしても？　現地法人を設立すれば情報へのアクセスを向上させ、中国で活動する他の検索エンジンの問題行為や（不透明な）サービスを浮き彫りにできるだろうか？

検討を始めた当初から、セルゲイ・ブリンは「中国にはかかわるべきではない」というスタンスだった。幼少期に家族とともに旧ソ連からアメリカに移住してきたセルゲイは、共産主義体制の経験者として、絶対に中国の体制に加担するようなことはしたくないと考えていた。だがエリックのスタッフの多くは、セルゲイに反対し、事業的思惑と、中国の情報流通のあり方を変えたいという希望から、経営陣の判断は中国参入へと傾いていった。当時、アジア事業の責任者を務めていたスキンダー・シン・カシディの動きは速く、数カ月の間にグーグル中国支社を設立した。私たちは北京に事業所を設立した。またしぶしぶ中国内の検閲規制に従うことを決めたが、少しひねりを加えた。検索結果がブロックされた場合は、それをユーザに知らせることにしたのだ。検閲で問題ありとされた情報にアクセスすることはできないが、少なくとも検閲があった事実はわかるようにしたのだ。*113

意外だったのは、検閲を求められた項目の多くは、明文化された法律には何ら違反することのないコンテンツだったことだ。政府機関同士の対立に関するもの（ある政府機関が別の機関の公式声明を検閲するなど）、ネット上で広まりつつあるスキャンダルを抑えるためのものもあった。たとえば、北京の中央電視台（CCTV）のきらびやかな新本社ビルが、ややわいせつなイメージにもとづいて設計されている、という噂が流れたことがある。このためグーグルは「CCTV」「性器」「ポルノジョーク」などに関する検索を検閲するよう要請され、それに従った（たったいま、この三つの言葉をググった人にひと言。①みっともない、②職場でやったのではないことを祈る！）。

二〇〇六年一月には中国内にサーバを設置し、ローカライズした中国版サイト「Google.

*113 このやり方には参考となる例があった。アメリカが一九九八年に制定した「デジタル・ミレニアム著作権法」では、著作権者はウェブサイト（グーグルの場合はユーチューブやブロガーなどの保有サイト）に対し、自らの著作権を侵害するおそれのあるコンテンツが表示された場合に通告できるようになった。著作権者からの削除要請に従ってコンテンツを削除した場合、グーグルはその事実をユーザに伝えるようにしている。

cn」のサービスも開始した。数カ月後にはエリックがプロモーションのために北京を訪れた。ある記者会見ではなぜか毛沢東とホーチミンが写った写真の真下に座ることになり、グーグルの中国参入を複雑な思いで見ていたアメリカのメディアはここぞとばかりに飛びついた。ただ、この不運なスタートとは裏腹に、事業は順調に立ち上がった。現地採用したエンジニアの力で、プロダクトは格段に良くなり、二〇〇六年から二〇〇九年末にかけてトラフィックと収益は着実に伸びていった。

だがハッカー攻撃によって、それまでのすばらしい進展に突然、赤信号が点った。エリックはずっと、中国で事業をすることは経営的に正しい判断であるだけでなく、道徳的にも正しいと考えてきた。セルゲイは最初から反対の立場だったが、ラリーはエリックに賛成していた。だがハッカー攻撃を受けて、ラリーの考えは変わりはじめていた。「この状況は邪悪だし、止まらないだろう。むしろ嫌がらせはエスカレートする可能性が高い」とエリックに語った。その見方にはエリックも同意したが、結論が中国からの自発的撤退だというのには驚いた。ふたりの共同創業者はいまや、「Google.cn」の検索結果を検閲することに断固反対の立場になった。

リーダーにとって、意思決定ほど難しい仕事はない。「決断」の形容詞として「困難な」がよく使われるのはこのためだろう（最近は「困難な愛」という表現もよく使われるが、その実践法については本書では割愛する）。中国を去るという決断は、グーグルの意思決定の方法や仕組みを象徴的に示す事例といえる。戦略を立て、適切な人材を採用し、ユニークな企業文化を醸成するというのはすべて、「意思決定」というあらゆる事業と経営者にとって最も重要な活動のための準備なのだ。

組織はそれぞれのヒエラルキー構造によって、異なる意思決定の方法を採る。アメリカ海兵隊（トップダウン式）の方法はシンプルだ。ひとりが「あの山を攻めろ！」と命令すれば、全員一斉に山を攻める。「ここの指揮官はひとりだ、だからつべこべ言わずに全員ヘルメットをかぶって出撃しろ！」というわけだ。大企業（官僚的）の多くは、最適な行動を決定する前にはるかに多くの分析を行う。必要なデータはそろっているか？　アナリストはそれを分析したか？　予測売上高やEBITDAは計算したか？[*114]　何週間かが過ぎ、季節が変わっても、山はそのまま放置されている。「次の四半期には、あの山の奪還を目標に含めよう」などと言いながら。そして先進的なベンチャー企業（コンセンサス型）では、CEOが一番大切なのは従業員なので、決定は合議制にしよう、と言い出す。全員に発言権があり、議論は平等で、温かく、永遠に終わらない。「みんなちょっと力を抜いて、カプチーノでも飲みに行こうよ。三〇分後にまた集まって、山の観点から見たいまの状況を話し合うことにしよう」

結局、正しいのはどれか。トップダウン式の海兵隊か、官僚的な大企業か、それともコンセンサス型のベンチャー企業か。インターネットの世紀には事業環境の変化が加速するので、意思決定には迅速さが求められる。この点では海兵隊方式に分がある。ただ要求の厳しく、情報量の豊富な顧客が増え、競合も激化する状況では、できるだけしっかりとした情報を踏まえて意思決定をする必要がある。この点では大企業に軍配があがる。そしてスマート・クリエイティブのチームをうまく運営するには、全員に発言権を与えなければならない。そうだよね、ベンチャーのみなさん？　このように、もちろんどの方式も正しい。だが同時に、どれも間違っている。

正しい意思決定のあり方を考えるうえでまず理解すべきは、正しい選択をすることだけに集中していてはいけない、ということだ。判断に到達するプロセス、タイミング、そして判断を実行に移す方法も、判断の内容そのものと同じくらい重要なのだ。そのどれか一つでも欠ければ、おそらくまずい結果になるだろう。また意思決定すべき事柄は次々と出てくるので、そのプロセスに問題があると弊害はとめどなく広がっていく。

二〇〇九年一二月の後半を通じてセルゲイと対策チームが調査を続けるなか、エリックはグーグルの歴史上、最も重大な意思決定が間近に迫っていることを感じていた。エリック自身は中国市場にとどまるのが会社にとって一番良いと考えていたが、共同創業者ふたりがそれに反対の立場であることもわかっていた。ふたりはグーグルが中国市場で活動しても政府による検閲を変えられず、検閲に加担するのは一切ごめんだと考えていた。ふたりの考えを変えるのは難しそうだったので、エリックは目標を変えた。重要なのは単に会社にとって最適の決定をすることではなく、一番いいかたちで決定を下せるようにプロセスを調整することだ、と。危機はこれからも起きるだろうし、重要な意思決定を迫られる場面も出てくるだろう。エリックの直属の部下としてグーグルの経営に携わっているスマート・クリエイティ

＊114　財務担当が予測売上高やＥＢＩＴＤＡ（金利・税金・償却前利益）を計算するのは当然のことであり、それに対してとくに不満があるわけではない。

ブたちは、今回の一件への会社の対応に注目し、その方法を学ぼうとしている。最終的結論が自分の望むものにはならないことがほぼ確実だったので、これはエリックにとってとくに難しい挑戦になりそうだった。

セルゲイと対策チームは、年明け早々には攻撃の出所と規模について最終的な結論を下したが、その内容はおぞましいものだった。ハッカーはグーグルのソースコードを盗もうとしただけでなく、中国の複数の反政府活動家のGメールを盗み見ようとしていたのだ。セルゲイは攻撃の事実とグーグルの対応を直ちに発表すべきだと主張した。その点について反対はほとんどなかった。一月第一週に行われたエリックのスタッフ・ミーティングで、セルゲイはハッカー攻撃への対応として、中国政府の検閲方針に従うのをやめるべきだと強く主張した。たとえ当局に中国版サイトを閉鎖され、それまでの中国市場での努力が水泡に帰す可能性が高くても、検索結果のフィルタリングをやめよう、と。この発言をするとき、セルゲイは立ち上がっていた（普段は自慢のローラーブレードをはいているときしか立ち上がらないのだが）。出張中であったため、ビデオ会議システムを通じて出席していたエリックは、出席者に次のミーティングまでにすべてのデータを検討し、会社のとるべき行動について自分の意見を用意してくるように伝えた。

事態の緊急性から、エリックは次のミーティングをその週の日曜午後に招集した。二〇一〇年一月一〇日、午後四時である。冒頭、セルゲイは一時間以上にわたって状況を詳細に説明した。そして週前半の会議での主張をもう一度繰り返した。グーグルは検索結果の検閲をやめるべきだ。エリックにはラリーがセルゲイの側についていることがわかっていたので、結論は決まったも同然だった。しかし、出席者全員の意見を聞き、票を投じさせることに重要な意味があった。幹部全員がそれぞれの見解にかかわらず、最終的な決定のもとに結束し、それを支持しなければならないからだ。このためミーティングは数時間続いた。事実を詳細に検討し、長い、ときには白熱した議論を戦わせた。ようやくエリックが採決を求めた。会議室のムードは明らかにセルゲイの立場寄りで、採決の必要もなかったぐらいだ。だがエリックは、メンバーに自分の立場を記録に残す機会を与えることを重視していた。中国市場からの撤退は、今後数百年にわたって同国とかかわりを持てなくなることを意味する、というエリックの見方に賛同した者もいた。だが大多数は、中国の現体制は持続不可能なのでいずれ政府の行動は変わり、グーグルに再参入のチャンスが来るはずだというセルゲイの意見に賛成した。

疲れ切ったメンバーが午後九時近くに達した結論は、即撤退というものではなかった。そうではなく、できるかぎりの透明性をもってハッカー攻撃の事実を公表することにした。私たちの知るかぎり、同じような攻撃を受けた数多くの企業のなかで、詳細を公表したのはグー

グルだけだ。そのうえで中国版サイトの検閲を停止する計画を発表するのだ。直ちに検閲をやめるのではなく、最高法務責任者のデビッド・ドラモンドがブログに書いたように「合法的に無検閲の検索エンジンを運用する可能性について、中国政府と協議する時間」をとることにした。翌月曜日、エリックはこの決定を取締役会に諮り、二〇一〇年一月一二日火曜日に発表した。

発表した日の朝、グーグルの北京事務所には中国政府の高官から複数の電話がかかってきた。これは何かの冗談か、と。こう言った人物もいる。こんなことをする企業はない。みんな黙って消え去るだけだ。

だが、私たちは黙って消え去るつもりはなかった。衆目のなかで中国政府に最後通牒を突きつけたのであり、エリックにはその結果何が起きるかはっきりわかっていた。グーグル側の新たな立場と中国の法律の両方を満たすようなソリューションを探るため、中国当局と協議を続けることになるが、おそらく失敗に終わるだろう。グーグルが今回公にした立場を譲ることはなく、中国が法律を撤廃する可能性もない。こうして予想どおり、グーグルは三月に中国版サイトの検索を終了する計画を実行に移した。同サイトを訪れたユーザは、香港版（Google.com.hk）に誘導されるが、検索結果は中国の〝金盾《グレート・ファイアウォール》〟にブロックされることになる。トラフィックは激減した。

二〇一〇年一月一五日のＴＧＩＦは、中国問題の話題で持ちきりだった。セルゲイと対策チームは何が起きたかを詳細に解説し、さらに経営陣が今回の決定を下した経緯を説明した。だがセルゲイが語りはじめる間もなく、出席していたグーグラーは経営陣の決定にスタンディング・オベーションを送った。ただ言うまでもなく、中国の社員の反応はまったく違った。職を失うことだけでなく、身の安全に不安を感じていたのだ。中国支社の士気を取り戻し、この困難な時期にスタッフの安全を確保し、やる気とサービスの質を維持できたのは、エンジニアリング部門のトップであるアラン・ユスタスと一部の献身的な中国人社員のおかげである。結果的に、中国をめぐる決定は世界中のグーグラーからの熱い支持をもたらし、またそれに到達するための思慮深いプロセスによって困難な意思決定を下す際の基本ルールが再確認された。

データに基づいて決定する

インターネットの世紀がもたらした最も重大な変化の一つは、事業のほとんどの側面を定量的に把握できるようになったことだ。従来の意思決定は主観的意見や事例《アネクドート》にもとづいていたが、いまでは主にデータが判断材料となった。グーグルのようなハイテク企業は個人を識別できないデータを携帯電話から集めて、リアルタイムに正確なトラフィック情報を提供する。ロンドンの水道管には数千個のセンサーが取りつけられた結果、漏水を二五％減らすことができた。[*115] 畜産農家は牛にセンサーを取りつけ、健康状態や居場所を把握している。牛一頭あたり年間二〇〇メガバイトの情報が収集され、給餌のタイミング、量、配合の調整に役立てられている。[*116]

アメリカの哲学者で作家のジョン・デューイは「問題をきちんと述べられれば、半分解けたようなものだ」と語っている。[*117] デューイの生きた一九世紀半ばから二〇世紀前半において、「問題をきちんと述べる」のに必要なのは、意見や事例だった。だがカリフォルニア大学バークレー校の政治学教授であるレイモンド・ウルフィンガーがかつて語ったように「事例の複数形はデータである」[*118]。おそらくデータがなければ意思決定はできないという意味だろう（ウルフィンガーはさらにこう続けた。「データの単数形はデータムである」。そして、デートがあるので、と講義を早めに打ち切った）。

だからグーグルの会議室のほとんどにはプロジェクターが二台ある。一つは他のオフィスとのビデオ会議や会議の記録を映すためのもの。もう一つはデータ用である。さまざまな選択肢や見解について議論する会議では、まずデータを見るところから始める。他の人を説得するのに「私が思うに……」という言い方はしない。「ちょっとこれを見てください」と言うのだ。

---

*115 Roman Friedrich, Matthew Le Merle, Alex Koster, and Michael Peterson, "The Next Wave of Digitization: Setting Your Direction, Building Your Capabilities" (Booz and Company, June 28, 2011).

*116 以下を参照。Dave Evans, "The Internet of Things" (Cisco Internet Business Solutions Group, April 2011).

*117 この表現はデューイの生前からよく知られていたようだ。以下を参照。Larry A. Hickman, *The Essential Dewey, Volume 2: Ethics, Logic, Psychology* (Indiana University Press, 1998), page 173.

*118 ウルフィンガーがこのコメントをしたのは、一九六九年か一九七〇年にスタンフォード大学で講義をしていたときだ。事実とデータにもとづく発言を単なる逸話に過ぎないと批判した学生に対する返答だった。以下を参照。Nelson W. Polsby, "Where Do You Get Your Ideas?" (*PS: Political Science and Politics*, Volume 26, Number 1, March 1993).

データ思考は〝パワーポイントによる死〟がはびこるのを防ぐのに効果的だ。会議に出たら数十枚の文字だらけのスライドを見せられ、しかも担当者がそれを逐一読み上げた、という経験のある人は多いだろう。会議で意見をいう人は、スライドをカンニングペーパーのように使うのはやめ、自らの意見を補強する材料として使うべきだ。スライドは会議を運営するため、あるいは意見を主張するために使うべきものではない。全員が同じ事実を共有できるように、データを見せるためのものだ。データが誤っていたり、妥当性がないものであれば、どんなに見栄えのよいスライドをつくっても意味がない。データ・プレゼンテーションとビジュアリゼーションの権威であるエドワード・タフティは、スライドの枚数を減らしてデータ量を増やせ、と説く。「ビジュアルを使った論理展開は、有益な情報を一緒に提示するほど説得力が高くなる。情報が強烈なものであるほど、内容は明確になり、理解度が高まる」[*119]

言うまでもないが（といっても、気づいていない人も多いのであえて言うが）、データを最もよく理解しているのはその問題の担当者であり、たいていは経営者ではない。リーダーは自分には理解できない細部にとらわれず、優秀な部下がそれを理解していると信じるのが一番いい。たとえば財務に関する意思決定をする場合には、ＭＢＡやＣＰＡが持ってくるＥＢＩＴＤＡだのＡＤＲだのＲＰＭだの、そんな細々としたものにこだわる必要はない。

重要なことだけに集中すればよく、それは通常現金と売上高だ（財務に関する議論でエリックが好んで引用する格言がある。「売上に解決できない問題はない」）。同じことが、技術やプロダクトに関する意思決定についても言える。エリックはあるとき、グーグルのパートナー企業のCEOとの会議に出席した。集まっていた幹部陣はある技術的問題について議論していたが、あまり要領を得なかった。そのとき部屋の隅にいた若手社員が立ち上がり、いくつかのデータを示してグーグルの立場を明確に説明した。たいそうな肩書を持つ人々が集まっていたにもかかわらず、最も状況をよくわかっていたのは年次の最も低いこの若手社員だった。彼女がこの場を収拾できたのは、事実を一番しっかりと押さえていたからにほかならない。

“ボブルヘッド”の「イエス」には要注意

アメリカのメジャーリーグの球団が、試合で配る「首振り人形《ボブルヘッド》」をご存じだろうか。ジョナサンはオフィスにサンフランシスコ・ジャイアンツの名捕手バスター・ポージーのボブルヘッド人形を飾っている。[*120] ボブルヘッド人形は会議室にもたくさんいる。テーブルのまわり

---

*119 Edward Tufte, “PowerPoint Is Evil” (*Wired*, September 2003).

にずらりと並び、だいたい同じタイミングで一斉にうなずく。元グーグラーでＡＯＬのＣＥＯとなったティム・アームストロングは、この現象を「ボブルヘッド・イエス」と名づけた（エリックはノベルのＣＥＯ時代、同じ現象を「ノベル的うなずき《ノベル・ノッド》」と呼んでいた）。「ボブルヘッド・イエスマン」は従来型のイエスマンとは違う。会議室から出たとたんに、たったいま同意したことへの不満や反対意見を口にするからだ。ボブルヘッド・バスター・ポージーなら絶対にそんなことはしないのだが。

会議の出席者全員に「イエス」と言わせても、全員が同意したとは限らない。あなたの部下がボブルヘッドだらけであることを意味するだけだ。〝コンセンサス・ベース〟の意思決定を目指すリーダーは多いが、コンセンサスの意味を根本的に誤解している。ラテン語の授業をすっぽかした方のために説明すると、コンセンサスの語源はラテン語で「一緒に」を意味する「ｃｕｍ」と、「思う、感じる」を意味する「ｓｅｎｔｉｒｅ」だ。直訳すると「一緒に考える、感じる」となる。つまり「満場一致」という意味はないのである。コンセンサスとは全員にイエスと言わせることではなく、会社にとって最適解を共に考え、その下に結集することなのだ。

最適解に到達するには、意見の対立が不可欠だ。オープンな雰囲気の下、出席者が自分の意見や反対意見を述べなければならない。なぜならすべての選択肢を率直に議論しなければ、全員が納得し、結論を支持することはあり得ないからだ。納得していない者はボブルヘッド人形のようにうなずいておきながら、部屋を出たとたんに自分の好きなように行動する。だから真のコンセンサスに到達するには、反対意見が必要だ。あなたがリーダーの立場なら、議論の最初に自分の立場を明らかにするのは控えよう。あなたの役割は参加者の地位や職務にかかわらず、全員の意見を引き出すことだ。トップが最初に意見を言ってしまうと、それは難しくなる。

パットン将軍の有名な発言にもあるように「全員同意見ということは、誰かがモノを考えていないということだ」[*121]。あなたの採用システムがうまく機能していれば、社内には必ず意見の不一致があるはずだ。とくに経営上層部にいるスマート・クリエイティブは自分が担当する分野だけでなく、会社のオーナーという意識を持つべきだし、実際それを実行している人が多い。だから自分の担当以外の分野についても意見や、おそらく貴重な洞察を持ってい

*120 バスターはメジャーリーグのサンフランシスコ・ジャイアンツでキャッチャーを務め、二〇一二年にはナショナルリーグMVPを獲得した。

*121 この発言は一般にパットン将軍のものとされるが、少なくとも第三軍に向けた有名なスピーチをまとめた*War As I Knew It*を読むかぎり、実際に将軍が発言したという直接的証拠は発見できなかった。ただネットに将軍の発言と書いてあるのだから、きっと正しいのだろう(これは冗談)。

るはずだ。そうした姿勢を奨励しよう。チームの絆を強くし、最終的な意思決定の下での結束力を高めることにつながる。

データを使うと誰かを個人攻撃することにならないため、全員を議論に参加させやすくなる。[*122] 参加者のうち、とくに静かな人に注意を払おう。発言していない人を指名しよう。反対意見を持っているのに、人前であなたに異を唱えるのを恐れているのかもしれない（そういう恐怖は克服してもらわないと困る）。あるいはとびきり優秀だが内気な性格なのかもしれない。あるいは何も言うことがないのかもしれない、つまりそもそも会議に呼ぶ必要がなかった人かもしれない。一つのやり方として〝間抜けな変化球〟を投げ、参加者にトップに反対意見を持つことへの抵抗をなくす、という手がある（「眠気覚ましにみんなで塩酸でもかぶってみようか。どうだい？」）。議論の初期段階で、すべての反対意見を吸い上げるようにしよう。意思決定プロセスでは、あとのほうに出てきた反対意見ほど拒絶されやすいという自然な（かつもっともな）傾向がある。[*123]

全員が意見を述べたら、討論が始まる。誰もが意思決定プロセスの参加者として、自由に発言できるようにしよう。正しいコンセンサス・プロセスには「包含（すべての利害関係者に参加させる）」「協力（ときには少数意見や個人の主張を犠牲にしても、グループ全体にとって最適な決定を目指す）」「平等（すべての参加者が同じように大切で、反対意見を述べることが認められる）」の要素がそろっている。そして何より「ソリューションの質」を重視する。正しい判断とは最高の判断であって、全員が納得できる最低限の妥協案ではない。そしてあなた自身が最適と思うソリューションとも限らない。先述のウッデン・コーチもこう言っている。「自分の意見を通すことより、最高の意見を見つけることを考えよ[*124]」

---

*122 Kathleen M. Eisenhardt, Jean L. Kahwajy, and L. J. Bourgeois III, "How Management Teams Can Have a Good Fight" (*Harvard Business Review*, July-August 1997) を参照。この研究は、経営幹部の集団による意思決定プロセスを研究している。「経営者のなかには、データ量が多いと議論の対象が広がりすぎ、個人間の対立が強まると考える人がいる。だが私たちは情報は多いほど良いと考えている（それが客観的で最新なものであるという前提だが）。なぜなら議論の参加者がお互いの人格ではなく、問題に集中しやすくなるからである。（中略）データ量と個人間の対立の抑制には正の相関がみられる」

*123 以下を参照。Arie W. Kruglanski and Donna M. Webster, "Group Members' Reactions to Opinion Deviates and Conformists at Varying Degrees of Proximity to Decision Deadline and of Environmental Noise" (*Journal of Personality and Social Psychology*, Volume 61, Number 2, August 1991).

*124 John Wooden and Steve Jamison, *Wooden on Leadership* (McGraw-Hill, 2005), page 2.

チャイムを鳴らすタイミングを見極める

あえて意見対立を助長するような話し合いがうまくいくには、ひとりの意思決定者がプロセスを管理することが不可欠だ。期限を意識し、均衡を破る人物である。会議ではデータが多すぎたり、曖昧だったりするケースも多い。その場合、議論が何時間も続き、結局は月並みな妥協案に落ち着いたりする。生産性の高いスマート・クリエイティブの時間を堂々めぐりの議論に費やすことの機会損失は大きい。これ以上分析しても意思決定の質は高まらない、というタイミングは必ず来る。意思決定者の最も重要な役割は、期限を設定し、プロセスを取り仕切り、最後には期限を確実に守ることだ。学校で休み時間に子供たちを校庭で遊ばせるのに似ている。放っておけば何時間でも遊びつづけるかもしれないが、チャイムが鳴ったらおしまいにして教室に戻らなければならないことはみんなわかっている（雲梯《うんてい》の順番を争う子供たちより、従業員のほうが聞き分けが良いと信じよう）。意思決定者は休み時間の長さを決め、チャイムを鳴らさなければならない[*125]。

私たちのコーチ兼メンターであるビル・キャンベルは、インテュイットのCEOに就任した直後、重要なプロダクトに関する決定が遅れているという報告を受けた。プロダクトの責任者である役員は大量のデータを集めたが、その結果は確実な判断を下せるような決定的なものではなかった。そこで再調査を命じた。新しいデータが届いたが、それも曖昧だったため再々調査を命じた。それを聞きつけたビルは、のらくらするのはやめろとその役員に命じた。「とにかく〝何か〟行動を起こすんだ。間違っていたっていい」

トム・ピーターズはこのビルのような考え方を「行動志向」と呼び、著書『エクセレント・カンパニー』では傑出した企業の共通要素の筆頭に挙げている。[*126] デザイナーの世界にも行動志向を肯定的要素と見る人は多いようだ。スタンフォード大学デザイン学部（という呼称はデザイナーにとってあまりにダサいので「dスクール」と呼ばれている）[*127] によると「デザイン的

---

*125 期限を設定するだけで、チームは適切なペースで議論を進め、期限までに結論を出すことができるようになる。以下を参照。Connie J. G. Gersick,“Marking Time: Predictable Transitions in Task Groups” (*Academy of Management Journal*, June 1989). また長年ハイテク企業の意思決定を研究してきたキャサリン・アイゼンハートは、意思決定の速い経営チームのほうが遅いチームと比べて、むしろ多くの選択肢を検討していることを明らかにした。以下を参照。Kathleen M. Eisenhardt,“Making Fast Strategic Decisions in High-Velocity Environments” (*Academy of Management Journal*, Volume 32, Number 3, September 1989).

*126 以下を参照。Thomas J. Peters and Robert H. Waterman Jr., *In Search of Excellence: Lessons from America's Best-Run Companies* (Harper & Row, 1982)（邦訳『エクセレント・カンパニー』）。

*127 同学部の正式名称は「Institute of Design at Stanford」である。

思考の中核的マインドセット」にほかならない。行動志向は、実践的で試行錯誤をいとわない考え方である。ある行動をとることが正しいか確信が持てないなら、一番いいのは実際にやってみて、結果に応じて軌道修正することだ。[*128]

ただ行動志向を有害と見る行動経済学者もいる。拙速に、検討不足なまま意思決定をすることになるというのが理由で、たしかにそういうケースもあるだろう。たとえば交渉の場では、エリックのモットーである「ＰＩＡ」が最高の結果につながることも多い。すなわち忍耐（patience）、情報（information）、代替案（alternatives）を持つのである。とくに大切なのが忍耐だ。特定の行動を選択するのは、できるだけ遅らせたほうがいい。これはビジネス以外の分野（「競技場」と言ったほうがいいかもしれない）にも当てはまる。サッカーのゴールキーパーはペナルティキックに備えるとき、行動志向に従ってキッカーが蹴る方向を予測して飛ぶよりも、蹴るまで待ってから動いたほうがセーブ率は二倍に高まる。[*129] この点、キーパーはパイロットにも学ぶところがある。パイロットは緊急事態には即座に行動をとらず、何をするか決定する前にまず状況を分析するよう訓練される。

このように意思決定者の任務とは、まず適切な期限を設定し、行動志向を示し、これ以上の議論や分析は意味がないと思ったら打ち切り、全員が最終決定を支持するようにチームを導くことだ。ただ切迫感に圧倒されてはならない。ギリギリ最後の瞬間まで、どんな方向にも動けるような柔軟性を失わずにいよう。

意思決定の数を減らす

エリックはグーグルに入社するとき、創業者が外部からCEOを雇った場合、不幸な結末に終わるケースが少なくないことを重々承知していた。創業者がCEOを雇うと、やがて根本的な問題について意見の対立が生じ、取締役会がどちらかの肩を持ち、支持されなかったほうが会社を去ることになる。スティーブ・ジョブズが一九八三年に、自らの後継CEOとしてペプシコ幹部であったジョン・スカリーを招いたのは有名な例だ。ふたりは衝突し、（取

＊128 以下を参照。Ingo Rauth, Eva Koppen, Birgit Jobst, and Christoph Meinel, "Design Thinking: An Educational Model Towards Creative Confidence" (*Proceedings of the 1st International Conference on Design Creativity*, 2010).

＊129 キーパーが行動志向で、ボールが蹴られた瞬間に左右どちらかに飛ぶことが想定されるなら、ペナルティキッカーは中央に蹴るという簡単な策を採ることができる。以下を参照。Michael Bar-Eli, Ofer H. Azar, Ilana Ritov, Yael Keidar-Levin, and Galit Schein, "Action Bias Among Elite Soccer Goalkeepers: The Case of Penalty Kicks" (*Journal of Economic Psychology*, October 2007). 行動志向のこの事例と、投資判断における行動志向の類似点に関する議論は以下を参照。Carl Richards,"In Soccer and Investing, Bias Is Toward Action" (*Bucks* blog, *New York Times*, May 13, 2013).

締役会を味方につけた）スカリーは一九八五年にジョブズをアップルから追い出した。[*130]
エリックは同じような結末を避けるため、グーグルに入社したらラリーとセルゲイにそれぞれが最も得意なことを任せ、自分は会社が爆発的なスピードで成長しながらも、効果的かつ効率的な運営を続けるために必要な業務に専念することにした。三頭政治で会社を経営するという考え方はきわめて特異で、ラリーとセルゲイが二〇〇四年の株式公開時に創業者からの手紙で詳しく説明したほどだ。三人のうち「誰が何をするか」という仕組みを明文化する作業は、とても有用だった。創業者からの手紙には「エリックは全バイスプレジデントとセールス組織のマネジメント、セルゲイはエンジニアリングと外部企業との取引、ラリーはエンジニアリングとプロダクト・マネジメントにそれぞれ集中している」とあり、さらに三人は毎日ミーティングをしている、と書かれている（この習慣はエリックのCEO在任中、ほぼずっと続いた）。一番重要なのは次のくだりだ。「この仕組みが機能するのは、お互いに対する強い信頼があるからで、また全般的に三人の考え方が似ているからである」
重要な問題について、三人の意見が一致しているかぎり（たいていはそうだ）、この仕組みは非常にうまく機能した。ただ、ときには難しい場面もあった。意思の強いリーダーが三人もいれば、ときには意見が合わないこともある。そんなとき優れた解決策を導き出すためにエリックが採った方法は、意思決定全般に対するものと似ていた。問題をはっきりさせ、議論し（三人だけで）、期限を切る。「そして創業者たちに決めさせる」というオチがつくこともあった。

CEO全般、それもとくに創業者が率いる会社に雇われたばかりでなんとか存在感を示そうとするCEOによく見られる傾向として（自分の経験も踏まえて言うが）、過剰に存在感を示そうとすることが挙げられる。CEOらしい自尊心を抑え、他の人々に意思決定を委ねるのは難しいが、必要なのはまさにそれだ。一般的にCEOは、なるべく意思決定の数を減らすべきだ。プロダクトの発売、企業買収、対外的問題などは、CEO自身が下すべき、あるいは直接関与すべきテーマといえる。その一方、社内の他のリーダーに判断を任せ、非常に大きな間違いが発覚したときだけ介入すればいい問題もたくさんある。つまりCEO、あるいは企業の幹部が身に着けるべき重要なスキルは、自ら意思決定すべき問題と、部下に任せるべき問題を見分ける能力だ。

＊130　スカリーは二〇一三年のある会議で、ジョブズを解雇するという決断を振り返っている。「当時の私には十分な経験がなかったため、ビル・ゲイツやスティーブ・ジョブズのように新たな業界を生み出すのに必要なリーダーシップと、トップ企業を追いかける立場にある公開企業の経営者に求められるリーダーシップがどれほど異なるものかを十分理解していなかった。後者では失敗すればクビになる。（中略）もっと別の結末もあり得たのではないか、といまは感じている」。以下を参照。Daniel Terdiman,“John Sculley Spills the Beans on Firing Steve Jobs”(CNET, September 9, 2013).

とりわけエリックのような状況、すなわちとびきり活動的で社員からの信頼も厚い、優秀な創業者がいる状況下で会社を率いていくには、このスキルは非常に重要だ。あるときプロダクト・レビュー会議で、新プロダクトの主要機能をめぐってエリックとセルゲイとラリーの意見が対立したことがある。会議には二〇人ほどの出席者がいたが、エリックは数分で議論を打ち切り、続きはその日の午後に三人だけですることにした。そこで明らかになったのは、共同創業者たちはエリックの意見だけでなく、お互いの意見にも反対していたことだ。「よし、わかった」とエリックは言った。ふたりで決めてもらって構わない、ただし期限は明日までだ、と。翌日の正午、エリックは四三号棟にあるふたりの共有オフィスに行き、「で、どっちが勝ったんだい?」と尋ねた。すると、いかにもふたりらしい答えが返ってきた。「じつはね、ふたりで新しいアイデアを思いついたんだ」。結局それが最適なソリューションであったため、三人の決定は下った。

毎日会議を開く

スマート・クリエイティブのリーダーをしていて不満に感じることの一つが、自分にはおそろしく権限がないことだ。本章をここまで読んでいただければわかるだろう。会社のCE

○なのに、拳でテーブルを叩いて自分の決定を押しとおすこともできない（まあ、やってもいいが、それを続けているとあっという間にスマート・クリエイティブはごっそりいなくなる）。むしろ、あまり意思決定をしないほうがいい。求められるのはデータを分析し、コンセンサスを形成すること、すなわち議論を促し、超能力か何かで議論を打ち切る完璧なタイミングを見極め、決定を下すことだ。ダース・ベイダーがフォースの力で一方的に自分に盾突く者の喉を締め上げ、さっさと惑星を破壊できた時代が懐かしくなるぐらいだ。

ただ、リーダーがコントロールできるものがまだ一つだけある。社内のスケジュールだ。きわめて重要な意思決定を迫られたとき、リーダーとしての招集権限を使って定期的な会議を開くと、とても大きな意味のあるメッセージを送れる。それが本当に重要な決定なら会議は毎日開くべきだ。会議の予定をこれほど頻繁に入れると、問題の重要性が全員に伝わる。もう一つ、わかりやすいメリットもある。毎日会議をしていると、前回の内容をまだ全員が覚えているため、同じ議論をやり直す時間が少なくなることだ。それによって新たなデータや意見を検討する時間が増える。

エリックは二〇〇二年、ＡＯＬの検索エンジンと広告エンジンにグーグルを採用してもらう契約を検討していたときにこの手法を使い、成功を収めた。交渉は難航し、エリックはグーグルがＡＯＬに支払う金額をとくに懸念していた。ＡＯＬのプラットフォームには、まだグーグルの広告エンジンを使っていない広告主がたくさんいたため、この契約には戦略的に非常に大きな価値があった。こうした広告主を、グーグルのプラットフォームに取り込むことができるはずだからだ。だがエリックには、契約金額が当時のグーグルのような小さな会社には大きすぎるように思えた。

ＡＯＬとの交渉を率いていたのは、セールス責任者のオミッド・コーデスタニだ。ＡＯＬは二〇〇一年初頭にタイム・ワーナーと合併しており、グーグルとの契約による収入に期待していた。オミッドはＡＯＬの条件をのむべきではないというエリックと同意見だった。だがラリーとセルゲイはリスクをとるべきだと考えていた。パートナーへの収益配分をとことん太っ腹にしておけば、最終的にグーグルにとってもプラスになる、というのがふたりの一貫した考えだった（「先にこっちが潰れなければね」とエリックは思った）。法務責任者のデビッド・ドラモンドや取締役会も共同創業者と同意見で、資金が足りなくなったら外部から借りればいいとの考えだった。意見対立は深刻で、会議は進展しなかった。そこでエリックは行動を起こした。会議の頻度をさらに高めると同時に、期限を設定したのである。それから六週間の間、毎日午後四時に会議を開いてＡＯＬとの契約について議論する。期限が来たら意思決定をして、ＡＯＬの条件をのむにせよのまないにせよ、交渉を終わらせる。初めのうちはあまり進展はなかった。だが毎日同じ議論を繰り返すことの煩わしさから、広告エンジンの実態に関するデータをさらに詳しく分析しようというムードが生まれた。それから数週間かけて分析した結果、ＡＯＬの提示した条件をのむことは当初思われたほどリスキーではないことが明らかになり、十分払えるだろうという認識がチームに広がった。フタを開けてみればそのとおりで、グーグルはＡＯＬの条件をほぼそのままのんだが、検索と広告エンジンからの収益はＡＯＬへの保証額を大幅に上回った。ただ交渉の時点では、そうしたことはわからなかった。正しい判断を下すことができたのは、時間と労力をかけて契約内容の隅々まで徹底的に検討したからである。ＡＯＬとの契約はグーグルにとって決定的に重要な判断だった。会社の存続をめぐるそれほど重要度の高い問題が浮上したら、毎日会議を開くべきだ。

どちらも正しい

技術者や科学者が犯しがちな過ちがある。データと優れた分析にもとづいて、賢明かつ思慮に富んだ主張をすれば、相手を説得できるはずだ、と考えるのだ。これは誤りだ。相手の行動を変えたいなら、説得力のある主張をするだけでなく、相手のハートに触れなければならない。私たちはこれを「オプラ・ウィンフリーの法則」と呼んでいる（優れた政治家も同じ手法をとるが、オプラほど巧みにできる人はいない)。[*131] 会社の中核となるスマート・クリエイティブやプロダクト担当者は、オプラの法則をしっかり頭に入れておこう。さもないと正しい意思決定をしても、それを実行することができないからだ。

オプラの法則を実践する、いたって簡単な方法がある。議論を打ち切り、出席者から一〇〇%支持されているわけではない結論を出すときに、こう言うのだ。「どちらも正しい」。誰でも自分の意見に反する決定を心から受け入れるには、まず自分の意見がきちんと聞いてもらえただけでなく、その意義を認めてもらえたと感じる必要がある。「どちらも正しい」という評価によって、それが可能になる。意見が通らなかった人に、その主張にも傾聴すべき要素があったと伝えるのだ。これで彼らの気持ちはかなりすっきりする。誰だって自分が正しいと認めてもらいたい。さいわい、たいてい「どちらも正しい」というのは事実なのだ。スマート・クリエイティブの集団では、誰の意見にも一面の真理がある。優秀な人間の意見が一〇〇%間違っていることはめったにない。

議論に敗れた相手を思いやり、結論をはっきりさせたら、会議の意思決定者は関係者全員に二者択一を迫らなければならない。賛成できなくても結論に従うか、あるいは「公然」と議論を上にあげるか、である。後者の場合、議論を上にあげようとする人はその理由と、誰にあげるかを意思決定者に伝えなければならない(「悪いが、この決定は正しいと思えない。理由は……だ。バラクがどう考えるか、確認してみないか？」といった具合に）。公然と議論を上のレベルにあげるのは正当な選択肢であり、奨励すべきだ。奨励しなくても、その人物は結局上に話す可能性が高いからだ。それもかなりの悪意を込めて。

すべての会議には〝オーナー〟が必要

意思決定の舞台はたいてい会議だが、クリスマスのレクリエーションの定番、「シークレットサンタ」でもないかぎり、ビジネス現場で会議ほど嫌われている慣行もないだろう。会議が大変な時間のムダだと文句を言う人は多いが、じつは「運営がうまい会議」ほどすばらしいものはない。データや意見を発表し、問題を議論し、そして実際に意思決定をするのに最

＊131　この法則を最初に提唱したのはアリストテレスだ。ロゴス（言論）、エトス（人柄）、パトス（感情）に訴えよ、というアリストテレスの主張は数多くの政治家、弁護士、セールスマンに影響を与えている。以下を参照。George A. Kennedy, *On Rhetoric: A Theory of Civic Discourse* (Oxford University Press, 1991), pages 37-38. ただ、テレビに出るたび、また大学の卒業式スピーチをするたびに、このモデルを実践しているのはオプラである。「相手が何かを感じるように、ストーリーを語らなければなりません。何かを感じないかぎり、何かをしようとは思わないからです」。以下を参照。"Oprah Winfrey Talks to Dan Pink, Part 2" (YouTube.com/watch?v=kRfT8ujRfOA).

も効率的な方法だ。ただ、ここで重要なのが「運営がうまい」という部分だ。というのも、たいていの会議はそうではないからだ。言うまでもないが、「運営のまずい会議」はスタッフのやる気をそぐ、とほうもない時間のムダだ。

コンピュータ科学者というのは非効率が大嫌いな人種なので、エリックのチームは長年の間に会議のルールをつくりあげてきた。実に効果的なものなので、紹介しよう。

会議には単一の意思決定者、すなわち〝オーナー〟を置く。意思決定プロセス全体を通じて、常に意思決定者をはっきりさせておく。その意思決定に対して責任を持つ人物だ。立場が対等の二つのグループが会議をすると、たいてい良い結果にはつながらない。厳しくも最高の判断をする代わりに、安易な妥協策を採ろうとするからだ。社内の立場が高い人間を意思決定者として置くようにしよう。

意思決定者は自ら動く。意思決定者は自ら会議を招集し、内容が適切なものであることを確認し、目的を設定し、参加者を決定し、（可能ならば）少なくとも開始時刻の二四時間前までに議題を配布しよう。会議終了後は、意思決定者自身（他の人に任せてはいけない）が決定内容や行動計画をまとめ、四八時間以内に少なくとも参加者全員にメールで送ろう（他にも情報を共有すべき相手がいれば宛先に含める）。

会議の目的が意思決定ではない場合も（たとえば情報共有やブレインストーミング）、**必ずオー**

ナーを決める。 この場合もオーナーは、参加者の顔ぶれが適切であること、議題が明確であること、必要な準備作業がきちんと行われていること、会議後に行動計画が迅速に配布されることに責任を持つ。

会議は政府機関ではない。簡単に廃止できるようにする。 あらゆる会議には目的がある。目標が明確に定義されていなかったり、会議が目標を達成するのに役立っていなければ、廃止するべきかもしれない。意思決定者は次のような難しい疑問に答えなければならない。会議はまだ有益だろうか？　頻度が高すぎる、あるいは低すぎることはないか？　参加者に必要な情報が伝わっているだろうか？

会議は運営しやすい規模に。 八人以下が妥当で、どう頑張っても一〇人が限界だ（一〇人まで増やすのは本当にお薦めできない）。会議室に集まった全員が意見を述べられるようにする必要がある。会議の結果を知らせるべき人が他にもいるなら、オブザーバーとして参加させるより、情報共有のプロセスをつくるほうがいい。オブザーバーがいると、参加者が率直に意見を言いにくくなる。

会議に出ることが重要な人間の証ではない。 自分の存在が必要ではないと感じたら退出しよう。事前に出席を断るほうがなおいい。これは顧客やパートナーとの会議ではとくに重要だ。顧客やパートナーとの〝内輪〟の会議に出かけてみたら、会議室が出席者であふれんばかりだった、という例はたくさんある。相手企業が社員総出で取り組もうとするのを止めることはできないが、グーグルの出席者はなるべく抑えるようにしている。十中八九、会議の参加者は少ないほどいい。

時間管理は重要。会議は時間どおりに始め、時間どおりに終わらせよう。締めくくりに結論と行動計画をおさらいする時間をしっかり残しておこう。予定時刻前に議論が終わったら、早めに解散しよう。出席者がみな人間であることも忘れずに。ランチやトイレ休憩の時間を予定に入れ、他の地域の従業員の時差にも配慮しよう。彼らにも家族と過ごす時間が必要だ。当然のマナーだが、忘れられることがあまりに多い。海外のスタッフへの配慮は、あなたへの敬意につながる。

会議に出るなら、まじめに出よう。マルチタスクはうまくいかない。会議中に、会議とは関係のない用件でノートパソコンや携帯電話を使っているのなら、会議に出るより重要な仕事があるということだろう。会議に出ている者は全員、その内容に集中すべきだ。会議が多すぎて仕事が終わらないというのなら、解決策は簡単だ。優先順位をつけ、出席する会議を減らすのだ。

ここに挙げたルールのなかでも、最後の一つが一番徹底するのが難しい。私たちのチームミーティングでも、ノートパソコンを閉じるというルールを無視する人があまりにも多かったので、ついに諦めたぐらいだ。ただし、まだルールを変えたわけではない！

法律問題には〝カウボーイ・ルール〟で

弁護士は過去を振り返るように教育される。彼らの世界では判例に左右される部分が大きいことを考えれば当然だ。過去に起きたことを見れば、未来に何が許されるかがわかる。またリスク回避志向が非常に強い。顧問弁護士の多くは企業法務を得意とする法律事務所に所属しており、その法律事務所の仕事は顧客が厄介事に巻き込まれないようにすることなのだから、これも当然だ。だから弁護士に状況評価を依頼すると、たとえ九九％は完璧で一％だけ問題があると、その一％を検討するのに大部分の時間を費やす。

次頁の標識が良い例だろう。これはジョナサンが完成したばかりのグーグルの運動場を見に行ったときに撮影したものだ。標識には運動場の地図が示されているが、スペースの四分の一は免責条項に充てられている。要するに、この運動場でケガをしても会社を訴えるな、と言っているわけだ（弁護士の読者なら、この美しい法律用語に対する私たちの解釈は誤っていると指摘するかもしれないが、ご容赦いただきたい）。過去とリスク回避志向にしばられた善意の弁護士が、運動場を利用するグーグラーが分別ある大人だとしても、運動中に足を捻挫《ねんざ》して会社

を訴える者が出てくる可能性はわずかながら否定できない、と判断したのだろう。こうして何の役にも立たない、わかりきった法的なただし書きが町中にあふれることになる。

弁護士のなかにはスマート・クリエイティブもたくさんいるので、こんな標識を社内で見たときには本当に驚いた。アメリカ産業界ではおなじみの、法律問題に対して過去を振り返りながらリスク回避を最優先に取り組むという姿勢は、インターネットの世紀には通用しない。企業の進化が法律の変化をはるかに上回るスピードで進むからだ。スマート・クリエイティブ主導でイノベーションを起こそうとする企業の場合、正解率が五〇％なら儲けものだが、リスク許容度が数％である弁護士にとってそれは大問題だ。

だからデビッド・ドラモンドとその部下であるクルプリート・ラナ、ミリアム・リベラは、グーグルの法務部門を整備する過程で、弁護士が従来とはまったく異なるアプローチで仕事をするような環境づくりに取り組んだ。現在の法務担当者であるケント・ウォーカーは、このアプローチを〝カウボーイ・ルール〟と呼ぶ。昔の西部劇を思い浮かべてほしい（私たちのお気に入りは《明日に向って撃て！》だ。考えるのが得意なエリックは、さしずめポール・ニューマンの演じたブッチ・キャシディといったところ。ジョナサンは銃を抜くのが速いところがロバート・レッドフォード演じるサンダンスに通じるが、残念ながら的に当てるのは苦手だ）。西部劇には必ずカウボーイが馬を止め、周囲の状況を確かめ、次にどうするか決める場面がある。ケントは部下の弁護士に、カウボーイと同じようにすればいい、とアドバイスする。ときには馬に乗り（もちろん比喩的に）、周囲の様子を素早く確かめたらさっさと先に進んでいいこともある、と。じっくり分析しなければならない決定（大型買収、法令順守の問題など）も多いが、常に馬を降り、起こり得る失敗とその結末を列挙した五〇ページものブリーフィング（どこが簡潔《ブリーフ》だ！）を作成する必要はないのだと頭に入れておこう。新しいプロジェクトの初期段階では、いずれにせよ分析が一〇〇％正しいことはあり得ない。そういう状況で弁護士に求められるのは、すべての可能性を詳細に分析することではない。不確かな未来を探り、意思決定をする経営者に賢明かつ簡潔なアドバイスを提供することだ。そしてまた馬にまたがればいいんだ、相棒。

法務に関して〝カウボーイ・ルール〟がうまくいくのは、弁護士が必要に応じて呼ばれるのではなく、初めから経営チーム、プロダクトチームにメンバーとして参加しているときだ。しかも弁護士も適切な顔ぶれを選ぶ必要がある。だからグーグルの創業初期にはなるべくスペシャリストではなくゼネラリストを採用し、また法律事務所や企業、場合によっては非営利団体など幅広く人材を求めた（とはいえ新卒の弁護士はめったに採らなかった）。また猛烈なペースで進化し、業界に変革をもたらす企業では、法的な問題が突然発生することは避けられない。このため常に消費者や顧客にとって正しい行動をとっておいたほうがいい。

収益の八割を稼ぐ事業に八割の時間をかけよ

経営者にとって最も重要な意思決定の一つが、自分の時間をどう使うか、だ。エリックは一九九七年にノベルのＣＥＯに就任するとき、ビル・ゲイツから貴重なアドバイスをもらった。「収益の八割を稼ぐ事業に八割の時間をかけよ」。一見簡単そうだが、実行するのはかなり難しい。ノベルのコアビジネスはパソコンとワークステーションの間でＬＡＮを構築する「ネットウェア」というソフトウェアスイートだ。だがエリックをはじめとする経営陣は、

「ネットウェア・ディレクトリー・サービス（NDS）」という新プロダクトの育成に夢中になっていた。NDSはユーザやグループ、プリンタ、ワークステーションなどネットワーク資源へのアクセスを集中管理するためのプロダクトだった。企業のネットワークが増殖するなか、NDSには大きな成長余地があり、ノベルの経営陣にとっては時間をかけるなというほうが無理だった。

ただ経営陣は、新プロダクトがまともな売上を計上しはじめるまでの期間を過少に見積もる傾向がある。手垢のついたコアビジネスと比べれば、ピカピカの新プロダクトのほうがはるかにおもしろい。しかし会社の経費をまかなうのはコアビジネスであり、そこで失敗をすればおそらく立ち直れない。エリックはビル・ゲイツのアドバイスを守っているつもりだったが、いま振り返ると、もっとネットウェアに時間を割くべきだったと思う。

コアビジネスに集中し、愛情を注ごう。

後継者育成計画をつくる

会社を愛するというのは、会社を去るための計画を準備することだ。だが後継者問題を真剣に考えようとしない経営者は多い。たいていの企業の場合、後継者は社内にいる。それが誰か、探し当てていないだけだ（エリックの場合、後継者は自分を採用した人物だったが、これは珍しいケースだ）。また、たいていの企業は後継者が必要であることを理解しているが、時間軸が間違っている。経営者の弟など、数年後にトップを譲れる相手を選ぶが、本当は一〇年後に事業を継承できる息子世代を選ぶべきなのだ。あるいは社内で最も地位の高い一〇〇人を囲い込もうとするが、囲い込むべきは最もポテンシャルの高い一〇〇人である。正しいやり方とは、すでに猛烈な勢いで出世の階段を駆け上がりはじめている、傑出したスマート・クリエイティブたちを探すことだ。「彼らのうちのひとりが、一〇年後に会社を経営している可能性はあるだろうか？」と自問してみよう。答えが「イエス」なら、報酬をたっぷり与え、彼らのキャリアが停滞しないように目配りしよう。このようなポテンシャルの高い従業員を失うのは（とくにライバル企業に奪われるのは）、会社にとってとても高くつく。だから彼らが常に生き生きと働けるように、積極果敢に手を打とう。常にうまくいくとは限らないが、成功した場合のメリットのほうが失敗した場合のツケよりはるかに大きい。

その先に待っているのは、後継計画を実行に移すという、なんとも奥の深い経験だ。次世代のスーパースターは時を追うごとに優秀になっていくが、経営トップの世代はいつまでも彼らを生意気で未熟で、トップの座を継承するには知恵が足りないと思っている。この問題を解決する方法は、リーダーが自分の若かりしころを思い出すことだ。

グーグルがＩＰＯの準備を進めていたとき、エリックとラリーとセルゲイはそれから少なくとも二〇年間は一緒に働くことをお互いに約束した。エリックは常々、いずれラリーかセルゲイが会社を経営することになるのだろうと考えていた。おそらくエリックが来る以前にＣＥＯをしていたラリーになるだろう。あとは時期の問題だった。そのときは二〇一一年初頭にやってきた。三人はラリーが再びグーグルのＣＥＯになることを決めたのだ。会社にとっても三人にとっても正しい決断だったが、それでもエリックの気持ちはまだぐらついていた。やはり自分のほうがはるかに年長で、賢明だったからだ！　だが、ふと、自分がラリーの年齢だったときのことを思い出してみた。当時ラリーは三八歳になろうとしていたが、エリックがその歳だったときには経営者になる準備はすっかりできていると思っていた（実際にノベルの経営者となったのは四一歳のときだ）。軽い驚きを感じたものの、この思考プロセスを通じてエリックは、ラリーの準備がしっかり整っていること、そしてグーグルのＣＥＯとして大成功するであろうことを確信した。

一流のスポーツ選手にはコーチが必要なのに、あなたは要らない？

エリックはグーグルのCEOとなってほぼ一年が過ぎたころ、その間の実績を自己評価し、経営陣に配った。そこには過去一年のハイライト（「適切なビジネス・プロセスを確立した」）や翌年の目標（「将来の可能性を犠牲にすることなく、成長ペースを速める」）に加えて、反省材料を挙げた。反省材料はいくつかあったが、最も重要なのは次の一点だ。

「ビル・キャンベルは私たちのコーチとして非常に大きな役割を果たしてくれた。いま思うと、最初からビルを迎え入れるべきだった。この体制をもっと早く、理想的には私がグーグルに入社した時点から取り入れるよう促すべきだった」

一年前と比べると、一八〇度の変化だ。グーグルに入社したてのころ、取締役のジョン・ドーアにビルをコーチとして迎え入れたらどうかと勧められたとき、エリックはこう答えた。「コーチなんて要らないさ。自分のやっていることぐらい、ちゃんとわかっている」

世界の一流スポーツ選手がすばらしいパフォーマンスを見せるとき、その背後には間違いなく最高のコーチがいる。コーチのほうがスキルが上というわけではないし、むしろそんなケースはまずない。だがコーチには、別のスキルがある。選手のプレイを観察し、どうすればもっとうまくやれるかアドバイスできる。なぜビジネス界にはほとんどコーチがいないのだろう？　経営者は揃いもそろってグーグルに入社したときのエリックのように自信満々で、他の人にもっとうまくやれる方法を教わることなど想像できないのだろうか。そうだとすれば大間違いである。経営者にはコーチが必要だ。

コーチとプレイヤーの関係を成功させる第一歩は、教わる側が相手の話を聞き、学ぼうとする意欲を持つことだ。コーチングするのが難しい選手がいるのと同じように、コーチングしづらい経営者もいる。だが最初の抵抗感さえ克服すれば、学ぶべきことは常にあると気づくはずだ。ビジネスコーチを含めて、コーチというのは本質的に教師である。そして世界一のコーチであるビル・キャンベルは、経営は間違いなく学習によって身に着けることのできるスキルだ、と説く。

ジョナサンがビルのコーチングを受けはじめたのは、ちょうどラリー・ペイジがジョナサンのつくった厳格なプロダクト計画を「バカげている」と切り捨てたころだ。ラリーにけなされた翌週、ジョナサンはビルのオフィスに座り、なぜこんなメチャクチャなベンチャー企業に来てしまったのか、辞めてしまおうかと考えていた。そんな彼にビルは言った。「辞めちゃダメだ。くじけずに頑張れ。もしかしたら何か学ぶことだってあるかもしれないじゃないか」

あのとき引き留めてくれたこと、そしてこれまで私たちのためにしてくれたことすべてにお礼を言いたい。ありがとう、コーチ。

コミュニケーション
とびきり高性能のルータになれ

グーグルに入社して間もなく、ジョナサンはあるエンジニアと話していた。相手はジョナサンが受け取ったメールに即座に返信すること、また返信する際に大勢のグーグラーにCCすることに疑問を感じていた。コイツは仕事の優先順位を間違えているんじゃないか。メールへの反応がこれほど速く、情報を拡散させるのにこれだけ時間を割くというのは、ヒマな証拠だろう、と。そこで皮肉たっぷりにこう言った。「君はただのバカ高いルータだな！」。おそらく侮辱するつもりだったのだろう。ルータはネットワーク機器のなかでも、データ・パケットを転送するというかなり地味な役割を担っている。だが、ジョナサンはそれを褒め言葉と受け取った。

企業におけるコミュニケーションをイメージすると、こんな感じになる。二〇階建てのビルがあって、あなたはその真ん中、たとえば一〇階のベランダに立っている。上のフロアはど働く人の数は減っていく。最上階にはひとりしかいないが、一階(つまり〝エントリーレベル〟)は押し合い圧《へ》し合いだ。一〇階のベランダに立っているあなたに、一つ上の階の住人(「上司」とでも呼んでおこう)が何か叫びながら何枚か書類を落とす。風で飛んでいかないように必死でつかむと、室内に戻って内容を確かめる。多少有用な部分もあるので、九階の住人の厳格に定められた職務範囲を意識しながら、彼らが読むべき部分を抜粋する。それからまたバルコニーに戻ると、左の端から一枚、右の端から一枚といった具合に下の階に書類を落としていく。九階の住人はそれを「渇いた喉に冷たい水」のように受け取る。[*132] 彼らも読み終わると、八階の〝渇いた喉〟のために必要箇所を抜粋する作業にいそしむ。一方、一一階ではあなたの上司がまた同じ作業を始めているはずだ。そして二〇階でも……まあ、トップが何をやっているかなんて知る術もないのだが。

企業内の情報フローは、伝統的にこんなモデルをとってきた。経営の上層部が情報を集め、どれを誰に渡すか慎重に検討する。この世界では、情報は支配の手段、権力の源泉として厳重に管理される。リーダーシップの研究者、ジェームズ・オトゥールとウォーレン・ベニスは、企業で権力者となる人々の多くは「チームワークに優れているためではなく、経営上層

*132 箴言二五章二五節。「渇いた喉に冷たい水、遠い地からの良い便り」(日本聖書協会共同訳聖書)。

部での権力闘争に勝ち抜いたためにその座をつかんだのであり、それは情報を隠そうとする意識を助長する」と指摘する。[*133] 思えば旧ソ連の共産党政治局員も、コピー機は鉄の扉に二重鍵をして管理していた。誰かが忍び込んで、穀物生産五カ年計画のコピーを無断で作成したりしないように。[*134] 旧ソ連の官僚的発想から、まだ抜け出ていない企業マネジャーは多い。下の階の民衆扇動家に、情報という名の企業帝国の鍵を渡すわけにはいかない。だから必要最低限の情報を選択的に渡すのだ。

だがソ連は崩壊した。このようなケチケチした情報分配システムも、従業員の仕事が「働くこと」だった時代には成功したかもしれないが、インターネット時代の従業員の仕事は「考えること」だ。ジョナサンがビジネススクールの学生だったとき、金融学の教授が「カネはあらゆる企業の生命線だ」と言っていた。ただ、やや舌足らずだ。もちろんインターネットの世紀にもカネは重要だが、企業にとって真の生命線は情報である。二一世紀の企業においてカギを握るのは、スマート・クリエイティブを吸い寄せ、すばらしい仕事をさせることだが、彼らに十分な情報を与えないかぎり、それは不可能だ。

こんにち最も成功を収めている経営者は、情報を囲い込んだりしない。共有する（ビル・ゲイツは一九九九年にこう語っている。「力の源泉は秘匿した情報ではなく、共有した情報だ。企業の価値観や報酬システムに、この考え方を反映させる必要がある」）。[*135] リーダーシップの目的は、会社全体の情報の流れを二四時間、三六五日、最適化することだ。それにはまったく新しいスキルセットが求められる。

数年前のあの日、ジョナサンはエンジニアの〝口撃〟にこう応じた。「ぼくがバカ高いルータに過ぎないなら、とびきり高性能な一台でありたいね」。それには何が必要だろう？　デフォルト状態を「オープン」に、失敗を恐れず高い目標を設定し、疑問を感じたら周囲と話し合えばいい。

デフォルトを「オープン」に

すべてを共有することを、自分のデフォルトにしてしまおう。グーグルの取締役会報告書が良い例だ。これはCEO時代のエリックが始めた試みで、いまも続いている。毎四半期、

＊133 James O'Toole and Warren Bennis, "What's Needed Next: A Culture of Candor" (*Harvard Business Review*, June 2009).

＊134 Michael Parks, "Soviets Free the Dreaded Photocopier" (*Los Angeles Times*, October, 1989).

＊135 Bill Gates, "Bill Gates' New Rules" (*TIME*, April 19, 1999).

エリックのチームは会社の現状についての詳細な報告書をまとめ、取締役会に提出する。報告書は「取締役会への手紙」と題した、会社とプロダクトに関するデータや意見などを盛り込んだ文章と、データや図表のスライドから成り立っている。スライドは各部門の責任者（検索、広告、ユーチューブ、アンドロイドなど）が取締役会で報告する際に使う。当然、こうした情報の大部分は一般に公表するようなものではない。だが取締役会が終わると、私たちはおよそ〝当然〟ではないことをする。取締役会に提出した資料を、全従業員と共有するのだ。エリックは全社ミーティングで取締役に見せたものと同じスライドを使って会社の現状を説明し、「取締役会への手紙」はメールで全社員に送られる。

はいはい、そこのうるさ型、たしかに手紙の〝全文〟ではないことは認めますよ。法的な理由で全従業員に共有できない情報もあるため、あらかじめ弁護士と一部の広報担当者が手紙をチェックし、法的な地雷を除去する。「すべての情報を共有する」という車のタイヤが、「でも本当に〝すべて〟を共有するなんて、できっこない」という道路に差し掛かるわけだ。毎四半期、善意の、そして他のあらゆる面ではグーグル的なグーグラーたちが赤ペンを手に、取締役会の手紙の一部に〝死刑宣告〟を下そうとする（実際には赤ペンは使わないが）。「このくだりは公表できない」と。理由は「情報が漏れたらどうするんだ？　大問題になるぞ」あるいは「たとえ真実で、取締役会に話した内容だとしても、従業員には言えない。やる気が落ちるから」といったものだ。

さいわいチェックプロセスの責任者は、「すべての情報を共有する」とは、「外部に漏れても問題がなく、誰の気持ちも傷つけない情報に限ってすべて共有する」という意味ではないことをわきまえている。「法律あるいは規制で禁じられているごくわずかな事柄をのぞき、すべて共有する」という意味だ。この違いは大きい！　だから、特定の文言やパラグラフを削除したいという人は、その正当性を具体的な根拠をもって証明しなければならない。生半可な根拠では、およそ通らない。グーグルでは二〇〇四年に株式公開をしてから、ずっと取締役会への手紙を共有してきたが、情報漏洩が問題となった例はない。そして会社で何が起きているかわからない、という不満も一切出ない。そんなことを言う社員がいたら、取締役会の手紙を読み、エリックのプレゼンを見ろ、と言うだけだ。取締役会への手紙を全社員と共有することには、プラスアルファのメリットもある。質が高くなるのだ。取締役に見せるというだけで、たいてい質の高いものが上がってくるが、全社員に見せるとなると〝とびきり質の高いもの〟ができる。

デフォルトをオープンにするというのは、取締役会の資料に限らない。グーグルでは基本的にすべてを共有する。イントラネット「Ｍｏｍａ」には、たとえば今後発売される予定のすべてのプロダクトの情報が載っているし、毎週のＴＧＩＦミーティングではプロダクトチームが開発中のプロダクトについて、そのクールな仕様をデモやスクリーンショットを交えてプレゼンテーションする。グーグルが次に何をするのか憶測するのが好きなブロガーにとって、TGIFに出席するのはチャーリーがチョコレート工場に招かれるようなものだろう。普通の会社なら慎重に情報管理するようなことまで、TGIFでは赤裸々に語られる。これについても会場の後ろのほうからこっそり撮影されたスクリーンショットやデモの動画などが外部に漏れたことはない。重要な情報を従業員を信頼して共有すれば、彼らはその信頼にこたえようとする。[*136]

もう一つ、透明性の具体例といえるのがOKRだ。OKRとは個々の社員の目標（Objectives、達成すべき戦略的目標）と主要な結果（Key Results、その目標の達成度を示す客観的指標）である。すべての社員が四半期ごとに、自らのOKRを更新してイントラネットで公開することになっており、他の同僚がどんな仕事をしているかが簡単にわかる。社内で会った人物がどんな仕事をしているか詳しく知りたいと思ったら、Momaに行ってOKRを見ればいい。単に肩書と仕事内容の羅列ではなく、取り組んでいる仕事、大切に思っている仕事を自分の言葉でまとめたものだ。その社員が何にモチベーションを感じるかを確かめる一番手っ取り早い方法だ。

もちろん、それを率先してやっているのが経営トップだ。グーグルでは四半期ごとに、ラリー（それ以前はエリックも）が自分のＯＫＲを公表し、全社ミーティングで議論する。主要なプロダクトや事業部門の責任者も一緒に登壇し、ラリーの挙げた目標が自分の部署に持つ意味や、前四半期の目標の達成度について語る。単なるショーではない。ＯＫＲは本物の目標で、各四半期の初めにプロダクト責任者との議論を通じて決定される。前四半期のＯＫＲのなかには、評価がレッドカード、あるいはイエローカードのものも多い。会社の経営トップが率直に、自分たちの至らなかった点やその原因を議論する（あなたの会社のトップは、四半期ごとに達成できなかった野心的な目標について語っているだろうか？）。このミーティングに出席した社員は、自分のＯＫＲを作成するときに、その四半期の会社全体の優先課題をはっきりわかっている。これは組織の規模がとほうもなく大きくなっても、全体として同じ方向を向くようにするのに大いに役立つ。

＊136　情報漏洩はこれまでにもあったが、私たちの知るかぎりＴＧＩＦからではない。情報漏洩があった場合には、徹底的に調査し、たいてい出所を突き止める。たいてい出所はパートナー企業だが、グーグラーが原因だった場合、解雇される。

細部を知る

かつてゼロックスのパロアルト研究所長を務めたジョン・シーリー・ブラウンはこう言った。「人間の本質は、質問に答えることではなく、自ら質問することだ」[*137]。エリックはグーグルや取締役を務める他の会社内を歩くとき、努めてブラウンの考えを実践しようとする。しばらく顔を合わせていなかった幹部と出会っても、世間話にムダな時間は費やさない。心をこめて挨拶すると、単刀直入に切り出す。「君の仕事はどうだい？ どんな問題がある？ 目標の達成度を説明してくれないか？」。こんなふうに質問すると、いくつかメリットがある。社内で何が起きているか把握できること、そして経営幹部のうち担当分野の細部まで把握しているのが誰かがわかることだ。担当事業の問題点を聞かれて一〇秒で答えられない人物は、適任者とは言えない。いまや〝部下に任せる〟というスタイルは通用しなくなった。リーダーは細部を把握していなければならない。

エリックは記憶力抜群で、部下の目標がすべて頭に入っているため、このやり方でうまくいく。ジョナサンの記憶力はエリックほどではないため、電話の連絡先アプリのメモ欄に部下の目標を入れておく。誰かにばったり会うと、おもむろにポケットから電話を引っ張り出し、質問リストを表示してからエリックと同じように質問攻めにする。

正しい質問をしても、〝細部〟をつかむのはなかなか難しい。まだエリックが入社したばかりのころ、ラリーとセルゲイがある技術的問題について、またそれに対する責任者の対応について腹を立てていた。しばらくふたりの話に耳を傾けた後、エリックは口をはさんだ。「最近あの責任者とは話をしたから、私から状況を説明しよう」。そして責任者からの情報にもとづいて、そのチームで起きていることを語った。

ラリーは少し話を聞いただけで、またすぐに口をはさんだ。「違うね。そんなんじゃないさ。事実はこうだ」。ラリーが挙げたいくつかの根拠を聞いて、エリックもすぐにラリーの言い分が正しいことに気づいた。細部を把握していたのはエリックだが、真実を把握していたのはラリーだった。木を見て森を見ずではいけない。

なぜこんな結果になったのか。エリックが聞いていたのはマネジャーの見解だったが、このマネジャーは「上にあげる情報は徹底管理する」という従来型の情報伝達モデルを忠実に

---

*137 以下の記事より。John Markoff, "A Fight to Win the Future: Computers vs. Humans" (*New York Times*, February 14, 2011). ブラウンのこの発言は、人気クイズ番組《ジェパディ！》で、ＩＢＭが開発した人工知能「ワトソン」が人間と対戦することの重要性を否定するものだった。「ワトソン」の開発目的が質問をすることであったというのは、なんとも皮肉ではないか。

実践していた（選択的な情報伝達は上下双方向に起こる。あまり優秀ではない中間マネジャーにはおなじみの芸当だ）。一方、ラリーは現場のエンジニアから情報を得ていた。直接会話したのではなく、「スニペット」という便利なツールを使って直接情報を集めていたのだ。スニペットは各社員の週次報告書のようなもので、数分もあれば記入できる簡潔な内容だ（ドキュメントファイルあるいはメールの下書きを使ってあとで編集することもできる）。決まったフォーマットはないが、優れたスニペットにはその週の最も重要な活動と成果、目下取り組んでいる仕事が含まれている。暗号のようなものもあれば（「SMBフレームワーク」「一〇％リスト」）、文章もある（「四半期パフォーマンスを完了した」「家族と休暇に出かけた」）。OKRと同じように、全社員のスニペットはMomaに公表され、お互いに自由に見ることができる。またラリーは長年にわたり、エンジニアリング部門とプロダクト部門の責任者から毎週スニペットの概要も受け取っていた。こうして常に真実を把握することができたのだ。

ところで、真実と言えば……。

安心して真実を語れる環境をつくろう

ジョナサンは大学時代、歴史の授業を取ったことがある。学内のフットボールチームの選手たちが好んで受講する授業でもあった。自分のリサーチプロジェクトを発表する日が近づいたとき、教授が学生たちに「発表者にはなるべく難しい質問をするように」と言い聞かせていたのを思い出した。悪意からではなく、出席態度の評価点が高くなるから、と。クラスには歴史専攻の学生もおり、なんとか出席点を良くしようと、経済学専攻の自分に厳しい質問をぶつけてくるのではないか、と思うと気が重くなった。そこで一計を案じた。あらかじめ質問を考え、フットボール選手に配ったのである。なんとか出席点を上げたいのは彼らも同じ。クォーターバックやセーフティがあらかじめ仕込んでおいた質問を投げてくれたので、ジョナサンは難なくそれを打ち返し、みな満足して教室を後にした。

このジョナサンのいかがわしいやり口は、企業世界でもときどき見かける。誰もが経営者に難しい質問を投げかけるのを恐れ、甘い球ばかりを投げる。これは質問に限らない。悪い知らせを報告する役まわりは避けたいというのは、最も普遍的な人間的欲求の一つに挙げられるだろう。だがリーダーに一番重要なのは、まさに悪い知らせなのだ。良い知らせは次の日もあまり変わらないが、悪い知らせは日を追うごとにさらに悪くなっていく。だから部下が身の危険を感じることなく、トップに難しい質問を投げたり、どれほど厳しい知らせであっても報告したりすることができる環境を常につくっておくことが大切なのだ。何かが計画どおりに進んでいなくても、その事実が迅速かつ率直にトップに報告されるなら、(手放しで喜ぶことこそできないが）情報伝達プロセスがきちんと機能していることは確かだ。炭鉱でカナリアが死んでいるのに変わりはないが、少なくともあなたはその事実を把握している。そして黄色い亡骸《なきがら》を運んできた哀れな社員は、自分がそのまま炭鉱に送り返されないとわかっている。

つらい真実をトップに報告しやすい環境をつくるうえで、いくつかお薦めの方法がある。グーグルでは新プロダクトや主要機能を発表した後、担当チームに「反省会」をさせている。全員で集まり、うまくいったこと、いかなかったことを話し合うのだ。結果は社内で公表し、誰でも見られるようにする。ただ、反省会の最大の成果は、このプロセスそのものだ。率直で透明性の高い、誠実なコミュニケーションをうながす機会を逃してはならない。

もう一つの例がＴＧＩＦだ。ラリーとセルゲイが毎週主催するこのミーティングでは、何の制限・制約もないＱ＆Ａセッションが常に設けられてきたが、会社の規模が大きくなるにつれて、うまくいかなくなった。そこで「ドリー」という名前のシステムが誕生した。直接質問ができない人（あるいはしたくない人）は、ドリーに質問を送れるようにしたのだ（《ファインディング・ニモ》に出てくる忘れっぽい魚のドリーにちなんで命名されたシステムだが、なぜそうしたのかは思い出せない）。ドリーに質問が来ると、それが良い質問か悪い質問か、社員が投票する。良い質問という評価が増えると、質問の優先順位は上がっていく。厳しい質問ほど、評価は高くなる傾向がある。ＴＧＩＦでは、ラリーとセルゲイが答えやすい質問だけを選べないように、ドリーの質問はスクリーン上に表示される。ふたりは厳しい質問か否かにかかわらず、上から順番に質問に答えなければならない。ドリーを使うと、誰でも直接ＣＥＯや経営幹部にとびきり厳しい質問ができる。またクラウドソーシング的性質のため、お粗末な質問はほとんど日の目を見ない。一方、お粗末な回答はもっと〝ローテク〟なかたちで断罪される。ＴＧＩＦの出席者は赤と緑の札を配られ、質問に対して十分な回答がなされなかったと感じた場合は赤い札を振ることになっている。[＊138]

エリックは透明性に対するグーグルのアプローチを「上昇、告白、順守」モデルと呼ぶ。パイロットは緊急事態に陥ったとき、まず上昇せよ、と教わる。危険から逃れるのだ。次に告白、つまり管制塔と連絡をとり、自分がどのようなトラブル状態にあるかを説明する。最後に順守だ。管制塔にどうすればよいか指示されたら、そのとおりにやるのだ。会社で部下があなたのところに悪い知らせ、あるいは問題を報告しに来たら、「上昇、告白、順守」を

＊138　赤と緑の札を振るという方法は、映画*The Internship*で使われた。映画が公開された後、我々はそれを実際にＴＧＩＦに採りいれた。一年ほどそうした状況が続いた後、遠隔地からＴＧＩＦに参加する社員も意思表示ができるようにデジタル版に変更した。

実践しているのだと考えよう。どうすればよいか、思い悩んだ末に来たはずだ。だからその率直さに報いるために、話に耳を傾け、支援の手を差し伸べ、次に着陸を試みたときには必ず成功すると信じよう。

会話のきっかけをつくる

マイケル・ジャクソンのコンサート準備過程を描いたドキュメンタリー映画《マイケル・ジャクソン THIS IS IT》が二〇〇九年一〇月に公開されたとき、ジョナサンはあるアイデアを思いついた。マウンテンビューにあるグーグルのメイン・キャンパスの目と鼻の先にはシネコンがある。そこでジョナサンは公開初日のチケットを大量に買い込み、プロダクトチームに好きな時間に観に行っていいと声をかけた。数百人が誘いに乗った。いくつものグループが連れ立って、〝キング・オブ・ポップス〟がカムバックコンサートの準備に取り組む姿を観に行った。結局コンサートはマイケルの急死によって幻になってしまったが。

ジョナサンの友人や同僚のなかには、仕事の生産性を犠牲にしてまで、たくさんのグーグラーに映画を観に行かせる価値があったのかと批判的な見方もあった。だが、ジョナサンの答えはもちろん「イエス」だ。この映画には、世界一流のスマート・クリエイティブが細部に徹底的にこだわり、そして常に顧客目線に立ち、仲間とともに最高のパフォーマンスをつくりあげようとする姿が描かれている。ただ映画鑑賞ツアーを企画したのには、もう一つの隠れた理由があった。「会話のきっかけづくり」である。その後何カ月にもわたり、ジョナサンはエスプレッソマシンの前やカフェテリアで、プロダクトチームの幹部から入社したての若手社員まで数えきれないほどの同僚から「映画のチケットをありがとう」と感謝の言葉をかけられた。そんなとき、ジョナサンはきまって「どこが良かった?」と尋ねた。そこから会話が広がっていった。

会話はいまでも最も重要かつ効果的なコミュニケーション手段である。しかし技術の進歩や仕事の忙しさによって、会話のチャンスは減っている。私たちは世界中どこでも常時接続が可能な時代に生きている。それはすばらしいことであると同時に、危険な誘惑をはらんでいる。あなた自身、目と鼻の先に座っている同僚と会話する代わりに、メールやチャットやテキストメッセージで済ませた経験がないだろうか。残念ながら、これは非常に多い。私たちも例外ではない。社会学者はこの現象を「怠惰」と呼ぶ。ただテクノロジー好きなスマート・クリエイティブの名誉のために言い添えておくと、「怠惰」以外にも理由はある。経営トップや幹部がどれほど率直な対話を呼びかけ、「オープンドア・ポリシー」を採用しようとも、実際にそのドアをくぐろうとする社員がいなければ何の意味もない。組織の右も左もわからない人間にとって、会話を始めるのは難しい。とくに大企業の、新参者にとってこれは切実な問題だ。リーダーのほうから手を差し伸べる必要がある。

グーグル屈指のリーダーのなかには会話を促すために、ちょっと変わった試みをする者もいる。たとえばウルス・ヘルツルは〝ユーザ・マニュアル〟をつくった。部下（その数は数千人に達する）に自分という人間の扱い方、壊れた場合の修理法などを説明するためだ。[*139] マリッサ・メイヤーは「オフィスアワー」を定期的に設けていた。これもグーグルが創業初期に学術界から取り入れた習慣の一つだ。マリッサは大学教授と同じように週に数時間の枠を設け、自分に話がある人は自由に訪ねて来られるようにした。希望者はマリッサのオフィスの外に掛けてあるホワイトボードに名前を書き込むことになっており（オフィスを共有するグーグラーは、オフィスアワーになるとどこかへ逃げ出した）、水曜日の午後になるとオフィスまわりのソファは順番待ちの若いプロダクト・マネジャーでいっぱいになった。

たいていの会社には、特定分野について誰もかなわないような専門知識を持っていたり、組織のことなら知らないことはないといった〝部族の長老〟がいる。社内で有名な人もいれば、有名ではない人もいるだろう。リーダーが入社したばかりのスマート・クリエイティブのために何かしてやりたいと思うなら、そんな長老と引き合わせてあげるのが一番だ。かつてのベル研究所では、この長老的な存在を「本を書いた人」と呼んだ。たいてい特定の分野で必読とされる本や論文を書いていたからだ。上司が新入社員に、「本を書いた人」にアドバイスを求めにいくよう指示することも多かった。[*140] 多くの企業（大学も同じだが）のマネジャーは反射的に、新入社員を組織内のスーパースターから遠ざけておこうとする。バカな質問でもして、スターの時間をムダにするんじゃないかと心配するためだ。だが、それは間違いである。もちろん、新人がバカな質問をすることはあるだろう。ただ、たいていのスーパースターは自分の時間をムダにする人間に寛容ではなく、相手に容赦なくそれを思い知らせる。

＊139 ウルスのユーザ・マニュアルのなかでも、私たちのお気に入りの箇所を引用しよう。「ぼくはアメリカ育ちではないので、普通の人より歯に衣着せぬ物言いをする。（中略）議論をはっきりさせるために、モノをはっきり言いすぎるきらいがある。何かを説明するときには、曖昧な言い方より、白黒はっきりさせたほうがいい。（中略）ぼくが間違っていると思ったら、はっきりそう言ったほうがいい。反対意見を言ったという理由で、他人を責めることは絶対にしないタイプだ。（中略）あなたがぼくに常にこき下ろされている、マイナスのフィードバックしかもらったことがない、と思っているなら、ぼくのほうはまったくそんなつもりではないはずだ」

＊140 Jon Gertner, "True Innovation" (*New York Times*, February 25, 2012). ガートナーはベル研究所のイノベーションについて本も書いている。Jon Gertner, *The Idea Factory: Bell Labs and the Great Age of American Innovation* (Penguin, 2012)（邦訳『世界の技術を支配する　ベル研究所の興亡』）。

未熟なスマート・クリエイティブでも、一度でもそんな目に遭えばすぐに学習し、二度と同じ失敗は犯さない。

お祈りをいくら繰り返しても御利益は減らない

仕事に限った話ではないが、何かを人に伝えたいと思ったら、たいてい二〇回は繰り返す必要がある。[*141] 数回言うだけでは、みんな忙しすぎて、おそらく気づかないだろう。さらに何回か繰り返すと、「あれ、なんか聞こえたかな?」ぐらいに思ってもらえる。一五〜二〇回ほど繰り返して、自分ではいい加減うんざりしはじめたころ、ようやく周囲に伝わりはじめる。だからリーダーは常に〝コミュニケーション過剰〟であるべきだ。エリックのお気に入りの格言は「お祈りをいくら繰り返しても御利益は減らない」。「聖母マリアへの祈り」を始終口にしている神父様もきっと同意見だろう。

ただ、「正しいコミュニケーション過剰」と「誤ったコミュニケーション過剰」の違いは頭に入れておこう。インターネットの世紀には、技術のおかげで簡単に多くの人と多くの情報を共有できるようになった。おもしろい記事を見つけたら、リンクをカット&ペーストして、興味がありそうな人全員にメールで送ればいい。やった、これで文句なしにコミュニケーション過剰だ！　それで他の人の時間までムダにしてしまう。誤ったコミュニケーション過剰は無益な情報の拡散を招き、すでに満杯のメールボックスにさらにムダな情報を流し込むだけだ。「正しいコミュニケーション過剰」の基本的ルールをいくつか挙げておこう。

①そのコミュニケーションは、あなたが全員に伝えたい重要なテーマを強調するものか？

このルールを満たすには、まず重要なテーマをはっきりさせる必要がある。「お祈りをいくら繰り返しても御利益は減らない」という言葉のとおり、まさにお祈りのようなものだ。全員に理解してもらいたいこと。神聖なもの。数は少なく、あなたの会社のミッション、価値観、戦略、業界に関係するものだ。グーグルの場合「ユーザ第一」「大きなことを考えよ」「失敗を恐れるな」といったことがそれにあたる。また、私たちはテクノロジー楽観論者だ。テクノロジーとインターネットには、世界に良い変化をもたらす力があると信じている。

ところで、二〇回言っても周囲に伝わらないことがあるなら、それはコミュニケーションの方法ではなく、テーマに問題がある。たとえば毎週の全社ミーティングで戦略や事業計画を繰り返しても、社員が理解しない、あるいは信じようとしないなら、言い方ではなく、内

＊141　ジョナサンはこの説を妻に唱えつづけているが、四回も繰り返すと「いい加減黙って」と言われる。

容に問題があるのだ。

②コミュニケーションは効果的か？

正しいコミュニケーションには、新鮮な情報が必要だ。「お祈りを繰り返しても御利益は減らない」とは言っても、ただ繰り返すだけではダメだ。アメリカの小学校では「忠誠の誓い」を子供たちに暗唱させ、一字一句頭に叩き込むが、その過程で意味は完全に忘れられる。同じアイデアを伝えるにも、聞き手の注意を引くには提示方法を変える必要がある。たとえばエリックが定期的にグーグラーに配信するメモは、常に「ユーザに焦点を絞ること」の大切さに触れている。新鮮さを持たせるため、あるときにはユーザの入力する検索語が毎年五％ずつ長くなっているという事実を挙げ、ユーザが着実に進化していることを指摘した。ほとんどのグーグラーが知らなかった新鮮かつ興味深い事実だ。それによって言い尽くされたテーマへの関心が生まれた。

③コミュニケーションはおもしろく、楽しく、刺激的か？

経営陣には、たいてい好奇心が足りない。目の前の仕事をこなすことだけに集中し、コミュニケーションもなるべくビジネスライクに済ませようとする。だが、スマート・クリエイティブというのは興味の幅が広い。だからあなたが伝えようとしてきた重要なテーマとかかわりがあり、示唆に富む、興味深い記事を見つけたら、シェアしよう。重要なポイントを抽出し、メンバーに興味を持たせよう。あなたが遮眼帯《ブリンカー》をはずし、話題を広げれば、周囲も歓迎するだろう。みんなも好奇心を持ちたいのだ。数年前ジョナサンは、ジャーナリストでワイヤード誌の初代編集長だったケビン・ケリーの記事に目を留めた。「ムーアの法則は必然だったのか」[*142]と題したこの記事は、ムーアの法則の歴史を振り返り、その〝次世代版〟が生まれるのは必然である、と予測していた。そこでジョナサンは自分のチームのメンバーに宛てて、記事内容を要約し、いくつかの短い質問を添えてリンクを送った。「みんなもムーアの法則の次世代版が生まれるのは必然だと思う？」「いまの法則が効力を失うのはいつだろう？」「ケリーの結論を踏まえて、グーグルの仕事のやり方で変えるべき点はあるかい？」。このメールをきっかけに、一週間にわたる熱い議論（会話だ！）が巻き起こった。「ムーアの法則の今後」というテーマは、グーグルの業務あるいは議論に参加したスタッフの仕事に直接関係するものではなかったが、テクノロジーの将来に賭けるというグーグルの包括的戦略には

＊142 "Was Moore's Law Inevitable?" (*The Technium*, July 2009). 以下で閲覧。http://www.kk.org/thetechnium/archives/2009/07/was_moores_law.php.

深いかかわりがあった。

④コミュニケーションに心がこもっているか?

あなたの名前で発信するなら、あなた自身の考えをきちんと入れよう。効果的なコミュニケーションをしたければ、一〇〇%アウトソースで済ませることはできない。文章のうまい人に表現を直してもらうのは構わないが、内容はあなた自身の考え、アイデア、経験でなければならない。一〇〇%本物に近いほどいい。

二〇〇九年末にイラクを訪れたエリックは、イラクでうまくいっていること、いっていないことに関する自分なりの考察を短い文章にまとめた。受け取った者にとってはグーグラーの立場からすれば直接関係がなくても、地球市民という立場からすれば大切な問題だったので、すぐに会社中に広まった。もっと気楽なところでは、ジョナサンは娘のサッカーの試合の名シーンをよくチームメイトに送る。戦闘地域を訪れたり、親としての誇りではじけそうになったときには、思い切ってそのストーリーを語ってみよう。

⑤コミュニケーションは正しい相手に届いているか?

メールの問題点は、おそろしく簡単に宛先を追加できることだ。アイツにもこの情報は送るべきかな？　まあいいや、追加しとけ。それともチームのメーリングリストでさっさと一斉送信しておくか——といった具合に。ただ、優れたコミュニケーションとは、その情報を有益だと感じる相手だけに届くものだ。適切な相手のリストをつくるのは手間がかかるが、数秒かけるだけで大きな効果がある。メーリングリストを使わず、適切な相手だけを選ぶようにすれば、受け取った相手が読む確率が高くなるのだ。逆の立場で考えてみよう。メーリングリストで送られてきたメールと、直接自分宛に来たメールでは、どちらが開封する可能性が高いだろう？　ジャンクメールと手渡しされたカードぐらいの違いがある。

⑥メディアの選択は適切か？

あらゆるコミュニケーション手段を活用しよう。情報収集の方法は人によって違う。特定の人には効果的な媒体も、他の人には効果がないかもしれない。重要なメッセージがあるなら、あらゆるツールを使って送ろう。メール、動画、ＳＮＳ、会議、ビデオカンファレンス、チラシやポスターにして社内のキッチンやカフェに貼り出してもいい。あなたの会社で働く人たちにはどのツールが有効か確かめ、活用しよう。

⑦正直かつ謙虚に。不運な事態に備えて好意を蓄えておこう。

スマート・クリエイティブにはたくさんの選択肢がある。あなたの会社にとどまる必要はない。常に正直かつ謙虚に語るよう心がければ、社員の好意や忠誠心は蓄積されていくはずだ。そして何か失敗をしたら、それも正直かつ謙虚に伝えよう。好意の〝残高〟は多少目減りするかもしれないが、枯渇することはない。

「ロンドンはどうだった？」

たいていのビジネスパーソンは職場会議に出席する。あなたにもきっと何百回と経験があるだろう。内容はだいたい想像がつく。現状報告や細々とした業務連絡を聞き、目を開いたまま居眠りし、机の下でこっそりメールをチェックし、「なんでこんな目に遭わなきゃいけないんだ」とぼんやり考えたりする。典型的な職場会議の問題点は、チーム全体が直面している重要な問題を議論するのではなく、担当ごとの状況報告に重点を置くことだ。この結果、あまり大切ではないことばかりに時間を割き（あらゆる業務について毎週報告を聞く必要が本当にあるのだろうか？）、重要なことは十分議論されないまま終わってしまう。このやり方は縦割り主義を助長するという弊害もある。「パムの仕事は品質管理、ジェイソンは営業」といった具合に。こんにちチームが直面している最も重要な課題に、全員一丸となって取り組む場にはならない。

単調な職場会議をおもしろくする、簡単な手がある。参加者に出張の報告をさせるのだ。小学生が「夏休みの思い出」を話すのと同じように、出張した社員に現地で見たこと、学んだことを話してもらう。毎回、出張報告で会議を始めてもいい（出張した人がいない週は、誰かに週末に何をしたか語ってもらおう）。出張報告によって会議はおもしろくなる。そこから会話が始まるし、会議で報告しなければならないとわかっていれば、きっと準備をしてくるだろう。また質の高い出張報告は、会議の参加者が縦割り的発想から抜け出すきっかけになる。それこそ職場会議の質を高めるのに欠かせない要素だ。担当業務にかかわらず、会社全体、業界、顧客、パートナー企業、異なる文化について自分の意見を持つことを奨励しよう。

グーグルのCFOであるパトリック・ピシェットは二〇〇八年に入社して間もなく、ロンドンオフィスを訪れた。パトリックがロンドンから戻ると、エリックはスタッフ・ミーティングの冒頭で「ロンドンはどうだった？」と水を向けた。ロンドンオフィスとそこで会ったスタッフのすばらしさについてひとしきり語ったあと、パトリックはまったく別の話題に移った。ロンドン滞在中、目に入ったすべての携帯電話ショップに立ち寄り、さまざまな端末や料金プランについてセールスマンと話をしてきたという。こうしてパトリックは出張報告のなかで、グーグルの新しいモバイルOSアンドロイドや大量のアプリが販売現場でどう受け止められているか、最新情報を伝えたのだ。財務とはまったく関係のないトピックだが、パトリックは自分の担当分野の話題しか語っていけないとは思わなかった。彼の出張報告によって、全員が会社全体に関する意見を持つことができ、またそうすべきである、という高い基準が設定された。

自分を見つめ直す

エリックが大切にしているルールの一つは、経営者の黄金律と言ってもいいだろう。「自分の下で働きたいと思うような上司であれ」。自分がマネジャーとしてお粗末で、部下だったら最悪だろうと思うなら、ちょっと努力したほうがいい。これを実践するのに一番効果的なツールは自己評価だ。少なくとも年一回、自分自身の仕事ぶりを振り返って書き出し、読み返し、自分なら自分の下で働くか考えてみるのだ。それから実際に自分の下で働いているスタッフと共有しよう。通常の三六〇度評価よりも、よほど有益な情報が得られる。まずあなたが自分自身を批判することで、まわりの人が率直に意見を言いやすくなるからだ。

本書ではすでにエリックが二〇〇二年に書いた自己評価を見てきた。ビル・キャンベルの果たした役割について、またエリックが当初（誤って）コーチなど必要ないと考えていたというくだりである。このときの自己評価では、エリックはほかにも自分の至らなかった点をいくつか率直に認めている。たとえば「もっと早くチームを活性化し、多くの意思決定を実行すべきだった」「もう少し気短になり、意思決定において強制的に議論を打ち切るべきケースもあった。必要以上にコンセンサスの形成を重んじた場面があった」といったことだ。エリックのチームは、こうした自己批判をとても好意的に受け止めた。ＣＥＯも自分たちと同じように、もっと上を目指そうとしていることが伝わったからだ。

メールの心得

インターネットの世紀のコミュニケーションには、たいていメールが使われる。メールはとにかく有益で有効なツールだが、根っから楽観的で前向きな人にまで不要な不安やいらだちを感じさせることがままある。相手にそんな思いをさせないために、私たちが心がけていることを紹介しよう。

①すぐ返信する――世の中にはメールの返信が即座にあるとアテにできる人と、アテにできない人がいる。前者になるよう努力しよう。私たちが知っているなかでもとびきり優秀で、

しかもとびきり忙しい人は、たいていメールへの反応が速い。私たちなどごく一部の相手に限らず、誰に対してもそうなのだ。メールにすばやく返信すると、コミュニケーションの好循環が生まれる。チームや同僚が、重要な議論や意思決定のメンバーにあなたを加えるようになる。また誰に対しても同じようにすばやく反応すれば、フラットで能力主義的な企業文化の構築を助長することができる。返信は短くていい。私たちがよく使うのは「了解」だ。迅速な返信能力に自信があるなら、返信しない場合はどういう意味か、周囲にはっきり伝えておくこともできる。私たちの場合、それは通常「了解したから、進めてくれ」の意味だ。普通の人が返信しないのはもっと悪い意味が込められている。たいていは「忙しすぎて、いつ返信できるか、そもそも返信できるかわからない。返事がほしければ、そのまま待っていてくれ。ついでに、あんたのことは嫌いだ」という意味だ。

②メールでは一言一句が大切で、ムダな長文は要らない――メッセージは簡潔に。問題を説明する場合は、明確に定義する。このルールをきちんと守ろうとすると、時間がかかる。下書きを書いたら読み返し、不要な言葉をすべて消していこう。エルモア・レナードは作家として成功した秘訣を聞かれ、こう答えた。「読者が読み飛ばしそうな部分を削る」[*143]。たいていのメールには、読み飛ばせるような部分が山ほどある。

③メールの受信トレイは常にきれいにしておこう――受信トレイを眺めながら、どのメー

ルから返信しようか悩んでいたりしないか。すでに読んだメールを読み返すのに、時間を使っていないか。どのメールから返事をしようか、考えるのは完全な時間のムダだ。すでに読んだ（とはいえ返信しなかった）メールを読み返すのも同じだ。

メールを開封した場合、いくつかの選択肢がある。十分読んだうえで、読む必要がないものと判断する、読んだうえですぐに反応する、読んだうえであとで反応する、あとで読む（読む価値はあるが、緊急性が低く、いま読むには長すぎる）、である。どの選択肢をとるか、即座に決めよう。それもなるべく最初の二つを選ぶよう心がけたい。使い古された略語だが「ＯＨＩＯ（Only Hold It Once、対処するのは一度だけ）」を覚えておこう。メッセージを読み、何をすべきかわかったら、すぐに行動に移そう。そうしないと、必ずあとで読み返すことになり、それはまったくの時間のムダだ。

これをきちんとやっておくと、受信トレイはほぼ、熟慮する必要のある複雑な問題だけが並ぶ「やることリスト」になる。このタイプのメールには「対処する」というラベルをつけるか、Ｇメールならスターをつけておくといい。ほかにはあとで読めばいい数本のメール

＊143　以下をはじめ、さまざまなところで引用されている。Dennis McLellan, "Elmore Leonard, Master of the Hard-Boiled Crime Novel, Dies at 87" (*Los Angeles Times*, August 20, 2013).

が残っているだけになる。

メールの量に圧倒されて、受信トレイから機械的に「対処する」フォルダに移すようなことにならないように、対処すべきメールは〝その日のうちに〟処理しよう。一日の締めくくりの作業にうってつけだ。毎日、受信トレイのアイテム数をゼロにするのが理想だが、五つ以下なら問題ない。それより多いと、あとで優先順位を決めるのにムダな時間を取られることになる。

④メールの扱いは「LIFO（後入れ先出し）」で――古い案件は、すでに他の人が処理してくれている場合もある。

⑤自分が「ルータ」であるのを忘れずに――有益な情報を含むメッセージを受け取ったら、それを有益と感じる人が他にもいないか考えてみよう。一日の終わりには、その日受け取ったメールを頭のなかで振り返り、こう自問しよう。「誰かに転送すべきだったのに、転送しなかったメールはないか？」

⑥「BCC」を使うときには、その理由を自問してみよう――たいてい何か隠し事をするためだろう。それは非生産的で、透明性の高い企業文化を蝕むリスクがある。そんなときは対象者を「CC」に入れるか、送信者に含めないほうがいい。

唯一「BCC」を使う意味があるのは、誰かをメールのスレッドから外すときだ。長いやりとりが続くスレッドで「全員に返信」機能を使うときには、すでに参加する必要のなくなったメンバーをＢＣＣに移し、その事実を本文に明記しよう。相手も不要なメールを受け取らずに済むようになり、ほっとするだろう。

⑦メールで相手を叱り飛ばさない――誰かを叱責する必要があるなら、直接会ってそうするべきだ。メールを介すと小言を言うのが、ものすごく楽になるので自戒したい。

⑧仕事の依頼をフォローアップしやすくする――誰かに何らかの行動を求めるメッセージを送る場合は、件名に「フォローアップ」と書いて、自分宛にも送っておこう。そうすると、進捗していない案件をフォローしやすくなる。最初のメールの冒頭に「これ、終わった？」という新しいメッセージを加えて、再送すればいい。

⑨あとで検索しやすいように工夫する――あとで読み返すかもしれないメールを受け取ったら、件名に内容を説明するキーワードをつけて自分に転送しておこう。未来の自分はどうやってこのメールを検索するだろう、と考えてみるのだ。あとで検索するときには、きっと同じ検索語を使うだろう。

これはメールだけでなく、重要な書類の整理にも役立つテクニックだ。ジョナサンは家族のパスポート、免許証、健康保険証などをスキャンして、キーワードを件名に入れて自分に送るようにしている。万が一、旅先でこうした書類をなくしてしまっても、ネットに接続できれば簡単にコピーが手に入る。

シチュエーション別のルールブックをつくる

経営者はさまざまな相手と向き合う。従業員、マネジャー、取締役、アドバイザー、顧客、パートナー企業、投資家など。異なる状況で最も効果的なコミュニケーション方法をルールブックのようにまとめておくと役に立つ。私たちのものを紹介しよう。

●一対一の面談——リストを持ち寄る

ビル・キャンベルから、一対一の面談（マネジャーと部下との定期的な面談など）に役立つ、おもしろい方法を聞いたことがある。マネジャーも部下も、ミーティング中に話し合うべきトップ五項目を書き出してくるのだ。それぞれのリストを照らし合わせると、おそらくいくつかは重複するはずだ。一対一の面談の目的は、たいてい問題を解決することだ。マネジャーと部下が重視する問題がまったく一致しない場合、根底にもっと重大な問題があるサインだ。

ビルは一対一の面談に使えるフォーマットも提供してくれた。私たちも活用しており、とても効果がある。

1 職務に対するパフォーマンス

a 売上数値など

b プロダクトの発売、あるいはプロダクトのマイルストーンなど

c 顧客からのフィードバック、プロダクトの品質など

d 予算数値など

2 他の部署との関係（組織の一体感・一貫性を保つのに不可欠）

a プロダクトとエンジニアリング

b マーケティングとプロダクト

c セールスとエンジニアリング

3 マネジメント・リーダーシップ

a 部下の指導・コーチングをしているか？

b 質の低い社員を選り分けているか？

c 採用に真剣に取り組んでいるか？

d 部下たちを英雄的行動に駆り立てているか？

4 イノベーション（ベストプラクティス）

a　常に前進しているか。どうすれば常に向上できるか考えているか？

b　新しい技術、プロダクト、仕事の方法を常に評価しているか？

c　自分と業界・世界のトップ企業を比較しているか？

●取締役会――「首は突っ込み、手は出さない」

取締役会の目的は、調和、透明性、助言である。経営者としては取締役会議を終えるときには、自分の戦略や戦術に対して取締役の支持を得ていたい。取締役にはすべてを包み隠さず伝えなければならない。また（たとえ無視するつもりでも）取締役の助言には真摯に耳を傾けよう。取締役は心からあなたの役に立ちたいと思っているが、あなたほど会社の情報に通じているわけではない。要するに、取締役に求めるべきは「首は突っ込み、手は出さない」姿勢だ。[*144]

エリックはCEOだったころ、取締役会の冒頭で必ず前四半期のハイライトと問題点を簡潔に説明した。とくに大切なのは後者で、準備に一番時間をかけたのもここだ。取締役会に悪い知らせを伝えるのは、良い知らせを伝えるよりずっと難しいからだ。ハイライトは放っておいてもうまくいくが、担当部署に問題点を説明させると、必ず事実を取り繕おうとする。「こんな問題がありましたが、それほど悲惨な状況ではなく、すでに対策も打っています」

といった具合に。会社が直面している問題が、すべてそんな状態にあるはずはない。だから一番好ましいのは、とにかく正直に情報を伝えることだ。「私たちは困難な問題に直面しており、すべての解決策を持っているわけではありません」。エリックは売上、競合、プロダクトなど幅広い分野の問題点を正直かつ率直に提示し、その結果、取締役会では真剣な議論が行われた。たとえばある会議では、グーグルに官僚主義が蔓延し、動きが鈍くなっている問題を取り上げた。問題点にはこう書いた。「グーグルが便秘になった。議論すべき重要な課題である」

ハイライトと問題点を説明した次は、各プロダクト部門、業務部門についての詳細なレビューだ。議論の材料となるのは簡潔なデータで、プレゼンテーションの準備は広報部門や法務部門ではなく、各プロダクトに直接かかわっているプロダクト・マネジャーが行う。ジョナサンは配下の特別優秀なスマート・クリエイティブにこの役割を与えた。大変な労力が必

＊144 英語ではNIFO（Nose In, Fingers Out、鼻は突っ込んでも、指は触れるな）。全米取締役協会の創業者で元会長のジョン・M・ナッシュの造語とされる。取締役会は積極的に監視の役割を果たす一方、事業のマイクロマネジメントはすべきではない、という意味だ。以下を参照。"A Leader Ahead of His Time: NACD Founder John Nash" (*NACD Directorship*, May 15, 2013).

要な作業だが、彼らなら完璧にやることがわかっていたからだ。優秀な人材にとって、取締役会のためにプレゼンテーション（それに添える手紙も）を準備するという経験が、エグゼクティブ・レベルのコミュニケーションのあり方やスキルを身に着け、また会社で何が起きているかを理解するすばらしいチャンスになるという考えもあった。このような仕事を広報部門のスタッフに任せれば、会社の将来を担う人材に貴重な現場経験を積ませるチャンスを棒に振ることになる。*145

取締役会はガバナンスや訴訟問題より、戦略やプロダクトを議論すべきだ（ガバナンスや訴訟問題のほうが好きだという取締役は、代えたほうがいい）。取締役会のルールや議題を決めるときにはこの原則を頭に入れ、会社が厳しい状況に置かれたときも貫こう。エリックがソフトウェア会社シーベル・システムズの取締役を務めていたころ、同社はＳＥＣから二〇〇〇年代初頭に犯した数々の規則違反を追及されていた（二〇〇五年にはオラクルに買収された）。取締役会は弁護士対応や法的責任の検討など法務の議論一色になり、徐々に悪化していた事業について話し合うことはほとんどなかった。

コアビジネスの悪化といった厄介な問題を議論するよりは、事務連絡で時間をつぶしたほうが経営者としては気が楽だ。だが取締役会の意義は戦略を議論することにある。ガバナンスの問題ばかりに時間をとられていると、戦略をめぐる興味深い議論や貴重な洞察が得られることはない。もちろん、重要な法務問題や短期的課題については取締役会に報告しなければならないが、たいていは小委員会で議論し、本会議では一五分程度の時間をとってその結果を報告すれば済む。エリックはグーグルのCEOになったとき、取締役会は会社全体の戦略に関する問題に集中する、と宣言した。エリックが取締役を務めていた当時のアップルもそうした姿勢を貫き、毎回の取締役会では、プロダクト、リーダーシップ、戦略をめぐるすばらしい議論が行われた。そしてもちろん、議論の主導権が誰にあるかははっきりしていた。

取締役会のメンバーには定期的に電話連絡を入れるようにしよう。相手の留守電につながることを期待しながら ;-)。

●パートナー企業——外交官の流儀にならえ

プラットフォームを構築し、プロダクトのエコシステムを発展させていくには、パートナー

＊145　取締役会の準備に携わったプロダクト・マネジャーの多くが、その後グーグルで大活躍しているのは偶然ではない。たとえばジョナサンの下で、このチームを数年間率いたスンダー・ピチャイは現在、アンドロイド、クローム、アプリプロダクト担当のシニア・バイスプレジデントとなっている。ピチャイとともに取締役会用のスライドを準備していたシーザー・セングプタは、現在ピチャイのチームでクロームブックスの責任者を務める。

企業の協力が欠かせない。そうしたなかで、二つの企業が一部の分野で競合しつつ、別の分野では協力関係にある、という興味深い状況が出てくる（「コーペティション（協力＋競争）」「フレネミー（友人＋敵）」といった造語もある）。こうしたケースにうまく対処するには、人類最古のコミュニケーション技術の一つ、すなわち「外交術」を身に着ける必要がある。

複雑なビジネス・パートナーシップはさまざまな面で、「リアルポリティーク（現実政治）」に通じるところがある。国家関係をイデオロギー的原則ではなく、プラグマティズムにもとづいて運営しようとする政治である。互いへの積年の恨みを抱きつつ、協力する方法を見いだしたほうが双方にとってプラスである。反対に協力を拒み、戦争になれば、お互いにとって破滅的だ。たとえば米中間にはたくさんの問題がある。ただ両国間では活発に通商が行われていることを思えば、差異を乗り越えて関係を維持・構築する方法を模索しなければならない。

国家にもビジネス・パートナーにも、それぞれの信念体系があり、その違いは歴然としている。パートナーシップを成功させる重要な第一歩は、こうした違いを認め、それを受け入れることだ。相手の国や企業にも自らのシステムと信念を保つ権利があり、こちらと同じような強い信念でそれを貫こうとするだろう。そのようなパートナーとの協力関係を築くには、善悪の判断を控える必要がある。一九六九年、アメリカの国家安全保障問題担当大統領補佐官であったヘンリー・キッシンジャーはこう言った。「私たちには恒久的な敵なるものは存在しないこと、また共産主義国、具体的には共産中国のような国々に対しても固有のイデオロギーではなく、その行動にもとづいて評価するという考えは、常々明確にしてきた」[*146]。それから二年も経たないうちに、キッシンジャーは中国を極秘訪問し、第二次世界大戦以降途絶えていた米中の外交関係復活の道筋をつけた。

パートナーシップが外交のようなものならば、外交官に任せるべきだと考えるのが合理的だ。とくに重要なパートナーシップについては、双方の利益のために活動する専門の担当者を置くべきだ。外部のパートナーを満足させつつ、自社の利益最大化を目指すのである[*147]。これは自社の利益追求だけに偏りがちな、従来型の営業担当の役割とはまったく違う。

●取材対応──メッセージを送るより対話しよう

メディアの取材を受けるとき、準備を手伝ってくれるスタッフはいるだろうか。その場合、

---

*146 Henry Kissinger, *White House Years* (Little, Brown, 1979), page 192（邦訳『キッシンジャー秘録』）。

*147 外交の世界では、これは「二層ゲーム理論」と呼ばれる。以下を参照。Robert D. Putnam, "Diplomacy and Domestic Politics: The Logic of Two-Level Games" (*International Organization*, Volume 42, Number 3, Summer 1988).

うるさいジャーナリストが聞きそうな質問と、新プロダクトサービスの趣旨にできるだけ引きつけた人畜無害な回答の並ぶ想定問答集（ＦＡＱ）も渡されるだろうか。そしてその想定問答集を受け取って、「これこそ私が言いたいことだ！」と思うことはあるだろうか。答えが「イエス」なら、あなたはシリコン・チタニウム合金でできたロボットに違いない。

メディアとのインタビューを、一言一句練り上げたマーケティング用のスピーチと勘違いしている人は多い。ジョナサンは広報担当にとっては厄介な相手だったはずだ。インタビュー用の台本を見せられて、「猿まわしの猿が必要なら、手配しようか？」と言ったことは一度や二度ではない。だが自分はおよそ猿ではないし、インタビューを引き受けさせたいなら、もうちょっと実のある話を用意してくれ、と。有意義なインタビューとは、ブランドのマーケティング・メッセージを反復するものではなく、知的な会話であるべきだと考えているからだ。

優秀な広報担当者は、メッセージの押しつけと対話の違いを理解している。メッセージの押しつけは、たいてい記者の質問への答えにはならない。対話では質問に耳を傾け、知的な回答を考えなければならない。洞察やストーリーを盛り込み、またメッセージを機械的に繰り返すのは避けつつ、きちんと伝える必要がある。コミュニケーションが失敗するリスクを抑えることばかりに気を取られる人は多い。たしかにメッセージの押しつけはダウンサイドリスクを抑えられるが、それ以外の成果も一切期待できない。決まったメッセージを繰り返しているだけかどうかは、傍目にはすぐにわかる。

ジャーナリストと知的な会話をするのは難しい。台本を丸暗記するより、よほど大変だ。ジャーナリストとの言葉の応酬によって、対立ムードが生じることもある。ジャーナリストの多くは意図的にそうした緊張感を生み出そうとするが、たいていの人は対立を避けようとする。だから記者と本物の会話をするなら、インタビューの結果書かれた記事にマイナス要素があっても動じないような心の強さが必要だ。むしろ批判をされないのは、質の高い対話をしなかった証拠だと考えよう。

ただ、メディアと知的な対話をする人が少ない最大の理由は、伝えるべき知恵を考えるより、メッセージを書いてしまうほうがはるかに楽だからだ。だが、伝えるべき知恵は必ずある。あなたをサポートするチームに、それを見つける努力を促そう。グーグルの広報責任者、エレン・ウエストは、部下にいつもこう発破をかけている。「思想がなければ、思想的リーダーにはなれない」

ヒエラルキーより人間関係

ヒエラルキー型の、業務プロセスの整った組織のメリットは、誰と話せばいいかが簡単にわかることだ。正しい組織図の正しいコマを見れば、話すべき相手の名前が書いてある。しかし、インターネットの世紀で成功するベンチャー企業の定常状態はカオスである。何もかもがスムーズに動いており、組織図のコマと人間が一対一の対応関係に収まっているという状況は、業務プロセスやインフラが事業に追いついてしまったことを意味する。これは悪いサインだ。エリックがノベルのCEOだったとき、同社は整備したての機械のようにスムーズに動いていた。唯一の問題は、すばらしい新プロダクトのストックがゼロだったことだ(「すべてがコントロールできていると感じるのは、十分な速度が出ていないサインだ」とはF1ワールドチャンピオンとなったレーサーのマリオ・アンドレッティの言葉である)。*148

事業は常に業務プロセスを上回るスピードで進化しなければならない。だからカオスこそが理想の状態だ。そしてカオスのなかで必要な業務を成し遂げる唯一の手段は、人間関係だ。社員と知り合い、関係を深めるのに時間をかけよう。配偶者や子供の名前、重要な家族の問題といった細かな情報を覚えておこう(スマートフォンの連絡先アプリのメモ欄に入れておけばいい)。エリックは「三週間ルール」が有効だと考えている。新しい職務に就いたら、最初の三週間は何も仕事をしないのだ。ひたすら部下の話を聞き、彼らの抱える問題や優先事項を理解し、人となりを知り、信頼を勝ち得るのだ。つまり、実際には何もしないどころか、健全な人間関係を構築するという大切な仕事をしているのだ。

そして、周囲を笑顔にすることも忘れずに。経営管理ツールとして、称賛の価値は過少評価されており、十分使われていない。褒め言葉をかけるべきタイミングがあれば、気前よくいこう。

＊148　以下の記事からの引用。"The 25 Coolest Athletes of All Time" (GQ, February 2011).

イノベーション
原始スープを生み出せ

二〇一〇年三月のうららかな春の日。エリックの車はパロアルトのエンバルカデロ・アベニューとエルカミノ・レアル通りの交差点に止まっていた。信号が変わるのを待つ間、スタンフォード大学のフットボール場をとりまく木立を見つめながら、ここ数時間の出来事を振り返っていた。「カラフィア」[*149]というレストランでコーヒーを飲んでいた相手は、アップルCEOのスティーブ・ジョブズだ。ふたりはカリフォルニア料理を出すこの店のテラスで、成長著しいグーグルのオープンソース型モバイルOSアンドロイドについて話し合っていた。スティーブはアンドロイドの開発に、アップルの知的財産が使われたと確信していた。

*149 「カラフィア」のオーナーは、グーグルの初代シェフだったチャーリー・アイアーズ(グーグルのメイン・キャンパスには彼の名前を冠したカフェがある)。ただ、そのときふたりがここで会ったのは、スティーブの自宅に近かったからだ。

エリックは、グーグルはアップルの知的財産を使っておらず、アンドロイドは独自に開発したものだと反論したが、スティーブは耳を貸そうとしなかった。「これは訴訟になるな」とエリックは腹をくくった。

エリックが初めてスティーブ・ジョブズと会ったのは一九九三年、エリックはサン・マイクロシステムズに、スティーブはネクストにいたころだ。ネクストはプロダクト開発に「オブジェクティブC」というプログラミング言語を使っており、エリックは数人の同僚とともにネクスト本社でスティーブに話を聞くことになっていた。スティーブはオブジェクティブCのメリットを熱く語り、サンも開発中の次世代プログラミング・フレームワークにそれを採用すべきだ、とエリックたちを説得しようとした。コンピュータ科学者であるエリックは、スティーブの技術的説明は何かおかしいと感じた。だがスティーブの主張にとても説得力があったため、具体的にどこがおかしいのか、サンの人々にはどうしてもわからなかった。ミーティングを終えると、エリックたちはネクストの駐車場で議論を振り返り、ジョブズの有名な〝現実歪曲フィールド〟をなんとか脱出しようと試みた。だが、それもうまくいかなかった。サンのエンジニアたちが駐車場で話し合う姿を見かけたスティーブは飛び出してきて、さらに説明を続けたのである。しかも一時間にわたって。

その後、スティーブとエリックは友人になり、二〇〇六年夏にはエリックはアップルの取締役就任を要請された。それを受ける前にふたりは、アップルとグーグルの間に生じうる利害対立について話し合った。アップルはiPhoneを開発中で、グーグルもその一年前の二〇〇五年八月にアンディ・ルービン率いるアンドロイド社を買収し、モバイルOSの開発に乗り出していた。グーグルがアンドロイドをどうするかはまだ流動的だったが、当時はユーザ・インターフェースなしの（UIの開発は他の企業に任せる）、オープンソースOSになる可能性が高かった。モトローラ、ノキア、サムスンなどの携帯電話端末にOSとして採用してもらい、デザインやアプリの開発はそうしたメーカーに委ねる、という考え方だ。当時はアンドロイドもiPhoneもまだ開発の初期段階にあり、エリックは二〇〇六年八月にアップルの取締役に就任した。

二〇〇七年六月に発売されたアップルのiPhoneは、ほぼ完璧だった。インターネット接続を念頭に設計・最適化されており、シームレスな使い勝手の良さはすばらしいとしか言いようがなかった。その年の後半、グーグルのアンドロイド・チームはユーチューブで、自分たちが開発中のプロダクトを公開した。スティーブはその動画を吟味し、アンドロイドのユーザ・エクスペリエンスはiPhoneとそれを支えるiOSにそっくりだと結論づけた。エリックは二〇〇九年八月にアップル取締役を辞任し、両社とそのパートナー企業を巻き込んだ法的争いはいまも続いている。

いずれスマートフォンは誰でも持てる時代になるだろう。そして（少なくとも今後一〇年は）そうした端末の大部分はｉＯＳかアドロイドで動いているはずだ。この二つのプラットフォームのためのアプリ開発に携わるエンジニアの数は、史上存在したどのコンピューティング・プラットフォームをもしのぐ（潜在的ユーザベースが、ほぼ地球の人口と一致するなら当然ともいえる）。数十社の端末メーカーが開発にしのぎを削り、その優勝劣敗は業界紙だけではなく、主要メディアも賑わす。いまではこれが当たり前の現実になったが、ほんの数年前までは「パーソナル・コンピューティング」といえば、マイクロソフトのウィンドウズで動くＰＣを使うことだった。特許訴訟であなたがどちらの立場につくかは別として（はっきり言わせてもらうが、私たちはグーグルの立場を支持する）、この二つのプラットフォームがとほうもない経済成長とイノベーションを巻き起こし、世界中の人々の生活にプラスの変化をもたらしたのは疑いのない事実だ。

スティーブ・ジョブズはこうした未来をはっきりと見通していた。ひとりのスマート・クリエイティブが世界にどれほどのインパクトをもたらせるかを、スティーブほど明確に示した例はない。スティーブは技術への洞察力、芸術的でクリエイティブな才能、そしてビジネスへの嗅覚を持ち合わせており、それによって人々が熱狂するようなコンピューティング・プロダクトを生み出した。ハイテク業界にオタクやビジネスマンは掃いて捨てるほどいるが、アーティストは少数派だ。その業界で、スティーブは美と科学を融合してみせた。私たちはスティーブとともに仕事をし、また彼の仕事ぶりを観察することを通じて、多くを学んだ。スマート・クリエイティブについて、個人の生き方が企業文化に与えうる影響について、そしてその企業文化が成功の直接的要因になることについて。

ただ、アンドロイドとiOSをめぐるドラマの最大の見どころは、それがイノベーションに対する二つのまったく異なるアプローチの戦いでもあることだ。どちらのプラットフォームも会社もおそろしく革新的で、両者のアプローチにはいくつかの重要な共通項もある。アップルとグーグルは、ともにプロダクトのライフサイクルが極端に短い業界に身を置いている。インターネットとモバイル・コンピューティングの世界では、時代を変えるような新プロダクトが瞬く間に陳腐化してしまう。だからどちらもイノベーションを続けなければ、すぐに負け組になることをわかっている。アップルもグーグルも伝統的な市場調査を当てにせず、消費者がほしがるものは自らの力で探り出そうとする。自らのビジョンが正しいと確信している。そして両社ともに消費者にとって最高のユーザ・エクスペリエンスを生み出すことを最優先課題に掲げる。

ただ、こうした共通項を除くと、アップルとグーグルのイノベーションに対するアプローチはまったく違っており、とくに重要なのが「コントロール」に対する考え方の違いだ。グーグルはアンドロイドを通じて、オープン・プラットフォームのもたらす優れた経済効果を実現しようとしており、また自分たちはオープンであることの必然的な結果である、分裂《フラグメンテーション》にうまく対応していけると信じている。アンドロイドは良い意味で制御不能だ。ソースコードは誰でも入手でき、アパッチ・ライセンスに従って無償で使用できる。[*150]「オープンソース・モデル」は誰でもこのＯＳを使って、やりたいことができることを意味する。アンドロイドは砂場の砂なのだ。

　またアンドロイド端末で動くアプリケーションを開発し、販売することも自由だ。グーグルの承認を求める必要はない。アンドロイド端末を製造するメーカー（サムスン、ＨＴＣ、モトローラなど）には、アンドロイド用アプリがすべてのアンドロイド端末で動くように、アプリ・レベルの互換性を持たせるよう呼びかけている。この目標はほぼ達成できているが、一〇〇％ではない。参入コストがゼロで、支配勢力が存在しない環境では、当然想定される事態だ。アンドロイドは私たち自身が予想もしなかったようなかたちで成長・拡大を続けている。電子リーダー（アマゾンのプロダクトなど）、タブレット、ゲーム機、電話で使われているほか、冷蔵庫、ランニングマシン、テレビ、おもちゃにも使用されている。専門家の間ではタブレットや携帯電話だけでなく、すべての端末がインターネットに接続する「モノのインターネット（ＩｏＴ）」の議論がかまびすしいが、グーグルはそうした〝モノ〟の多くをアンドロイドで動くようにしたいと考えている。
一方、アップルのアプローチは正反対だ。iOSのコードは非公開で、アップストアでアプリを販売するには、アップルの正式な承認が必要だ。スティーブは最高のユーザ・エクスペリエンスはすべてを厳格にコントロールするところから生まれると考えていた。最高のプロダクトを生み出すことだけを目指し、自分やアップルがすることすべてについて、とことん細部までこだわった。アップル取締役会での彼のすばらしいプロダクト・プレゼンテーションには、それがはっきりと表れていた。プレゼンテーションは常にブロードウェイのショーばりに、徹底的に準備されていた。単に新プロダクトを「見せる」のではなく、「お披露目する」という表現がぴったりだった。グーグルの取締役会では、よくAPMに新プロダクトのデモをさせる。彼らがとてもデモが上手である（もちろんスティーブほどではないが）という理由に加えて、大学を出てまだ数年の若者が（出身大学のロゴが入ったトレーナーを着ている者もいる）取締役の前で最新のイノベーションを披露するという芝居がかった構図がおもしろいからだ。私たちはこのようなショーマンシップの大切さを、スティーブから学んだ。

＊150 アパッチ・ソフトウェア財団が作成した「アパッチ・ライセンス契約」は、ソフトウェアのユーザに対し、ロイヤリティを支払わずにソフトウェアを使用、流通、修正することを認めている。

アップルの統制型モデルが機能するのは、スティーブ・ジョブズの傑出した才能だけでなく、ジョブズがつくったアップルという会社のあり方のためでもある。グーグルと同じように、アップルではエンジニアとしての教育、経験のあるプロダクト部門の人材がリーダーになっている。優秀なスマート・クリエイティブのチームをつくり、世界有数のスマート・クリエイティブをその指揮官に据えれば、ほぼ百発百中で正解に当たるはずだ。ほぼ百発百中で正解を当てられれば、徹底した統制型モデルからすばらしいイノベーションが生まれる。

このイノベーションに関する章の原稿を友人や家族に見せたところ、私たちの考え方に納得できない人はたいていスティーブ・ジョブズの例を引き合いに出した。「スティーブ・ジョブズはそんなやり方はしなかった。でも、あんなにすばらしいプロダクトをたくさん生み出したじゃないか」。おっしゃるとおりで、そんなとき私たちはたいていこう答えた。「きみがスティーブ・ジョブズ並みの直観と洞察力を持っているなら、ジョブズのやり方を見習えばいい。でもそんな人間は世界に何人もいないんだ。私たちと同じ〝その他大勢〟のほうに入る人には、私たちのアドバイスが役に立つかもしれないよ」

イノベーションとは何か

イノベーションとは「新たな大ブーム」をつくりだすことだ。少なくとも「新たな流行語」であることは間違いない。ウォール・ストリート・ジャーナル紙によると、「イノベーション」という言葉がアメリカ企業の年次報告書や四半期報告書に使われた回数は、二〇一一年だけで三万三〇〇〇回に達するという[*151]。誰もがイノベーティブになりたがっている（ウォール・ストリート・ジャーナル紙は「ラダイト（反イノベーション）」という言葉の使用頻度には触れていないが、おそらくかなり少ないだろう）。だが、イノベーションの方法を考える前に、まずはその意味をはっきりさせておこう。

私たちの考えでは、イノベーションとは「斬新で有用なアイデアを生み出し、実行に移すこと」だ。「斬新」は単に「新しい」という意味で使われることも多いので、イノベーションの条件として新しい機能性だけでなく、意外性も不可欠であることを明確にしておこう。顧客に要求どおりのモノを提供するのは、革新的《イノベーティブ》とは言わない。単に反応が良いだけだ。それも大切なことだが、イノベーションを生み出すこととは違う。また「有用」というのは、

＊151　正確には三万三五二八回。以下を参照。Leslie Kwoh, "You Call That Innovation?" (*Wall Street Journal*, May 23, 2012).

イノベーションのような強烈にセクシーなモノを描写するにはいささか平凡すぎる形容詞なので、「劇的に」という副詞をつけ加えておこう。要するにイノベーションとは、新しく、意外性があり、劇的に有用なものでなければならない。

グーグルが取り組む自動運転車の開発プロジェクトは、まさにこの定義に当てはまる。新しく、意外性があり（ドラマ《ナイトライダー》のファンにはそうでもないかもしれないが）、劇的に有用だ。一方、グーグルは毎年、検索エンジンに五〇〇件もの改良を加えている。これは革新的だろうか、それとも漸進的進歩だろうか？　もちろんどれも新しく意外性があり、有用ではあるが、一つひとつを「劇的に有用」と言うのは無理がある。ただ、すべてを一つにまとめると、「劇的に有用」になる。グーグルの検索エンジンは毎年、五〇〇件の改良の力が組み合わさった結果、劇的な進化を遂げている。小さな歩みでも五〇〇歩積み重ねれば、新たな目的地に到達できるのと同じように。

このようにイノベーションを包括的に定義すること、すなわち〝それ自体でとびきり斬新で画期的なモノ〟だけがイノベーションではないという考え方はとても大切だ。イノベーションは本社から独立した少数精鋭の専門部署だけの専売特許ではなく、誰にでもチャンスはあるという考え方につながるからだ。誕生からすでに一五年を経たグーグルの検索エンジンを担当するチームも、自動運転車を開発するグーグルxのチームと同じぐらいイノベーティブな取り組みをしている。このような包含的な定義の下では、誰もが〝とびきり斬新で画期的なモノ〟を生み出すチャンスを手にしていることになる。

自らをとりまく環境を理解する

グーグルxチームは新しいプロジェクトに取り組むかどうかを決めるとき、ベン図を使う。まず、それが対象としているのは、数百万人、数十億人に影響をおよぼすような大きな問題あるいはチャンスだろうか。第二に、すでに市場に存在するものとは根本的に異なる解決策のアイデアはあるのか。グーグルは既存のやり方を改善するのではなく、まったく新しい解決策を生み出したいと考えている。そして第三に、根本的に異なる解決策を世に送り出すための画期的な技術は（完全な姿ではなく、部分的なかたちでも）すでに存在しているのか、あるいは実現可能なのか。たとえば「プロジェクト・ルーン」の例で考えてみよう。まだインターネットへのブロードバンド接続環境のない数十億人に、ヘリウム気球を使ってそれを提供しようというプロジェクトだ。これは先に挙げた三つの条件をすべて満たしている。すでに存在する、あるいは十分実現可能な技術を使って、とほうもなく大きな問題をこれまでとは劇的に違うやり方で解決しようとしている（具体的には熱気球ぐらいの大きさのものを上空約二〇キロメートルに打ち上げ、地上の人々に無線ブロードバンド接続を提供する）。一方、タイムトラベルはどうか。おそらくさまざまな問題の解決には役立つ（そしてスポーツ賭博をする人には金儲けのチャンスを与える）だろうが、技術的には不可能だ（少なくともみなさんにはそう思っていてもらおう！）。グーグルxチームはまず新たなプロジェクトのアイデアが三つのパラダイムをすべて満たすか確かめ、満たさないものは却下する。

イノベーションが生まれるには、イノベーションにふさわしい環境が必要だ。イノベーションにふさわしい環境とは、たいてい急速に成長しており、たくさんの競合企業がひしめく市場だ（自動運転車の市場にはたくさんの企業が参入しているが、そのほとんどは自動車メーカーだ）。からっぽの市場にひとりぼっち、というのは避けよう。イノベーションに取り組む舞台には、大きな、あるいは今後大きくなりそうな市場を選んだほうがずっといい。こう聞くと、意外に感じるかもしれない。まったく新しい、ライバルのいない〝未開の地〟を夢見る起業家は多い。だが、からっぽな市場にはたいていそれなりの理由がある。企業の成長を維持するだけの規模がないのだ。もちろん、ビジネスチャンスとしては悪くないかもしれない。気の利いたニッチ商品で利益をあげている人もいるはずだ。しかし、イノベーションのための環境を望むなら、成長の余地の大きな巨大市場を探したほうがいい。改めて言うが、グーグルが検索市場に参入したのは決して早くなく、むしろ後発だった。

もう一つ、検討すべき要素は技術だ。その分野の技術は、どのように進化していくと思うか。現在との違いは何か、そして他にはどんな違いが生まれるだろうか。その進化する環境のなかで、持続的に他社との明確な違いを出していくための人材はそろっているだろうか。グーグルのエンジニアだったポール・ブックハイトは、規模の大きく成長著しいメール市場で、クライアントベースのメールシステムと同じような機能やインターフェースを持ったブラウザベースのシステムをつくれるはずだ、と考えてGメールを開発した。[*152] グーグルにはウェブベースのアプリケーションの開発に強みを持つエンジニアが山ほどおり、ブックハイトのアイデアを実現する人材には事欠かなかった。つまりイノベーションの環境は完璧だったわけだ。

---

*152 クライアントベースのアプリケーションは、ユーザが利用するコンピュータなどの端末上のソフトウェアで動く。一方、ブラウザベースのアプリケーションはすべてインターネット上にあり、インターネット・エクスプローラー、ファイヤーフォックス、クロームなどのブラウザを通じてアクセスする。

CEOはCIOであれ

何年も前、私たちの同僚であるウディ・マンバーはヤフーでエンジニアとして働いていた。当時のヤフーの経営陣は社内にイノベーションが足りないと考え、優秀なMBAが問題に直面したときのお決まりの手に出た。問題を解決する責任者を置いたのである。イノベーション責任者のポストを提示されたウディはそれを引き受けたが、三週間後、それが間違いだったことに気づいた。経営陣はウディに「イノベーション委員会」を設置するよう求めた。アイデアを思いついた従業員に申請書を書かせ、それを委員会で審議するのだ。要するにウディの仕事は、イノベーションのためのお役所的手続きを整備することだったわけだ。かなり自己矛盾的な仕事である。だからそれを続ける代わりに、ウディはヤフーを辞めた（一二歳の娘の発言も背中を押した。ウディが全エンジニアを集めた会議用のプレゼンテーションを練習するのを見ていた娘は、こう言ったそうだ。「イノベーティブになれと言うために、何百人ものエンジニアの時間をムダにするわけ？　それのどこがイノベーティブなの？」）。結局ウディはグーグルにやってきて、グーグルでもとびきりイノベーティブなプロダクトチームのリーダーを務めるなど大成功を収めた。「イノベーション責任者」の肩書こそなかったが……。

あらゆるイノベーティブな取り組みを、たったひとりの経営幹部に統括させようという発想は、ヤフーに限ったものではない。数年前、ある大手コンサルティング会社が、すべての企業は「最高イノベーション責任者（ＣＩＯ）」を置くべきだ、とするレポートを発表した。[*153]すべてのイノベーション・プロジェクトに「統一的な指揮命令系統」を整えるためだという。どういう意味かよくわからないが、「統一的な指揮命令系統」と「イノベーション」が同じ文に含まれることはないはずだ（いま、あなたが読んだ一文を除いて）。

マネジャーというのは、何事も管理したがるものだ。何かやるべき仕事があったらどうすればよいか？　簡単である。責任者を置けばいい。ただ、イノベーションは伝統的なＭＢＡ流の経営戦術とはどうしても相容れない。事業に関する大方の事柄とは異なり、誰かに責任を持たせたり、指示したり、予定を組んだりすることができない。ウディはヤフーでの経験を振り返り、こう語った。「イノベーティブな人材に、イノベーションを起こせと言う必要はない。そうする自由さえ与えればいい」。つまり、イノベーションは自然発生的

*153　このレポートを書いたのは、アクセンチュアのイノベーション・パフォーマンス・グループの北米マネージング・ディレクター、アディ・アロンだ。以下に要約がある。Adi Alon, "10 Ways to Achieve Growth Through Innovation" (*TMC News*, March 9, 2010). 以下も参照。Wouter Koetzier and Adi Alon, "You Need a Chief Innovation Officer" (Forbes.com, December 16, 2009).

なのだ。原始スープから生まれる突然変異のように、生まれ落ちたアイデアが長く危険な旅路の末に、ようやくたどり着く目的地がイノベーションだ。その過程で、強力なアイデアほど信奉者を集め、勢いをつける一方、弱いアイデアは道端に打ち捨てられていく。この進化を人為的なプロセスで生み出すことはできない。決まった生成プロセスが存在しないことこそが、イノベーションの顕著な特徴なのだ。アイデアの自然淘汰と考えるとわかりやすい。[*154]ダーウィンの『種の起源』を、ちょっとこんなふうに書き換えてみよう。

とても生き残れないほど多くの「アイデア」が生まれる。その結果、生存のための闘いが繰り返される、複雑で、ときには変化する状況においては、たとえわずかでも自己保存に適した変化を遂げた「アイデア」ほど生き残る可能性が高まり、自然選択される。[*155]

(ちなみに私たちは進化論者ではあるが、その気になればたった六日でもめちゃくちゃすごいものがつくれると思っている)。

イノベーティブであろうとする企業、つまりすべての企業は、まず創造に必要な多様な要素が自由自在に、これまでにないおもしろいかたちで衝突し合うような環境、つまり原始スープを生み出そう。またそこから誕生したものが進化して生き残る、あるいは（こちらのほうがよほど数は多いが）停滞して死滅するための時間と自由を与えよう。ＣＩＯという仕事は失敗するに決まっている。なぜなら原始スープを生み出せるほどの権限は決して与えられないからだ（本当に驚嘆するようなものは、原始スープからしか生まれない）。言い方を変えれば、ＣＥＯがＣＩＯになる必要がある。神は自ら地球の原始スープをつくったのであり、その任務を誰かに委ねたりはしなかった。[*156]

原始スープに満たされた企業文化を生み出すというのは、とくに目新しい考えではない。

＊154 自然淘汰という考え方自体は、少なくとも一九七六年には存在した。この年、リチャード・ドーキンスが*The Selfish Gene*（邦訳『利己的な遺伝子』）のなかで「ミーム」の概念を発表した。ただ、私たちがここで言っているのは、ジム・コリンズとジェリー・ポラスが*Built to Last*（邦訳『ビジョナリーカンパニー』）に書いた「事業の拡張と剪定」に近い。さまざまな事業に挑戦し、うまくいくものを残すのだ。以下を参照。Jim Collins and Jerry I. Porras, *Built to Last: Successful Habits of Visionary Companies* (HarperBusiness, 1994), pages 148–54. 変化と淘汰がクリエイティビティの特徴であることを示す他の文献としては、以下を参照。Dean Keith Simonton, *Origins of Genius: Darwinian Perspectives on Creativity* (Oxford University Press, 1999).

＊155 Charles Darwin, *The Origin of Species* (Digireads.com edition, 2007), page 17（邦訳『種の起原』）。

＊156 無神論者の方々へ、これはメタファーである。あなたは神を信じないかもしれないが、神でさえＣＥＯを信じている。

トーマス・エジソンが一九世紀にメンロパークに建てた研究所は「とにかくやってみる」の精神で有名だった。二〇世紀にはＡＴ＆Ｔのベル研究所や、ゼロックスのパロアルト研究所がイノベーションのインキュベーターとして名をはせた。だが「いま」を特徴づけるのは、ダーウィン的な自然淘汰の速度と規模である。インターネットは万人に創造の手段をもたらした。しかも実験の場としても理想的である。さまざまなプロトタイプを配り、以前とは比較にならないほどの短期間で有益なデータを集めることができる。種の進化には気の遠くなるほどの時間がかかるが、こんにちスマート・クリエイティブの手によってアイデアの進化はインターネットの速度で推し進めることが可能になり、またそれが必須となった。

ベンチャー企業の環境なら、イノベーションの原始スープを生み出すのは簡単だ。まだ企業文化はできたばかりで、会社全体に「世界を敵にまわして戦おう」という気概があふれている。ベンチャー企業に加わるのは、リスクを渇望する人々だ。それこそが彼らをベンチャーに吸い寄せる要素である。だが従業員数が五〇〇人ほどに達すると、リスク忌避的な従業員も加わるようになる。彼らもとびきり優秀なスマート・クリエイティブかもしれないが、未知の世界に先頭切って飛び込もうとするタイプではない。誰もがイノベーティブな精神の持ち主ではない。だから原始スープは、イノベーターにイノベーションを促すだけでなく、他の人々にもイノベーションの輪に加わり、成功をつかむよう働きかけるものでなければならない。

数年前、私たちは起業家でミュージシャンでもあるデレク・シバーズがＴＥＤで行ったプレゼンテーションに魅了された。[*157] シバーズは一見頭がおかしいのかと思うような男性が、屋外のコンサートでひとりで踊っている動画を見せた。丘の斜面に立ち、上半身ハダカ、裸足で体全体を派手に動かしながら思い切り楽しんでいる。初めは誰も彼の半径五メートル以内には近寄らない。だがしばらくして、ひとりのむこうみずな男性が加わり、またひとり、またひとりと加わると、あとはせきを切ったようになだれ込んでくる。初めはたったひとりだったのが、何十人もが熱に浮かされた群れのように踊り狂っている。デレクはこれを「最初のフォロワーの原則」と呼ぶ。新たなムーブメントを起こそうとするとき、最も重要なのは最初のフォロワーを獲得することだ。「最初のフォロワーが孤独な愚か者をリーダーに変える」。イノベーションの原始スープは、イノベーティブであろうとする人々（丘の斜面でひとりで踊っている愚か者）にやりたいようにやらせるための環境だ。ただ、それと同じぐらい重要なこととして、イノベーティブな取り組みに加わりたいという人々（踊りに加わるふたり

＊157　以下の動画を参照。Derek Sivers, "Derek Sivers: How to Start a Movement" (*TED*, February 2010). 以下で閲覧。http://www.ted.com/talks/derek_sivers_how_to_start_a_movement.html.

目から二〇〇人目）の背中を押すためのものでもある。イノベーションを業務や地域の壁を超えて、会社全体に浸透させなければならないのはこのためだ。イノベーティブな活動を特定のグループに隔離すると、そこにはイノベーターは集まるかもしれないが、最初のフォロワーが十分確保できなくなる。

フェアチャイルド・セミコンダクターとインテルの共同創業者であったロバート・ノイスは「楽観主義はイノベーションに欠かせない要素だ。それがなかったら安定より変化を、安全な場所より冒険を選ぶ理由があるだろうか」と語っている。[*158] 新しいアイデアを思いつくだけの頭の良さと、それがうまくいくはずだと考えるだけの頭のおかしさを持ち合わせた人材を採用しよう。そんな楽観的な人材を見つけ、獲得したら、彼らが変化を起こし、冒険できる場所を与えよう。

ユーザに焦点を絞る

二〇〇九年末、検索エンジニアのチームがしばらく前から議論していた新機能のプロトタイプを披露した。もとになったアイデアはシンプルなものだ。ユーザがエンターキーを押す前に、まだ検索語を入力しているうちから検索結果を表示したらどうだろう？　グーグルはもともと速さを検索の質を決定づける重要な要素と見ており、ほとんどの検索に対して一〇分の一秒以下で結果を表示していた。だがその一〇分の一秒というのは、実際にユーザが検索語を入力し、エンターキーを押してからの時間である。検索語の入力には数秒かかる場合もある。その間、待っている必要があるだろうか。ユーザが入力しているうちに結果を表示したらどうだろう。プロトタイプを見れば、ゴーサインを出すべきなのは誰の目にも明らかだった。オーガニック検索とペイドサーチのチームは早速仕事に取り掛かり、数カ月後には新機能「グーグル・インスタント」が稼働した。

グーグル・インスタントが稼働する数週間前、チームミーティングに出ていたジョナサンはふと素朴な疑問を思いついた。「新機能は売上に何らかの影響をおよぼすのだろうか？」。ユーザが検索語を入力している間に結果が表示されれば、広告をクリックする可能性は低くなるかもしれない。そこでメンバーに、想定される売上への影響に関するデータはあるのかと尋ねた。答えは「ノー」で、全員一致で調べておこうとなった。ただ、稼働の準備はそのまま進んだ。それまでジョナサンが働いたことのある会社では、収益分析で良い結果が出て

＊158 Leslie Berlin, *The Man Behind the Microchip: Robert Noyce and the Invention of Silicon Valley* (Oxford University Press, 2005), page 264.

からでなければ、まず新プロダクトにゴーサインは出なかった。新プロダクトによってどれだけ売上が伸びるのか。投資収益率（ROI）はどの程度か。投資回収にどれだけの時間がかかるのか。それがグーグルでは、主力プロダクトに重大な変更を加える数週間前になっても、誰も詳細な収益分析をしていなかったのだ。ユーザにとってすばらしい機能なのは明らかだったので、それを実施するのが正しい経営判断であると誰もが考えたのだ。

結局グーグル・インスタントが稼働した後の収益への影響は軽微だったが、これまでには収益にはるかに大きな影響をおよぼす機能もたくさん追加してきた。たとえば二〇一二年に開始した「ナレッジグラフ」は、検索した人物、場所、物事に関する情報をアルゴリズムによって簡潔にまとめ、検索結果ページの右上に表示する機能だ。検索語と最も関連性の高い事実がひと目でわかる。ほとんどの検索語の場合、これまで広告が表示されていた場所に、代わりにナレッジグラフが入ることになった。これはグーグルの収益に多少マイナスの影響を与えた。また二〇一一年初頭には、検索アルゴリズムに複数の修正を加え、特定のタイプのウェブサイトに付与する品質スコアを下げた。ユーザが検索結果に表示されたリンクをクリックした結果、質の低いサイトに誘導されるケースを減らしたいと考えたからだ。この「パンダ」プロジェクトは検索語の約一二％に影響を与え、影響を受けたサイトの大部分はグーグルの広告ネットワークに含まれるものだったので、私たちの売上にもマイナスの影響が出た。
インターネットの世紀において、ユーザの信頼は、ドル、ユーロ、ポンド、円といった通貨と同じ価値があるとグーグルは考えている。企業が成功を続ける唯一の方法は、プロダクトの優位性を維持することだ。だからプロダクト戦略に関するグーグルの最も重視する《プライム・ディレクティブ》ルールはユーザに焦点を絞ることだ（そして地球外生命体の文明発達に干渉しないこと）。ラリーとセルゲイがＩＰＯ時の創業者からの手紙に書いたように「エンドユーザに役立つことは、私たちの活動の中心であり、今後もナンバーワン・プライオリティでありつづける」。

とはいえ「ユーザに焦点を絞る」というのはやや舌足らずで、完全形は「ユーザに焦点を絞れば、あとは全部ついてくる」だ。つまり、常にユーザのために正しい選択をし、社内のスマート・クリエイティブがそのなかで利益を出す方法を見つけてくれると信じるのだ。利益が出るまでにはしばらく時間がかかることもある。だからこの方針を貫くには、相当な信念が必要だ。[*159] ただ、間違いなくその価値はある。

二〇〇四年、ジョナサンとジェフ・フーバーは、セルゲイをキーホールという小さなベンチャー企業に連れて行った。ジェフはエキサイト＠ホーム時代にジョナサンが採用した最初のプロダクト・マネジャーで、グーグルに移ってからは広告チームでリード・エンジニアを務めていた。[*160] キーホールの共同創業者のひとりはブライアン・マクレンドンで、エキサイト@ホームでジョナサンとジェフと一緒に働いていたことがあった。キーホールは地図をビジュアル化し、インタラクティブにするとびきり優れた技術を開発しており、セルゲイは即座に「買い」だと判断した。

数週間後、セルゲイは取締役会に買収の承認を求めた。取締役から「その技術でどうやって利益を稼ぐのか」と聞かれたセルゲイの答えはシンプルだった。「代わりにジョナサンが答えるよ、カネを稼ぐのは彼の担当だから」。リラックスしきってセルゲイのプレゼンテーションに聞き入っていたジョナサンは、キーホールがグーグルの利益にどのように貢献するかなどまったく考えていなかった（入社から二年経ち、ジョナサンがすっかりグーグルの流儀に染まっていたことの表れだ）。意味不明な返答を口にしたものの、いまとなっては何ひとつ覚えていない。正直なところ、キーホールの買収がグーグルの利益にどう貢献するかなど、見当もつかなかった。

取締役会はセルゲイの判断を信頼し、買収にゴーサインを出した。八カ月後、キーホールの技術をもとにした「グーグル・アース」がお目見えした。すぐにユーザの爆発的人気を集め、数百万ドルの収益につながった。グーグル・アースは無料で、しかも広告も一切ないのに、なぜそんなことになったのか。グーグル・アースを投入して間もなく、グーグルが誇るスマート・クリエイティブのひとりであるスンダー・ピチャイが、グーグル・アースをダウンロードしてインストールしているユーザは、グーグル・ツールバーにも興味を持つかもしれないと思いついた。ツールバーはブラウザに統合されているシンプルなツールで、ユーザに役立つさまざまな機能がついており、その一つがブラウザのインターフェースに常に表示されている小さな検索ボックスだ。ツールバーを持っているユーザはグーグル・ドットコムに行かなくてもグーグル検索ができるため、検索の頻度が高まり、クリックする広告の数も増え、より多くの収益をもたらす。スンダーのアイデアには多少の異論も出たが、ウルス・ヘルツルの後押しもあり、すぐに実行に移された。

グーグル・アースをダウンロードしているユーザがツールバーもほしがるかもしれない、というシンプルなひらめきによって、ツールバーのユーザベースは大幅に拡大し、相当な収

＊159 信念だけじゃない、カネだって必要だ、と思うかもしれない。ユーザにとっては最高でも、売上や利益にまったくつながらないプロダクトを出荷する余裕などない中小企業の場合はどうか？　それでもやはりユーザに集中すべきだが、アイデアが正しいことが証明されるまではとことん根性を据え、とことんケチになろう。利益が出るのはまだ先かもしれないが、ユーザにとって価値があることを証明できれば、心強いデータを武器に資金を集められるようになる。

＊160 グーグルのウェブサイトに掲載されたジェフのプロフィールには、ずっと「ハーバード大学で修士号を取得」としか書いてなかったが、具体的にはＭＢＡだった。だがＭＢＡだというと、エンジニアの世界で信頼を失う恐れがあったので、その事実は伏せていた。

益をもたらした。だが、取締役会で突然の指名を受けたあの日、ジョナサンにそれを見通すことは不可能だった。いまから思うと「まったく見当がつきません……でも、収益化の方法はきっと見つかると思います」と答えるのが正解だったのだろう。

ユーザに焦点を絞れば、利益は後からついてくる。ただ、ユーザと顧客が異なり、しかも顧客が「ユーザに焦点を絞ること」にそれほど熱心ではない場合、この方針を貫くのはことさら難しくなる。グーグルが二〇一二年にモトローラを買収した直後、ジョナサンが出席したモトローラの会議の一つが三時間におよぶプロダクト・レビューだった。モトローラのマネジャーたちはすべての電話機の特徴や仕様を説明していった。頻繁に出た言葉が「顧客の要求に応じて」だったが、ジョナサンには理解できないことばかりだった。ジョナサンの理解していた携帯電話ユーザのニーズとは完全にズレていたからだ。その後のランチの席でモトローラ幹部のひとりが、モトローラで「顧客」と言った場合、電話を使うユーザではなく、会社にとってのお客様、つまりベライゾンやAT＆Tなどの携帯電話キャリアを指すのだと説明した。おそらくキャリアも「ユーザに焦点を絞ること」にそれほど熱心ではなかったのだろう。モトローラの焦点はユーザではなく、パートナー企業にあった。

グーグルで「ユーザ」と言えば、私たちのプロダクトを使う人々を指す。一方「顧客」とはグーグルの広告枠を買ってくれたり、技術のライセンス契約を結んでくれる企業だ。両者の利益が対立することはめったにないが、対立が起きた場合、グーグルは常にユーザの側に立つ。業界を問わず、どんな企業もそうするべきだ。ユーザはかつてないほどの力を手にしており、質の低いプロダクトにはそっぽを向くからである。

発想は大きく

私たちの同僚のビント・サーフは目下、どんなに厳しい環境でも、また空間的にとほうもない広がりがあっても使える、まったく新しいネットワーク・プロトコルの開発に取り組んでいる。二五年後に必要とされるものをつくるとすれば何だろうと自問した結果、このプロジェクトに行きついたという。[*161] その問いに対するビントの答えは「惑星間を結ぶインターネット」だったのだ。彼に「発想が小さい」と言える人はまずいないだろう。

とはいえ、一般人はなかなかこうはいかない。人間の本質なのか、あるいは単に企業というものの本質なのかはわからないが、たいていの人間は世界を一変させるようなスケール、ある

*161 以下の記事を参照。Adam Mann, "Google's Chief Internet Evangelist on Creating the Interplanetary Internet" (*Wired.com*, May 6, 2013).

いは宇宙的なスケールでモノを考えようとせず、漸進的な発想をする。[*162] レジナ・ドゥガンはモトローラを経てグーグルに入社する以前、国防高等研究計画局（DARPA）[*163] でディレクターを務めていた。レジナによると、イノベーションは私たちが「パスツールの象限」[*164] で活動しているとき、すなわち「現実世界の問題を解決するために基礎科学を進歩させようとしている状況」で起きやすいという。だが、たいていの企業はその対極の象限、すなわち「誰も科学に興味を持たず、目標を追求しようともしない。人材は去り、プロジェクトが次々と失敗する状況」にとどまる。[*165]

　エリックとラリーがプロダクト・レビューの際に、グーグルのエンジニアやプロダクト・マネジャーに対して「発想が小さい」とよく食ってかかるのはこのためだ。インターネットの世紀には、誰もが無限の情報、リーチ、コンピューティング・パワー、グローバルなスケールを手に入れることができる。だが、私たちは従来型の小さな発想にとらわれがちだ。「発想が小さすぎる」（その後ラリーは「その一〇

＊162 人々に想像力がないわけではない。多くの人が高尚なビジョンを抱くが、自らの現実主義がそれを実現する努力を阻むのだ。心理学者はそれを「期待価値理論」で説明している。どの目標を追求するかを決定するとき、私たちは期待される見返りと、成功の確率の両方を検討する。その結果、失敗の確率が高そうな、最も野心的な目標は回避する。アイスホッケーの殿堂入りしたウェイン・グレツキーの言うとおりだ。「打たないシュートは一〇〇％入らない」。以下を参照。Allan Wigfield and Jacquelynne S. Eccles, "Expectancy-Value Theory of Achievement Motivation" (*Contemporary Educational Psychology*, January 2000) and Jacquelynne Eccles and Allan Wigfield, "Motivational Beliefs, Values, and Goals" (*Annual Review of Psychology*, 2002).

＊163 DARPAは国防総省の一機関である。

＊164 「パスツールの象限」という概念を提唱したのは政治学者の故ドナルド・ストークスだ。ストークスは、パスツールは基礎研究と応用研究を同時に追求した模範例と見ていた。「研究は基礎科学を進歩させるか」という評価軸と、「それによって現実世界の問題が解決するか」という評価軸を組み合わせた2×2のマトリックスの最も理想的な象限を示している。以下を参照。Donald E. Stokes, *Pasteur's Quadrant: Basic Science and Technological Innovation* (Brookings Institution, 1997).

＊165 Regina E. Dugan and Kaigham J. Gabriel, "'Special Forces' Innovation: How DARPA Attacks Problems" (*Harvard Business Review*, October 2013).

倍スケールで考えろ」という言い方をするようになった）という指示は、そうした姿勢を正すのに役立つ。そこにはありとあらゆる可能性（ついでに不可能性も）が包含されている。

発想を大きくする明らかなメリットは、それによってスマート・クリエイティブがそれまでよりはるかに自由になることだ。制約がなくなり、クリエイティビティが湧きだす。グーグルxの責任者を務めるアストロ・テラーは、燃費を一〇％改善しようと思えば現在の設計を多少いじるだけで済むが、リッターあたり二〇〇キロ走る車をつくろうと思ったらゼロから考え直さなければならない、と言う。まさにこの「どうやってゼロからつくり直そうか？」という思考プロセスが、これまで誰もが検討しなかったようなアイデアを生み出すのだ。

発想を大きくすることにはもう一つ、あまり知られていないメリットがある。大きな賭けをするほど、成功のチャンスが大きくなるのだ。会社として失敗が許されなくなるためである。反対に、どれも命とりにはならないような小さな賭けをたくさんすると、凡庸なモノしか生まれない。産業界にはそんな例がたくさんある。それほどでもないプロダクトを山ほど抱えている企業だ。グーグルがモトローラを買収し、ジョナサンが新ＣＥＯのデニス・ウッドサイドを支援しはじめたころ、モトローラには市場調査から生まれた特定のターゲット層のための携帯電話端末が何十とあった。ミレニアル世代用、ジェネレーションＸ用、ベビーブーマー用からサッカーママ用まで。それには理由もあったが（キャリアがそれぞれ専用のモデルをほしがった）、結果として凡庸なプロダクトの山ができた。それぞれの端末には担当チームがあり、最高のプロダクトを目指して努力していたが、〝そこそこのプロダクト〟であっても会社の存続に影響はないことは、みなわかっていた（グーグルが二〇一四年にモトローラをレノボに売却するまでに、デニスはこうした問題をほぼ解決し、ユーザに焦点を絞る姿勢を植えつけていた）。

一方、iPhoneがこれだけの人気を集めているのは、それがアップルの製造する唯一のスマートフォンだからだ。次世代機の開発で問題が生じたら、その対応策が決まるまで担当チームは誰ひとりとして家に帰らない。アップルのプロダクト群がごくわずかに絞られているのは、決して偶然ではない。その一つとして、失敗は許されない。

大きな問題のほうが、取り組みやすいという見方もできる。なぜなら大きな挑戦は、大きな才能を持つ人材を惹きつけるからだ。大きな課題ととびきり優秀でスキルの高い人材には共生関係がある。つまり課題は克服され、携わった人々は満足する。大きな課題を誤った人々に与えると不安を抱かせるだけだが、正しい人々に与えるとやる気を奮い立たせる。[*166] 彼らにとっては課題に立ち向かうこと自体が喜びなのに加えて、社会学者で経営学の権威でもあるロザベス・モス・カンターが指摘するとおり、新たなスキル、同じ分野に取り組む仲間との人脈、社会的名声といった具体的なメリットも享受できる。経済学者が「人材への投資」と呼ぶものだ。[*167] こうした理由から、大きな発想をするのはスマート・クリエイティブを惹きつけ、つなぎとめるのに非常に有効なツールと言える。こう考えてみよう。あなたが大学卒業を間近に控えたスマート・クリエイティブで、同じような二つの会社から仕事をオファーされたとしよう。ただ、二つの会社には一つだけ違いがある。一社はプロダクトを一〇倍良くしたいと考えており、もう一社は一〇％改善できればいいと思っている。どちらを選ぶだろうか？

物事を一〇倍スケールで考えると、スマート・クリエイティブをつなぎとめるのに役立つという格好の例が、私たちの友人であるマイク・カシディだ。マイクはルーバという会社の共同創業者で、グーグルが同社の知的財産を買収し、ルーバのチームを雇用したのにともない二〇一〇年に入社した。マイクは何度も起業した経験《シリアル・アントレプレナー》の持ち主で、ルーバは彼にとって四番目の会社だった。二番目に創業したのはダイレクト・ヒットという検索エンジンの会社で、アスク・ジーブスに売却するまではグーグルのライバルだった。だから私たちは、マイクがグーグルを去り、新しいことを始めるのは時間の問題だろうと思っていた。その後マイクがどんなプロジェクトを担当しているかはわからなくなったが、ときおりグーグル・キャンパスで姿を見かけたので、まだ辞めていないのだと思っていた。そんななか、二〇一三年六月に先述のヘリウム気球を打ち上げて世界五〇億人にブロードバンド接続環境を届けようというグーグルxの「プロジェクト・ルーン」が発表された。じつは航空宇宙工学の学位を持つマイクはリーダーの一人として、一年以上前からこのプロジェクトに取り組んでいたのだ。これほど大胆なプロジェクトに取り組むチャンスがなかったら、おそらくマイクはグーグルを去っていただろう。発想を大きくし、技術の限界を押し広げる姿勢を貫いてきたことが、

---

*166 この考え方は、心理学者のミハイ・チクセントミハイの提唱した「フロー」の概念から来ている。フローとは、自分の仕事に心底没頭しているとき、時間が止まっているように感じる、喜びに満ちた心理状態だ。「全身全霊で取り組み、自分のスキルを最大限発揮している」とチクセントミハイは書いている。フローを生み出すには、きわめて困難な課題と才能の理想的なコンビネーションが必要で、めったにない貴重な心理状態といえる。課題に対してスキルが低ければ、不安が生じる。逆に課題が取るに足らないものだと、退屈を感じる。フローの発生頻度を高めることが、スマート・クリエイティブを管理するうえで最も重要な仕事の1つである。以下を参照。John Geirland, "Go with the Flow," (*Wired*, September 1996). Mihaly Csikszentmihalyi, *Flow: The Psychology of Optimal Experience* (Harper & Row, 1990)（邦訳『フロー体験　喜びの現象学』）。

*167 ロザベス・モス・カンターは何がコミュニティや組織へのコミットメントを生み出すかを研究しており、こう書いている。知識労働者は「大きな責任を担い、自らのスキルをさらに広げる機会に魅力を感じる。もっとも粘着性の高い組織（従業員があまり辞めない組織）には機会と自由がある。いま、最高の顧客のために最高のツールを使って最先端の仕事をすることが大切なのだ。なぜならそれは将来、さらに大きな責任と報酬をもたらすからである。知識労働者は金銭的資本だけでなく、自分だけのスキルや実績といった人的資本も蓄えようとしている」。以下を参照。Rosabeth Moss Kanter, *Evolve!: Succeeding in the Digital Culture of Tomorrow* (Harvard Business School Press, 2001)（邦訳『企業文化のe改革』）。

最高のスマート・クリエイティブを少なくともひとりつなぎとめておくのに役立ったのである。

さらに、ラリーの表現を借りれば「重要な意味のあるスゴイこと」をしていると、マイク・カシディのように革新的なプロジェクトに直接携わっている人材だけでなく、他の従業員も刺激を受ける。グーグルの名を世に知らしめるような大胆なプロジェクトとはまったくかかわりのない従業員も「一〇倍スケールで考えよう」という言葉をよく口にする。セールス、法務、財務などを担当する彼らも、会社全体に浸透している「とんでもない高みを目指す姿勢」に感化されているのだ。大きな発想は、採用やつなぎとめに非常に有効なだけでなく、組織全体に伝染するのだ。

(ほぼ)実現不可能な目標を設定する

年季の入ったマネジャーはさまざまなスキルを身に着けているもので、その最たるものが年次目標、四半期目標を設定する能力だ。これはかなりの熟練を要する技で、目標を低くしすぎると期末に〝驚異的〟に目標を超過して有能ぶりを誇示しようとしているのが見え見えになる。[*168] 逆に高くしすぎると、目標が未達に終わるリスクが生じる。難しそうに見えて、じつはたやすく達成できる目標をひねり出すのがコツだ。四半期末、年度末には「達成率一〇〇％」がずらりと並ぶ完璧なスコアカードができあがる。

一九九九年末にジョン・ドーアが行ったプレゼンテーションは、グーグルのあり方を根本的に変えた。創業者たちの「発想を大きく」の精神を制度化するためのシンプルな手段を提唱したのである。ベンチャー・キャピタル、クライナー・パーキンスがグーグルに出資したばかりで、ジョンはその代表として取締役に就任したばかりのころだった。プレゼンのテーマは、ジョンがインテル元ＣＥＯのアンディ・グローブから学んだ、ＯＫＲと呼ばれる目標を使ったマネジメント手法だった（ＯＫＲについてはすでに取り上げた）[*169]。ＯＫＲには、従来型の「低めに設定して大きく超過する」目標設定とは明らかに異なる、いくつかの特徴がある。

優れたＯＫＲの一つ目の特徴は、大局的視点に立った目標を、測定可能性の高い意味のある結果と組み合わせることだ。つかみどころのない戦略目標（「使い勝手を良くする」「チー

---

*168 セールスの世界では、わざと低い目標を設定し、それを大きく超過することを「サンドバッギング《インチキ》」と呼ぶ。グーグルの初代セールス責任者だったオミッド・コーデスタニは「サンドバッガー」という悪評を買い、四半期ごとの全社員集会ではサンドバッグでつくった小さなステージで営業報告をさせられていた。

*169 グローブ自身、著書のなかでＯＫＲについて説明している。Andy Grove, *High Output Management* (Random House, 1983)（邦訳『ハイ・アウトプット・マネジメント』）。

ムの士気を高める」「締まった身体をつくる」など）を掲げ、四半期末に「達成！」と宣言するのは簡単だ。しかし、戦略目標の達成度を具体的目標（「各機能の利用件数をＸ％増やす」「従業員の満足度スコアをＹ％高める」「ハーフマラソンを二時間以内で走る」など）で測るようにすると、俄然おもしろくなる。たとえばグーグルのプラットフォーム・チームが最近設定したＯＫＲはこんな具合だ。「ジュピターではＷ個の新システムによって、Ｘ個の大規模サービスの大量のトラフィックを処理し、稼働率Ｙ％のときにレイテンシーＺマイクロ秒以下を達成する」（ちなみに木星《ジュピター》とはプロジェクトのコードネームであって、最新のデータセンターの所在地ではない）[*170]。このＯＫＲには曖昧さがまったくない。達成されたか否かを測るのはとても簡単だ。他のチームのＯＫＲには、特定のプロダクトを何カ国で展開するかというものもあれば、プロダクトの利用状況（「グーグル・プラス」を担当するチームには、ハングアウトへの一日あたりのメッセージ数をＯＫＲにしたところもある）、パフォーマンス（ユーチューブ動画の平均レイテンシー）にかかわるものもある。

　第二の特徴は、「発想を大きく」の精神と密接なかかわりがある。優れたＯＫＲは達成に相当な努力を要するもので、すべてのＯＫＲについて達成度一〇〇％というのは現実的にあり得ない。ＯＫＲがすべて青信号というのは、目標を十分高く設定していないことの表れだ。模範的なＯＫＲは野心的であると同時に現実的だ。この独特な考え方の下では、うまく練られたＯＫＲで達成度七〇％というほうが、質の低いＯＫＲで達成度一〇〇％より好ましい。第三の特徴は、ほぼ全員がＯＫＲを実践することだ。重要なのは、どんな仕事に就いているかにかかわらず、社内の全員がモノを考えることだ。

第四の特徴は、ＯＫＲにはスコアがつくが、スコアそのものが別の目的に使われることはなく、記録にさえ残らない。だから社員が正直に自分のパフォーマンスを評価するようになる。

第五の特徴として、ＯＫＲは業務全体を網羅するものではない。対象となるのは特別力を入れるべき分野や、特別な努力をしなければ達成できないような目標だ。通常業務の範囲でできることにはＯＫＲは必要ない。

企業が成長するのにともない、重要なＯＫＲは個人単位のものから、チーム単位のものへと変わっていく。小さな会社ではひとりの力でもすばらしい成果をあげることができるが、規模が大きくなるとチームメイトの力を借りずに困難な目標を達成するのは難しくなる。だからといって個人がＯＫＲを設定するのをやめる必要はないが、組織が重要な課題に集中しつづける手段として、チーム単位のＯＫＲのほうが重みを増すということだ。

＊170　社内で公表されている実際のＯＫＲでは、Ｗ、Ｘ、Ｙ、Ｚには具体的な数字が入っている。

ＯＫＲを軸とする経営には、もう一つメリットがある。従業員がライバル企業の後追いをするのを防ぐ効果があるのだ。インターネットの世紀にはライバルがあふれており、（すでに述べたとおり）その後追いをすれば月並みな成果しか生み出せない。従業員がよく練ったＯＫＲに集中していれば、そうした問題は起こらない。自分たちが目指すべき方向がはっきりしていれば、ライバル企業の心配をしているヒマはなくなる。

70対20対10のルール

あなたは誰かから新しいアイデアを提案されたとき、「イエス」と「ノー」のどちらを言うことが多いだろうか。質の悪い組織で長年働いていると、反射的に「ノー」あるいは「絶対にノー！」と言うようになる。どうやら組織というものは、新しいアイデアを排除する専門の〝抗体〟をつくりだすらしい。マネジャーは「ノー」と言うことでリスクを回避し、成功する可能性が高いプロジェクトのためにリソース（「頭数」のこと。普通の言葉で言うなら「人員」だ）を温存しておくことができる。そんなバカげたプロジェクトのために貴重なスマート・クリエイティブを割り当てるべきだろうか？　失敗したらどうする？　来年、人員を減らされてしまうかもしれない！　ここはとりあえず「ノー」と言っておいて、既存プロダクトの管理に集中しよう、といった具合に。

「イエス」の企業文化の重要性を説く人は多いが（本を書きたがる優秀で男前な誰かさんを含めて……）、組織にそれを可能にする仕組みを埋めこまなければ、実現は難しい。企業にとって最も貴重なリソースが人材である場合——たいていの企業ではそうだが——そのリソースを配分する優れた仕組みをつくるのは成功のための重要な要素である。

二〇〇二年の時点で、グーグルはまだプロジェクトを重要な順に並べた「トップ一〇〇リスト」をもとに、リソースの配分やプロジェクトのポートフォリオを決めていた。だが成長にともなって、このシンプルな仕組みではスケールすることが難しいという懸念が強まった。忌まわしき「ノー」の文化がじわじわと広がるのではないかという不安もあった。そこである日の午後、セルゲイはトップ一〇〇リストを見直し、プロジェクトを三つのグループに振り分けた。プロジェクトのほぼ七〇％はコアビジネスである検索と検索連動広告に関連するもので、約二〇％が成功の兆しの見えはじめた成長プロダクト、残りの約一〇％が失敗のリスクは高いが、成功すれば大きなリターンが見込めるまったく新しい取り組みだった。それを叩き台に長い議論を重ねた結果、「70対20対10」をリソース配分のルールにするという結論に達した。リソースの七〇％をコアビジネスに、二〇％を成長プロダクトに、一〇％を新規プロジェクトに充てるのである。

このルールによって、常にコアビジネスにリソースの大部分を割り当て、有望な成長プロダクトにも投資する一方、とんでもないアイデアにもいくばくかのサポートが確保され、予算削減のリスクから保護されるようになった。一〇%というのはたいしたリソースではなく、それも好ましい点だ。新しいアイデアに投資をしすぎるのは、投資が足りないのと同じぐらい問題である。あとで失敗を認めるのが難しくなるからだ。数百万ドルを投じたアイデアをボツにするのは、数千ドルしかかけていないアイデアよりずっと難しい。過剰な投資をすると、プロジェクトの良い部分だけを見ようとする意識的な「確証バイアス」が生じ、健全な意思決定の妨げとなる。

ジョナサンはアップルに勤務していたころ、「ニュートン」の開発に携わり、そうした状況を目の当たりにした（若すぎて「ニュートン」を知らない読者、あるいはアップルで働いていてこの記憶をもみ消している読者のために説明しておくと、ニュートンはこんにちのタブレット端末の先駆けともいえるデジタルノートだ。ただし大失敗に終わった。またグーグル関係者にしか興味のない事実かもしれないが、ニュートンの製造の一部を担当したのはモトローラである）。アップルはニュートンに大量のリソースを注ぎ込んだため、その大きな弱点に目をつぶった。ニュートンの目玉機能の一つは手書き文字認識で、ディスプレイに書いた文字は何でも認識されることになっていた。だが実際には、ほとんどの人の書いたものはまったく認識されなかった。ニュートンが認識できたのは開発やテストに携わったエンジニアの筆跡ぐらいで、彼らでさえ文字を認識させるには書き方に工夫をしなければならなかった。それにもかかわらず、ニュートンには膨大な資金が投じられていたため、この限られた細工しやすいサンプルグループで文字認識が機能したことが、関係者の待ち望んでいた〝成功の証《あかし》〟となった。アップルは発売計画を進め、結末は先述のとおりである。

一〇％という配分が適切なのは、もう一つ理由がある。クリエイティビティは制約を好むのだ。[*171] 絵画に額縁があり、ソネットは一四行と決まっているのはこのためだ。ヘンリー・フォードが自動車の価格をあれほど低く設定したのは、「こんな強制的手法を使うと、他ののんびりした探究方法より製造・販売について多くの発見が得られる」と考えたためだ。[*172] リソースの不足は創意工夫で補うしかない。

二〇〇二年、ラリー・ペイジは過去に出版されたすべての本をネットで検索できるように

---

*171 「クリエイティビティは制約を好む」という表現は、マリッサ・メイヤーのお気に入りだ。制約がクリエイティビティを刺激するという一見直感に反する説は、多くの学者が研究に取り組んでいる。たとえば以下を参照。Patricia D. Stokes, "Variability, Constraints, and Creativity: Shedding Light on Claude Monet" (*American Psychologist*, Volume 56, Number 4, April 2001).

*172 以下を参照。Henry Ford, *My Life and Work* (Doubleday, 1922), page 147（邦訳『我が一生と事業』）。

することは可能だろうか、と考えはじめた。ベストセラーなど一部の作品ではなく、ありとあらゆる本である（その後の計算では、世界でこれまでに出版された作品数はちょうど一億二九八六万四八八〇点であることがわかった）。[*173] これまでに出版された本がすべてネットで入手できるようになり、またすべての言葉が翻訳できるようになったときに、世界中のすべての知識をすべての人が利用できるようになったと言えるのではないか、とラリーは考えた。

共同創業者という立場を使えば、エンジニアのチームにこの課題を委ね、予算をつけることもできたはずだ。だがそうはせず、デジタルカメラと三脚を用意し、自分のオフィスのテーブルに設置した。そしてカメラのレンズをテーブル上に開いた本に向け、自分の動きを一定の速度に保つためにメトロノームをつけると、マリッサ・メイヤーにページをめくらせながら撮影を始めた。この無骨なプロトタイプによって、本一冊をデジタル化するのにかかる時間を調べ、この大胆なもくろみがそもそも実現可能なのかを計算することができた。こうして「グーグル・ブックス」が誕生した（その後セルゲイも「グーグル・ストリートビュー」プロジェクトの実現可能性を評価するため、同じようなやり方をとった。街中を運転しながら、数秒おきに写真を撮影したのだ。その直後のエリックのスタッフ・ミーティングでは撮影した写真を披露し、自らのプロジェクトへの支援を訴えた。いまでは「ストリートビュー」は八〇〇万キロ以上の道路をカバーしている）。

「グーグル・ブックス」に専従のエンジニアチームをつけ、たっぷり予算を与えていたとしても、同じように立ち上がったかもしれない。ただリソースをつけすぎると、形になる前に行き詰まる可能性もある。ラリーが「フライズ」[*174]で購入した部品でつくった無骨なデジタル化システムは、たっぷり時間と予算をかければつくれたはずのはるかに上等なシステムより、はるかにコスト効率が高い。イノベーションを奨励するときに一番やってはいけないのは、資金を与えすぎることだ。建築家のフランク・ロイド・ライトもこう言っている。「人類はことさら制約が厳しいとき、ことさらすばらしいものをつくる」[*175]

＊173 二〇一〇年八月五日の数字ではあるが。以下を参照。"You can count the number of books in the world on 25,972,976 hands" (Google's official blog, August 5, 2010).

＊174 「フライズ」はマウンテンビューの近くにある電器店。

＊175 この引用の全文は次のとおり。「人類はことさら制約が厳しいとき、それゆえに、そもそも何かをつくるために最大限の想像力が求められるときに、ことさらすばらしいものをつくる。いつの時代も、制約は建築の最高の友であったようだ」。以下を参照。Frank Lloyd Wright, *The Future of Architecture* (Horizon Press, 1953), page 55.

二〇％ルール

二〇〇四年夏、ケビン・ギブスというグーグルのエンジニアがあるアイデアを思いついた。ケビンの表現を借りると「リポジトリにあるすべてのURLと、過去のすべてのグーグル検索のクエリに照らしてリアルタイムに入力の自動補完を実施し、総合的な人気度に即して分類した結果を出すシステム」である。普通の言葉に翻訳すると、ユーザが入力しようとしている検索語を予測し、「完成形はこれですか？」といくつかの案を提示する仕組みだ。ケビンは仕事の空き時間にプロトタイプを完成させると、新しいアイデアを共有するのが好きな人が集まるメーリングリストに概要を送った。*176 メールにはプロトタイプへのリンクが含まれており、プロトタイプに検索語を入力すると、リアルタイムの自動補完がどんなものか実際に見ることができた。

複数のエンジニアがこのプロトタイプに興味を示し、ケビンのプロジェクトに参加した（デレク・シバーズの言葉を借りれば、彼らはケビンの〝最初のフォロワー〟だ）。こうして現在「グーグル・サジェスト」と呼ばれている機能が誕生した。検索ボックスに「て」と入力すると、グーグルが天気予報を調べるのではないかと推測し、ユーザが入力しなくても済むようにドロップ・ダウンメニューに「天気予報」などと表示するサービスだ。これによって検索にかかる時間が何秒か短縮でき、ユーザは必要な情報に早くたどり着けるようになった。たったひとりのアイデアがグローバルに展開され、数十億人が「これなしにどうやっていたんだろう？」と思うようなサービスになるまで、ほんの数年しかかかっていない。

これがグーグルの「二〇％ルール」[*177]の威力だ。エンジニアが仕事時間の二〇％を好きなプロジェクトに使うのを認める制度である。ここから「グーグル・ナウ」「グーグル・ニュース」「グーグル・マップ」の交通情報など、数々のすばらしいプロダクトが生まれた。ただ、このルールについては誤解が多い。ここで重要なのは時間ではなく、自由だ[*178]。この制度があるからと言って、グーグル・キャンパスが毎週金曜日に夏休み状態になり、エンジニアがクリエイティブなさぼり方を競っているわけではない。実際には夜や週末を使って「二〇％ルール」のプロジェクトをする社員も多いので、「一二〇％ルール」といったほうが妥当かもしれない。また、この時間をためておいて、一気に使ってもいい。ジョナサンはあるプロダク

＊176 このメーリングリストではメンバーが良いアイデアに投票することができ、得票数は自動的に集計され、優れたアイデアが上位に表示される。「ＵＲＬと検索語の自動補完（デモつき）」と題するケビンの提案は、リストに提出された九一七番目のアイデアだった。現在提出されたアイデアの総数は一万五〇〇〇件に達している。

＊177 「二〇％ルール」と「70対20対10」のルールは別物である。前者は個人の自由に関するルールで、後者はリソース管理のためのものだ。後者を「70対19対11」にしておけば、混乱はなかったのだろうが。

ト・マネジャーに、ひと夏かけて二〇%プロジェクトに取り組ませたこともある。日常業務に支障が出ないかぎり、二〇%ルールをいつ実行するかは完全に自由だ。二〇%ルールは専制的なマネジャーに対する牽制であり、社員に本来の業務以外に取り組むことを認める手段である。スティーブ・ジョブズの名言「ヒエラルキーではなく、アイデアによって経営すべきだ」[*179]を実践するのに役立つ。またグーグルでこの制度を実施してわかったのは、社員を信頼して自由を与えると、贅沢で実現性のないプロジェクトに時間を浪費するような者はほとんど出てこないということだ。エンジニアはオペラではなく、コードを書こうとする。[*180]

自動車が通れないような細い道でも「ストリートビュー」用の地上写真を撮影するための三輪車が誕生したきっかけは、ストリートビュー用の撮影車を担当するエンジニアのダン・ラトナーのスペイン旅行だった。滞在していたバルセロナのホテルに戻るとき、最後の数百メートルは細い小道だったためタクシーを降りて歩いて行った。そのときダンは、ストリートビューの撮影車では近づけない、すばらしい場所がたくさんあることに気づいた。そこでアメリカに戻ると、二〇%プロジェクトとして細い道でも通れる三輪車の開発に取り組み、完成させた。この技術はその後、スノーモービル（たとえばバンクーバー五輪のスキーコースを記録するのに使った）、カート（世界有数の美術館の回廊を撮影するのに使った）にも応用された。次はストリートビュー用のスケートボードでも登場するだろうか？

社員に大きな自由を与えると、制御するのがとても難しくなるのは間違いない。頑固なス

＊178　この自由な感覚は、やれと言われたことではなく、自分がやりたいことをやれるという事実から来ている。心理学者のエドワード・デシとリチャード・ライアンが提唱した、人間の動機づけに関する有名な自己決定理論（ＳＤＴ）によると、すべての人間には自律性（外部からの圧力に反応するのではなく、自らの意思に従って行動する自由）、自信、他者との結びつきに対する強い欲求がある。仕事がこうした欲求をどの程度満たしているかによって、人々が感じる動機づけや達成感が決まる、というのがＳＤＴの仮定だ。以下を参照。Richard M. Ryan and Edward L. Deci, "Self-Determination Theory and the Facilitation of Intrinsic Motivation, Social Development, and Well-Being" (*American Psychologist*, Volume 55, Number 2, January 2000).

＊179　コメントの全文は以下のとおり。「最高の人材を採用し、つなぎとめたいなら、彼らに多くの意思決定を任せ、ヒエラルキーではなくアイデアにもとづいて経営しなければならない。最高のアイデアが勝利しなければ、優れた人材は会社にとどまらない」。以下の記事より引用。Mark Milian, "Why Apple Is More Than Just Steve Jobs" (*CNN Digital Biz* blog, August 25, 2011).

＊180　この戦略を最初に実践した企業はグーグルではない。一九四八年に３Ｍが、社員に本業以外のプロジェクトに業務時間の一五％を使うことを認める制度を発足させた。３Ｍの「一五％ルール」の最も有名な産物は「ポストイット」だが、ほかにもスコッチテープや繊維保護剤の「スコッチガード」のほか、３Ｍの多くの製品に使われている多層光学膜などの革新的素材を生み出している。数十年にわたって３Ｍの社長、会長を務めたウィリアム・マクナイトは自らの手法を「優秀な人材を採用し、放っておく」と説明している。以下を参照。"A Culture of Innovation" (3M corporate brochure) and Paul D. Kretkowski, "The 15 Percent Solution" (*Wired*, January 1998).

マート・クリエイティブは、「ノー」という回答を拒絶することもある。それが許されるのは、どんなときだろうか。リーダーシップについては常に言えることだが、この問いへの絶対的な正解はない。ただ最終的に社員の主張が正しければ、当然問題はない。

ポール・ブックハイトはメールはもっとずっと便利になるはずだと考え、二〇％ルールのもとで「カリブー」というプロジェクトを立ち上げた（のちに「Gメール」に改称し、数億人のユーザを抱えるようになった）。あるときポールはGメールを収益化するべきだと考え、メールの内容にもとづいてメールの脇に広告を表示しよう、と提案してきた。当初私たちは賛同せず、Gメールを最高のプロダクトにすることに集中してほしいと言った。収益についてはあとで考えればいい、と。

だがGメールを自分の作品と考えるポールは、私たちの指示を無視した。社内システムに不正侵入して、アドワーズの広告サーバに接続したのである（Gメール＋アドワーズ＝組み合わせ型イノベーション）。ある朝、私たちが出勤してみると、メールの脇に広告が並んでいた。最初はみんな腹を立てたが、しばらくすると広告がかなり役に立つことに気づいた。ちょうどそのとき両親の五〇回目の結婚記念日の贈り物をどうするか、兄弟と相談していたジョナサンのメールの脇には、ウィリアム・ソノマの広告が表示された。妹がメールに母親の趣味はガーデニングだと書いていたため、庭用ベンチの広告が表示されたのである。ジョナサンがベンチはどうかと提案した結果、両親はすばらしい贈り物をもらい、ジョナサンは気が利くし、思いやりがあるという褒め言葉をもらった（これはかなり珍しいことだ）。

Gメールが稼働したのはその数カ月後だ。Gメールの広告はそれほど多くの収益にはつながらなかったが、ポールが開発した広告とメールのマッチング技術はその後改良され、アドセンスの品質向上に役立った。アドセンスはいまでは数十億ドルを稼ぎ出す事業に成長している。言うまでもないが、トップの指示に背いたポールはお咎めなしだった。

ただこうした例はあるものの、経営陣の気に入らないアイデアを温めているグーグル社員は、粗暴で先見性のない上司の見当違いな意見など無視して、ことを進めていいと言っているわけではない。優れたアイデアを実現させる第一歩は、全力で取り組む仲間をつくることだ。経営陣は見当違いかもしれないが、仲間のグーグル社員はそんなことはないだろう。私たちが新たな二〇%プロジェクトを立ち上げようとする社員に常にアドバイスするのは、まずはプロトタイプをつくってみろ、ということだ。それが周囲の人々を夢中にさせる最適な方法だからだ。アイデアを思いつくのは割と簡単で、それより何人かの同僚にプロジェクトに賛同してもらい、自分だけでなく彼らの勤務時間の二〇%を投じてもらうほうがずっと難しい。そこからダーウィン的な適者生存のプロセスが始まる。

ヒエラルキーのない組織では協力者を募るのは難しいこともある。とくに入社したばかりの社員にとってはそうだ。どこに行けば何ができるかがはっきりしないためである。モノを言うのは人間関係だが、それは一朝一夕にはできない（しかも誰も得意なことでもない）。このため、たくさんのすばらしいアイデアが日の目を見ずに終わるリスクもある。

グーグルの検索を担当するチームの一つはこうした問題を防ぐため、「デモ・デイズ」というイベントを開催している。発想はとてもシンプルだ。一週間ひたすら新しいアイデアのプロトタイプづくりに取り組み、最終日にデモをするのだ。デモ・デイズの一週間は、エンジニアたちは会議や新プロダクト発表の予定を一切入れない。例外は認めない。そうすることでデモ・デイズの開催が可能になるだけでなく、全員に本気で取り組ませる効果がある。なじみのない分野で仕事をすることになるエンジニアは、使いそうなシステムの研修を事前に受けられる。すべてのシステムがすぐに使えるように準備されているので効率的だ。プロジェクトを主催する人は、仲間を少なくともひとりは集めなければならない。ひとりだけのチームは認められない。そして普段の業務では一緒に仕事をしない人と組むことが奨励される。デモ・デイズが幕を開けると、誰もが仕事に取り掛かる。

一週間の終わりには、成果物であるプロトタイプが出そろう。発表は通常金曜日の午後、サイエンス・フェアの一般公開日のようなかたちで行われる。[*181]「私にはたくさんのアイデアがあるので、まずいものは捨てる」というライナス・ポーリングの言葉を地で行くように、ほとんどのプロジェクトはそこで終わる。この経験を通じて、どのチームも失敗が許容されることを学ぶのだ。

スティーブ・ジョブズはかつてエリックに、自分もネクストの経営者だったころに同じような試みをしていたと語ったことがある。ほぼ半年に一回、技術チームは日常業務を停止し、ネクストのプラットフォームのためのアプリケーションの開発に専念していた。ネクストのエコシステムを構築するための重要な取り組みであると同時に、誰もが〝日常業務〟を新たな目で見直すチャンスでもあった。

二〇％ルールの最も重要な成果は、そこから生まれる新プロダクトや新機能ではない。新しい試みに挑戦する経験を通じて、社員が学ぶことだ。たいていの二〇％プロジェクトでは、日常業務では使わないスキルを学び、普段は一緒に仕事をしない同僚と協力する。プロジェクトから目を見張るようなイノベーションが生まれることはめったにないが、携わったスマート・クリエイティブは必ず以前より優秀になる。ウルス・ヘルツルがよく言うように、二〇％ルールほど効果的な社員教育プログラムはないのではないか。

＊181　以下に引用されている。Tom Hager, *Linus Pauling and the Chemistry of Life* (Oxford University Press, 1998), page 87.

ジョナサンのお気に入りの「二〇％プロジェクト」

二〇％ルールの下で始まったプロジェクトのうちジョナサンがとくに気に入っているのは、エルサレムにあるホロコーストの犠牲者や生存者の資料を集めた「ヤドバシェム」（ホロコースト記念館）の展示品をデジタル化し、公開するというものだ。このプロジェクトは、ジョナサンが二〇〇七年に家族とともにこの記念館を訪れたことをきっかけに始まった。記念館のガイドが、自分も来館者から展示写真について新たな事実を学んだばかりだ、という話をしたのだ。それを聞きジョナサンは、写真に写っている人々や場所を直接知っているホロコーストの生存者のうち、最も若い人たちですら七〇代、八〇代になっている事実に思い至った。ホロコーストの生きた知識が、まさに消え去ろうとしているのだ。

翌日グーグルのイスラエル支社を訪問したジョナサンは、ヤドバシェムでの出来事を話題にした。それにヒントを得たイスラエルのスタッフは、自分たちの二〇％プロジェクトとして、ヤドバシェムの展示品をデジタル化するためのパートナーシップを結んだ。こんにちでは一四万点以上の画像や資料がデジタル化され、世界中のどこからでもネットで検索できるようになっている。とりわけすばらしいのは、デジタル化された資料について生存者が自らの知識やストーリーをコメントや動画のかたちで寄せてくれ、この重要な史実がより完全な姿で伝わるようになったことだ。

ヤドバシェムプロジェクトのリーダー、ヨシ・マティアスがラリーとセルゲイにデモを見せたときの反応は、いかにもふたりらしいものだった。「なぜこの記念館だけなんだ?」「すべての博物館でやったらいいじゃないか」「世界中の公文書館がコンテンツをデジタル化できるようなプロダクトをつくったらどうだろう?」。そして、それを実行に移した。二〇一三年に登場した新プロダクト「オープン・ギャラリー」は、あらゆる博物館(あるいは文化的コンテンツのオーナー)がネット上で作品を展示できるようにする。そしてウェブサイト「グーグル・カルチュラル・インスティチュート」では、アテネのアクロポリス博物館からスペインのサラゴサ美術館まで、数多く博物館・美術館の数百点の作品を、高画質な画像で見ることができる。

アイデアはあらゆるところから生まれる

最近「ご意見箱」を目にしたのはどこだろう。遊園地、スキー場、あるいは職場の休憩室だろうか。そのときあなたは何を思っただろう。箱の脇のただし書きを目にしたかもしれない。「ぜひご意見をお寄せください」「みなさんのお考えはとても大切です！」など。それを見て、まったく逆だと思ったのではないか。「意見なんか求めていないくせに」「こっちの考えなんてどうだっていいのだろう」「意見箱に投函された紙は、たちまち宇宙のワームホールに吸い込まれ、アンドロメダ星雲の彼方に送られるんじゃないか」

やれやれ、私たちはすっかりすれてしまったようだ。産業界に意見箱が登場したとき、それは画期的なアイデアだった。アラン・ロビンソンとサム・スターンの著書『コーポレート・クリエイティビティ』によると、こんにちの意見箱の父はスコットランドで造船業を営んでいたウィリアム・デニーである。デニーは一八八〇年、従業員に「報奨委員会が従業員の発明・改善に報いるためのルール」と題した冊子を配った。そこにはアイデアを提案し、受け入れられた従業員には二〜一五ポンドの報奨金を出す、と書かれていた。それからの一〇年で、従業員が出したアイデアは数百件に達した。デニーが考案した制度はまもなく大西洋を渡り、ジョン・パターソン率いるナショナル・キャッシュ・レジスター・カンパニー（NCR）

にお目見えした。同社では投書の数が一九〇四年のピークには七〇〇〇件を超え（従業員ひとりあたりほぼ二件）、ほぼ三分の一が採用された。[*182] つまり一年間に一般社員が出したアイデアのうち、実施する価値があると判断されたものが二〇〇〇件を超えたということだ。意見箱のヒット率としては相当なものだ。

それから一世紀後のグーグルで、マリッサ・メイヤーがオタクのための《ザ・ゴングショー》のようなミーティングを主催した。[*183] アイデアがある人がプレゼンテーションをし、ゴングが鳴るまで話しつづける、という趣向だ。質の高いデモほど、長時間のプレゼンが許される。ニューヨークのエンジニアリング・オフィスを立ち上げたクレイグ・ネビル・マニングがこれを発展させ、毎週「ビア＆デモ」ミーティングを開くようになった。みんなで集まってビールを飲みながらデモを見て、一番良いと思ったもの（ビールの銘柄ではなくデモ）にビー玉で票を投じるのである。デニーやパターソン（そしてマリッサとクレイグも）には、優れたアイ

＊182　以下に詳しい。Alan G. Robinson and Sam Stern, *Corporate Creativity: How Innovation and Improvement Actually Happen* (Berrett-Koehler, 1997), pages 66–70（邦訳『コーポレート・クリエイティビティ』）。

＊183　《ザ・ゴングショー》は、一九七〇年代にアメリカで放映された視聴者参加型番組だ。ほとんどの芸はおそろしくお粗末で、審査員が大きなゴングを鳴らして打ち切っていた。

デアをあらゆるところから集める才覚があった。労働者は働くだけでなく、モノを考えることもできると知っていたのだ。組織で働く誰もが、豊富な情報と最高のツールを持っているいまの時代はなおのことだ。最も危険なのは、経営者だけが優れたアイデアを持っているという自惚《うぬぼ》れではなく、社内の従業員だけがそれを持っているという思い込みである。優れたアイデアは本当に〝あらゆるところ〟にある。社内だけでなく、社外にも存在している可能性が高い。

グーグルが事業の国際化に乗り出したとき、カリフォルニア本社のエンジニアの大半はウェブページを外国語に翻訳するスキルを持ち合わせていないことがすぐに明らかになった。この問題を解決する一般的な方法はプロを雇って翻訳させることだが、それにはお金と時間がかかる。だから私たちはユーザにそれを任せた。ウェブのテキストをすべて公開し、各国のボランティアに翻訳するよう求めたのだ。フタを開けてみると、世界中のボランティアがすばらしい仕事をしてくれた。同じように世界の地形図を作成しようとしたグーグルのジオ・チームは、まともな地図が存在しない地域がたくさんあることに気づいた。そこで、あらゆる人が「グーグル・マップ」の作成に貢献できるツール「マップ・メーカー」を開発した。あなたの住んでいる通りがグーグル・マップに載っていなければ、描き込んでくれればいい。そうすればグーグルが（実際にその通りが存在することを確認したうえで）地図に追加する。こうして草の根の地図製作者のコミュニティが誕生し、彼らのおかげでマップのユーザはクリックするだけで町全体の地図が見られるようになった。たとえばパキスタンでは、わずか二カ月で二万五〇〇〇キロの道路の地図ができあがった。

私たちがグーグルに入社してまもなく、経営幹部のオフサイト・ミーティングで、世界中にエンジニアリング・オフィスを開設しようという話が持ち上がった。エリックがラリーにどれくらいの数のエンジニアが必要か尋ねたところ、「一〇〇万人」という答えが返ってきた。ラリーは本気だったが、一〇〇万人の従業員を雇用するという意味ではなかっただろう（少なくとも私たちはそう信じている）。それがこんにちでは世界中のデベロッパーがアンドロイド、グーグルアップ・エンジン、グーグルAPI、グーグル・ウェブ・ツールキットのほか、グーグルが協力するオープンソース・ツールを使って仕事をしている。彼らはグーグルの従業員ではないが、このようにグーグルのツールを使っている人や、グーグルのプラットフォーム上で最高におもしろいモノをつくっている人の数は数百万人に達するだろう。だからある意味では、ラリーの目標を達成したと言えるのかもしれない。その場合、本人はきっと「一〇倍スケールで考えよう！」と、目標を一〇〇〇万人に引き上げるのだろう。

世に出してから手直しする

新しいアイデアのためにほどよいリソースを確保し、専横的なマネジャーの口を封じ、社内の天才たちにやりたいことを追求する自由を与え、幅広くアイデアを募るために心も開いた。イノベーションが続々と誕生し、優れたアイデアがブクブクと湧き上がるようになった。そのほとんどが日の目を見ないが、ほんのひとにぎりでも成功すれば〝約束の地〟にたどりつくには十分だ。プロダクト発表のブログを承認し、ゴーサインを出したら、シャンパンを開けてチームと勝利を祝おう。

祝勝会が終わったら、さっさと仕事に戻ろう。というのも、あなたの仕事の進め方が正しければ、プロダクトはまだ完成していないからだ。ボルテールの言うように「良き行いを妨げるのは完璧主義である」[*184]。スティーブ・ジョブズもマッキントッシュの開発チームに「本物の芸術家は作品を世に出すものだ」と語っている[*185]。新しいアイデアが初めから完璧であることはあり得ないし、完璧になるまで待っている時間はない。プロダクトをつくり、出荷し、市場の反応を見てから、改善策を考え実践し、再び出荷しよう。「世に出してから手直しする」。勝つのはこのプロセスを最も速く繰り返すことのできる企業だ。

グーグルが基幹プロダクト「アドワーズ」を稼働させたとき、新しい広告を社内審査なしにウェブページに掲載してよいのか、という議論があった。出稿された広告をそのまま載せると、質の低いスパム広告があふれるのではないか、と強く主張するグループがあった。反対に、広告主がすぐに広告の反応を確かめることができれば、より速くパフォーマンス・データを収集して内容を改善できるはずだ、という意見もあった。サイクルが速くなれば、広告の品質は低下ではなく向上するはずだ、というのだ。結局、社内審査は最小限にとどめることになり、この「世に出してから手直しする」というアプローチはうまく機能した。

「世に出してから手直しする」アプローチはさまざまな領域にも当てはまる。出荷するのが物理的プロダクトではなく、ビットやバイトでできていてネットで販売できるソフトウェア業界では、とくに実践しやすいのは確かだ。ただ3Dプリンタのような新技術の登場や、ネット上で多様なモノのモデルがつくれるようになったことから、多くの産業で実験のコストは下落、あるいは暴落しており、「世に出してから手直しする」プロセスを実践できる分野は

＊184 ボルテールはこの一文を自身の詩のなかで使ったが（"*Le mieuxest l'ennemi du bien*"）、もとはイタリアの賢者の言葉だという（*Il meglio è l'inimico del bene*）。

＊185 この業界で働いていない人には、もう少し詳しい説明が必要かもしれない。「世に出す」というのはプロダクトを顧客に届けることだ。スティーブが言わんとしていたのは、誰でもプロダクトをとことん磨き上げたいという誘惑に駆られるが、それを実際の顧客に届けるまでには何も成し遂げたことにはならない、ということだ。

増えている。

このプロセスのうち、とくに難しいのは「手直しする」の部分だ。新プロダクトを世に送り出すためのチームを集めるのは簡単だが、それをさらに良いものにするという骨の折れる作業につなぎとめておくのははるかに難しい。私たちが見つけたモチベーションを高めるのに効果的な方法は、ネガティブ・フィードバックである。ラリーが「この広告はムカつく!」という殴り書きをしたり、マリッサが自分のオフィスの外に否定的なプロダクト・レビューを貼り出し、プロダクト・マネジャーやエンジニアと議論したりといった例に代表されるように、私たちは担当チームのプロダクトを良くしようという気持ちを奮い立たせるために、批判という手法をよく使う。とはいえ、これは慎重さを要する行為で、私たちも常にうまくできたわけではない。正しい批判はモチベーションを高めるが、手厳しすぎると逆効果だ。

「世に出してから手直しする」という手法が常に成功するわけではない。発売した後、次第に質が高まって人気に火がつくプロダクトもあれば、勢いを失うモノもある。問題は、プロダクトを市場に送り出すまでに大量のリソースと情熱が注がれ、そのために正しい意思決定が妨げられることだ。埋没費用を忘れることは難しい。だから「世に送り出してから手直しする」モデルにおける経営陣の役割は、、、、、、、、これまでの投資額にかかわらず勝者を支援し、敗者への支援を打ち切ることだ。質が向上し、成長に弾みがついたプロダクトには報酬としてより多くのリソースを割り当てる一方、停滞したプロダクトにはそれをしないことだ。

勝者と敗者を見きわめる際には、データを判断の基準にすべきだ。それは以前から変わらないが、インターネットの世紀になってデータが入手できる速さとその量は様変わりした。勝者を正確に選ぶうえでカギとなるのは、どのデータを使うかを決め、それを迅速に入手し、分析するための仕組みを整えることだ。データを使うことで〝埋没費用のまやかし〟に陥らずに済む。これは多くの人が陥りやすい、すでに投資したリソースの量をもって、投資を続ける根拠とする誤った考え方だ（「もう数百万ドル投資したのだから、いまさらやめるわけにはいかない」といった具合に）[*186]。

敗者をなんとか勝者に変えようと、投資や支援を続けてしまうケースはあまりに多い。ジョナサンがエキサイト＠ホームのプロダクト責任者だったころ、同社のポータルサイト「エ

---

*186 埋没費用を回収したいという欲求によって、誤った行動を続けるだけでなく、さらに投資を続けるケースは多い。専門家はこれを「立場固定」と呼ぶ。個人の立場から見れば、埋没費用を根拠に投資を続けるのは合理的判断ともいえる。うまくいっていないプロジェクトを継続すること（そしてプロジェクトの失敗を隠蔽すること）で組織内の評価を維持できるからだ。以下の文献を参照。Barry M. Staw, "The Escalation of Commitment to a Course of Action" (*Academy of Management Review*, Volume 6, Number 4, October 1981). R. Preston McAfee, Hugo M. Mialon, and Sue H. Mialon, "Do Sunk Costs Matter?" (*Economic Inquiry*, Volume 48, Issue 2, April 2010).

キサイト・ドットコム」にはニュース、不動産、スポーツ、ファイナンスなどたくさんのセクションがあり、ユーザはホームページでクリックしたセクションに誘導されるようになっていた。各セクションはホームページ上でユーザのクリックを競い合っていたわけだ。トラフィックの落ちているセクションがあると、エキサイトの経営陣はそれをホームページの〝好位置〟に移し、状況を改善しようとした。おや、今四半期はファイナンスのトラフィックが落ちているな。目標を達成できないじゃないか。よし、ホームページのトップに移してやろう、といった具合に。データを使って不振のコンテンツを見きわめていたものの、それを冷遇し、改良を促すどころか、さらに良い位置を与えていたのである。いまから思うと、エキサイトはユーザに集中するより、ユーザを一番つまらないプロダクトに集中させ、偽りの目標を達成させることを重視していたのかもしれない。その結果、サイトはおよそエキサイティングなものではなくなってしまった。

「世に出してから手直しする」というアプローチを実践する場合、プロダクトを市場に投入する際のマーケティング・キャンペーンやPR活動は最小限にとどめるべきだ。レストラン業界で「ソフトオープニング」と呼ばれる手法だ。ヒナを巣から旅立たせるとき、ジェットパックやパラシュートを背負わせてはいけない――自分の力で飛ばせよう（注：あくまでも比喩だ）。飛べた者だけに投資しよう。グーグル・クロームはその最たる例だ。二〇〇八年にひっそり登場したときは、マーケティング予算は実質的にゼロだった。そこからプロダクトの優位性だけを武器にすばらしい成長を遂げたのだ。ユーザが七〇〇〇万人を超えたあたりで、チームはようやく燃料の追加投入を決め、マーケティング活動による後押しを始めた（テレビCMまで実施した）。あくまでもプロダクトが勝者であることを自ら証明してからである。

誤解のないように言っておくと、「世に出してから手直しする」アプローチはあとで改善することを前提に、質の低いプロダクトを送り出してもいいという考え方ではない。ジョナサンはプロダクトチームに、質の低いプロダクトを投入してグーグルのブランド力で初期ユーザを獲得すればいいという発想はやめよう、と繰り返し訴えてきた。プロダクトは提供する機能において最高のパフォーマンスを実現しなければならないが、当初の機能は限定的でも構わない。市場に投入する時点で派手なマーケティングやPRを控えるのは、こうした意味でも好ましい。ユーザはひっそり発売されたプロダクトより、鳴り物入りで登場したプロダクトに大きな失望感を抱きやすいからだ。新しい機能を追加して（そして既存の機能を改良して）利便性を高めるのは、発売したあとでもいい。エリックは二〇〇六年二月にグーグラーにこんなメモを送っている。「発売からあまり時間をおかず、ユーザをびっくりさせるような新機能を追加する準備をしておこう」[*187]。このようなやり方をとることで、ユーザはグーグルの新プロダクトは常に最高の状態で送り出され、当初は限定的な機能も急速に拡大していくという期待を抱くようになる。

「世に出してから手直しする」アプローチは、ソフトウェアやメディアなどプロダクトが完全にデジタル化され、物理的な製造コストがほとんどかからない業種では実践しやすい。グーグル検索の新機能を追加し、ユーザの利用データをもとに改良するのは簡単だが、自動車や半導体メーカーではそうはいかないだろう。だがインターネットの影響力や裾野の広さを活用し、貴重なユーザデータを入手する方法はいろいろある。たとえばデザインやプロトタイプを公開する、あるいはプロダクトをコンピュータ上でお試しできるソフトウェアをつくるといった手がある。より多くの人にプロダクトを体験してもらう方法を考え、そこから得られたデータをもとに改良するのだ。

良い失敗をする

「世に出してから手直しする」アプローチの成功例がグーグル・クロームだとすれば、代表的な失敗例は二〇〇九年に華々しく登場したグーグル・ウェーブである。ウェーブはまさにイノベーションだった。シドニー・オフィスの小さなエンジニアチームが二〇%ルールの下で、「メールが今日発明されるとしたら、どんなものになるだろう」という問いへの答えとして開発した。彼らのつくったプロトタイプは、経営陣を魅了した。私たちはプロジェクトの続行を認め（認めなくても彼らはおそらく続行しただろうが）、インターネット時代のまったく新しいコミュニケーションを実現するプラットフォームとプロトコルが完成した。

ウェーブは技術的には傑作だったが、大失敗に終わった。二〇〇九年に市場に投入したものの、利用はまったく伸びなかった。担当チームは必死に「世に出して手直し」のプロセスを繰り返したものの、ユーザベースがクリティカルマスに到達することはなかった。一般市場への投入から一年後、グーグルはウェーブの終了を発表した。メディアには、ウェーブは話題先行の駄作で、とんでもない大失敗と酷評された。

たしかにウェーブはとんでもない大失敗だった。とはいえ、ムダな時間はかかっていない。失敗が明らかになってから追加投資をしなかったからだ。また失敗によって敗者の烙印を押された社員はいなかった。ウェーブ・チームのメンバーはひとりも解雇されず、むしろプロジェクトの打ち切り後、社内でひっぱりだこになった。限界に挑戦するようなプロジェクトに取り組んだからにほかならない。またウェーブは失敗する過程で、たくさんの貴重な技術

＊187　これはトム・ピーターズが提唱する「約束は控えめに、成果は過剰に」という概念に沿うものだ。Tom Peters, *Thriving on Chaos: Handbook for a Management Revolution* (HarperCollins, 1988), pages 118–20（邦訳『経営革命』）。

を生み出した。ウェーブのプラットフォームの技術はグーグル・プラスやGメールに取り入れられている。失敗ではあったが、ウェーブは〝良い失敗〟だったのだ。

イノベーションを生み出すには、良い失敗のしかたを身に着けなければならない。失敗から学ぶのだ。どんな失敗プロジェクトからも、次の試みに役立つような貴重な技術、ユーザ、市場の理解が得られるはずだ。アイデアは潰すのではなく、形を変えよう。世界的イノベーションの多くは、まったく用途の異なるものから生まれている。だからプロジェクトを終了するときには、その構成要素を慎重に吟味し、他の何かに応用できないか見きわめよう。ラリーがよく言うように、とびきり大きな発想をしていれば、完全な失敗に終わることはまずない。たいてい何かしら貴重なものが残るはずだ。そして失敗したチームを非難してはいけない。メンバーが社内で良い仕事に就けるようにしよう。他のイノベーターも、彼らが制裁を受けるかどうか注目している。失敗を祝福する必要はないが、ある種の名誉の印と言っていいだろう。少なくとも挑戦したのだから。

経営者の仕事は、リスクを最低限に抑えたり、失敗を防いだりすることではない。リスクをとり、避けられない失敗に耐えられるだけの強靭な組織をつくることだ。著書がベストセラーになったナシム・タレブ教授は「抗脆弱性」を持つシステムをつくれと説く。失敗や外的ショックに耐えられるだけでなく、それを糧にさらに強くなるようなシステムだ。*188 誤解のないように言っておくと、失敗自体が目的ではない。だがイノベーション環境の健全性を測るうえでは、成功だけでなく失敗の数も重要だ。失敗を重ねることで抗脆弱性が高まる。漫画『ディルバート』の作者、スコット・アダムズは「失敗は壁でなく、道と考えるほうがい

*188 さらにタレブの言葉を引用しよう。「ショックがプラスに働くものもある。変動、混乱、無秩序、ストレス要因にさらされると発展・成長する。また冒険、リスク、不確実性を好む。こうした現象はどこにでもあるにもかかわらず、脆弱性の反対を表す言葉は存在しない。それを抗脆弱性と呼ぼう。抗脆弱性は単に回復力があり、強靭なだけではない。回復力のあるものは衝撃に耐え、変化しない。だが抗脆弱性のあるものはさらに向上する」。以下を参照。Nassim Nicholas Taleb, *Antifragile: Things That Gain from Disorder* (Random House, 2012), page 3.

い」と言う[*189]。スーフィズムの伝承に出てくる一三世紀の賢者、ムラー・ナスレッディンも同意見だ。「優れた判断は経験から生まれる。経験は誤った判断から生まれる[*190]」

おそらく最も難しいのは、失敗のタイミングを見きわめることだ。良い失敗は速いものだ。プロジェクトが成功しないと判断したら、リソースのさらなる浪費や機会損失を避けるため（失敗確実なプロジェクトで働いているスマート・クリエイティブを成功しそうなプロジェクトに割り当てるなど）、なるべく早く手を引くべきだ。ただ、イノベーティブな会社の顕著な特徴は、優れたアイデアに成熟する時間をたっぷり与えることだ。自動運転車やグーグル・ファイバー（家庭で最大一ギガビットのブロードバンド接続を可能にする。現在のアメリカの平均的な家庭用回線のおよそ一〇〇倍に相当）のようなプロジェクトは、莫大な収益をもたらす可能性があるが、おそろしく時間がかかる。ジェフ・ベゾスもこう言っている。「時間軸を伸ばすだけで、それまで考えもしなかったようなプロジェクトに取り組めるようになる。アマゾンではアイデアを五〜七年で実現したいと考えている。ぼくらは積極的にタネをまき、育てようとするし、しかもとびきり頑固だ。ビジョンについては頑固に、細部については柔軟に、が合言葉さ[*191]」つまり失敗はすばやく、ただし時間軸はとびきり長く、ということだ。どうすればそんな芸当ができるんだ？　と思うかもしれない（ここが一番難しいと初めに断っておいたとおりだ）。大切なのは、手直しをできるかぎり速くすること、そして手直しするたびに、自分が成功に近づいているか判断する基準をつくっておくことだ。小さな失敗は当然起こるだろうし、許容すべきだ。それが進むべき正しい道を示してくれることもある。ただ失敗が積み重なり、どうにも成功への道筋が見えないとき（レジナ・ドゥガンとカイガム・ガブリエルの言う「いくつもの奇跡が重ならなければ成功できそうにないとき」[*192]）は、おそらく潮時なのだろう。

重要なのはおカネじゃない

グーグルでは傑出した人材が傑出した成功を収めたときには破格の報酬で報いるべきだと

---

*189 Scott Adams, "Scott Adams' Secret of Success: Failure" (*Wall Street Journal*, October 12, 2013).

*190 これはいまは亡きコンピュータ科学者、ジム・ホーニングの言葉とされるが、本人は否定している。私たちが調べたところ、これはナスレッディンのものだとわかった。私たちの遺産が数百年後、賢者の知恵として記憶されていたらどんなにすばらしいだろう。この物語は以下に収録されている。Joel ben Izzy, *The Beggar King and the Secret of Happiness* (Algonquin Books, 2003), page 206-7.

*191 Steven Levy, "Jeff Bezos Owns the Web in More Ways Than You Think" (*Wired*, November 13, 2011).

*192 Regina E. Dugan and Kaigham J. Gabriel, "'Special Forces' Innovation: How DARPA Attacks Problems" (*Harvard Business Review*, October 2013).

考えているが、二〇%プロジェクトが成功しても報酬を出すことはない。ダン・ラトナーは革新的な「ストリートビュー」を世に送り出したチームの一員としてたっぷり報酬をもらっているかもしれないが、三輪車に夢中で取り組んだことに対しては何も受け取っていない。[*193]二〇%プロジェクトに対して金銭的報酬を払わないのは、単にその必要がないからだ。陳腐な言い方かもしれないが、仕事自体が報酬になる。外部からの報酬は、本質的にやりがいのある挑戦をカネを稼ぐ手段に変えてしまうため、クリエイティビティを助長するどころか阻害する要因となることを、複数の研究が示している。[*194]

二〇%プロジェクトそのものが、携わった人々にとって報酬となることを示す好例を一つ挙げよう。二〇〇五年八月、ハリケーン・カトリーナがメキシコ湾沿岸地域を襲ったのは、グーグル・アースが市場に投入されたわずか八週間後のことで、少人数のジオプロダクト（グーグル・マップとグーグル・アース）担当チームは疲れ切っていた。だがハリケーンの被害を耳にすると、即座に行動を起こした。八〇〇〇枚の最新の衛星写真（NOAA＝米国海洋大気庁から入手したもの）をアップし、被害の範囲を正確に示すとともに、道路や各地域の高解像度写真を提供したのだ。多くの道路標識や信号が失われたなかで苦戦していた救助隊員には大いに役立った。また援助機関が支援物資を届けたり、その後、被災者が自宅に戻るかどうかを判断するのにも使われた。

これはまさに典型的な二〇%プロジェクトだった。アイデアはチームのなかから自然に生まれた。上司が命じたわけではなく、誰かが何日もオフィスに泊まり込むよう指示したわけではない。広がりつつあったグーグル・アースのコミュニティを通じてボランティアの協力を求めてほしいという外部からの要請があったわけでもなく、NOAAの協力を得て画像を調達せよという指示もなかった。経営幹部の関与といえば、エリックが彼らの作戦室を訪れ、周囲を見渡して、「そのまま続けて」という的確な指示を出したことぐらいだ。

ハリケーン・カトリーナの後、この二〇%プロジェクトはグーグルの慈善活動を指揮する「グーグル・ドット・オーグ」のなかの、「危機対応チーム」という常設部署に発展した。このチームの協力を得て、グーグルは自らのプラットフォームを使い、二〇〇八年に数千人の旅行客が足止めされた中国の雪害から、二〇一一年の東日本大震災と大津波まで、さまざまな自然災害の被災者の支援に尽力してきた。それぞれの災害において、グーグルの社員は過去の経験を踏まえ、グーグルプロダクトを使って被災者を支援する新たな方法を編み出し

---

*193 この意味では、ダンの立場は小さな子供によく似ている。
*194 たとえば以下を参照。Teresa M. Amabile, "How to Kill Creativity" (*Harvard Business Review*, September-October 1998).

てきた。そうした活動に対して、ほとんどの社員が一セントの報酬も受け取ってはいない。仕事そのものが彼らの意欲をかきたてるのだ。

おわりに

想像を超えるものを想像しよう

エリックは二〇一三年のクリスマス休暇を家族と一緒に過ごした。小さな子供たちは団欒《だんらん》の合間に、ビデオを観ることを許された。エリックが衝撃を受けたのは、ビデオを観るのにテレビが一切使われなかったことだ。休暇の間、テレビのスイッチがつけられることはついに一度もなく、ビデオ鑑賞にはタブレット端末が使われた。子供たちが観たもののなかには、一つとして昔ながらの「テレビ番組」はなかった。もともとテレビやケーブルネットワークが放映したものではなく、初めからウェブサイトやモバイルアプリで視聴されることを念頭に制作されたものだった。テレビとそれを取り巻くエコシステムは、子供たちの日常生活の一部ではないのだ。おそらく、これは特異なケースではないだろう。モバイル端末メーカーやウェブベースの動画コンテンツの制作者には勇気づけられる話だが、子供たちが大きくなっても観ないであろうテレビ用のホームコメディやドラマを制作している人々にはありがたくない話だ。

私たちは大いなる希望に満ちた時代に生きている。だが、同時に大いなる不安の時代でもあり、それはテレビ会社の経営者に限った話ではない。私たちが本書を執筆していたここ三年間に、テクノロジーの破壊的影響は多くの産業におよびはじめた。直近の景気後退期に顕著になったさまざまな経済問題は、世界中で景気回復が始まっても解決していない。テクノロジーの引き起こす変化の速度は、労働者が新しいスキルを習得する速度を上回っており、労働階級全体はもちろん多くの国々の経済構造にも多大なプレッシャーをかけている。過去には健全な経済の拠りどころとなってきた安定した中産階級の雇用は、発展途上国やネット上に移るか、完全に消滅しつつある。

かつて盤石の強さを誇った企業が崩壊すること、またそれが経済におよぼす影響が、短期的には痛みをともない、混乱を招くことは間違いない。だから偉大な二一世紀型企業のつくり方を考察する本が、来るべき変化を乗り切る方法、あるいはそれとどのように向き合うべきかといったアドバイスもなしに終わるのは無責任だろう。こんにちの企業をとりまく環境は、これまでとどこが違うのか。次は何が起こるのか。また混乱の時代を生き延び、繁栄するために企業や個人起業家にできることは何か。

《ダウントン・アビー》からダイアパーズ・ドットコムへ

変化はなぜ、伝統的企業にとって脅威となるのか。それを理解するには、過去に一つの経済的ハブから次のハブへとバトンが渡った事例に目を向ける必要がある。二一世紀初頭の現在の状況は、一九世紀の封建的経済から工業化経済へとバトンが渡ったときの状況に似ている。私たちの友人や家族には、イギリスBBCのテレビドラマ《ダウントン・アビー》に夢中になった人が多い。第一次世界大戦前夜、壮麗なイギリスの邸宅を舞台に、その住人と彼らに仕える使用人たちのドラマチックな運命を描く物語だ。邸宅の住人は富裕な上流階級で、おしゃれや使用人の心配ばかりしている。一方の使用人は労働者階級で、忙しく働きながら邸宅の主《あるじ》たちの様子を気にしている。麗しいイギリス英語と、当時を忠実に再現した豪華な衣装も見ごたえがあった。

忠実な従者のジョン・ベイツが投獄されるシーン（結局、潔白が証明された）や、邸宅の後継候補と目されたマシューが死亡するシーン（ボビー・ユーイングばりの見事な復活はなかった）[*195]で涙に暮れていて気づかなかった方のために説明しておくと、《ダウントン・アビー》は一つの経済的時代から次の時代への移り変わりを描いている。産業革命以前の、一九世紀の経済を特徴づける組織は「邸宅」だった。ダウントン・アビーは人材やサービスの需要を生み出し、地域経済を支えていた。

一方、産業革命後の二〇世紀を特徴づける組織は「企業」に変わった。自動車メーカーのGMはその代表格だ。電力、水、そしてブルーカラー労働力が手に入るようになるといった要因が重なった結果、工場での大量生産が始まった。工場で働く労働組合の組合員も、本社のホワイトカラーも、双方とも安定したキャリアとそこそこ裕福な中産階級の生活を手に入れた。

二一世紀に入り、経済活動のハブとしての企業の立場を脅かしているのは「プラットフォーム」だ。プラットフォームについては「戦略――あなたの計画は間違っている」で触れたが、ベビー用品のネット販売サイト、ダイアパーズ・ドットコムなどはその好例だ（現在はアマゾン傘下にある）。プラットフォームは企業とはまったくタイプの異なる経済的ハブだ。企業と消費者の関係は一方通行である。GMは消費者のための新プロダクトを設計、製造、宣伝し、ディーラーのネットワークを通じて販売する。対照的に、プラットフォームは消費者

*195 ボビー・ユーイングは一九八〇年代の人気番組《ダラス》に登場する、パトリック・ダフィーが演じたキャラクターだ。義妹に車でひかれて悲劇的な死を遂げるが、次のシーズンで奇跡の復活を遂げている。ボビーが死んだというのは、ただの夢だった、という設定だ。みんながそんなふうにツイていると良いのだが。

やサプライヤーと双方向の関係を築く。そこではギブ&テイクが活発に起こる。アマゾンは企業であると同時に、買い手と売り手が集う市場でもある。アマゾンが消費者に何を売るかを勝手に決めるわけではない。消費者がアマゾンに自分たちの求めているモノを伝え、アマゾンがそれを調達するのである。消費者には発言権があり、プロダクトやサービスの評価を通じてそれを行使している。

プラットフォームの世界の勝者と敗者

「映像がラジオ・スターを殺した」と歌ったのはイギリスのバンド、バグルスだが(「ラジオ・スターの悲劇」)、二〇一一年の書店チェーン、ボーダーズの倒産によって、アマゾンのようなプラットフォームが従来型企業の息の根を止める力を持っていることがはっきりした。ボーダーズはちっぽけな企業ではなかった。二〇〇五年の時点でも時価総額は一六億ドルを超えており、[*196] アメリカ連邦破産法第一一条の適用を申請した時点でも一万七〇〇〇人以上を雇用していた。[*197]

どうやら従来型企業は、選択を迫られているようだ。一つは、これまでどおりの生き方をする道。テクノロジーが変革のツールではなく、単にオペレーションを最適化し、利益を最大化するために使われる世界にとどまるのだ。こうした企業では、テクノロジーは別館に陣取るちょっと変わった連中が取り仕切るキワモノだ。CEOが毎週、議論の中心テーマに挙げるものではない。市場に参入してきた新たなライバルが引き起こそうとしている破壊的影響は、ロビイストや弁護士を使って封じ込める。長い時間（そして大量の資金）はかかっても、こうした現実逃避型アプローチは必ず悲劇的な結末を迎える。テクノロジーの破壊力はとほうもなく強烈だ。この戦略をとる従来型企業はいずれ潰れるか、存続したとしても時代に取り残される。ただ、それまでは顧客の選択を妨げ、業界のイノベーションの足を引っ張る。まさにそれがこの戦略の目的だからだ。イノベーションは変化をもたらすが、従来型企業にとっては現状のほうがはるかに居心地がよい。

ベンチャー・キャピタリストでサン・マイクロシステムズの共同創業者のひとりであるビノッド・コースラは、エリックがスタンフォード大学で担当している授業でときどき講演してくれる。コースラは従来型企業がこのような行動をとる理由は二つある、と指摘する。ま

---

*196 "Examining the Books" (*Wall Street Journal*, August 29, 2005).

*197 Joseph Checkler and Jeffrey A. Trachtenberg, "Bookseller Borders Begins a New Chapter . . . 11" (*Wall Street Journal*, February 17, 2011).

ず企業レベルで考えると、革新的な新プロダクトは大企業にとってはちっぽけな機会にしか思えないことだ。とくにそのプロダクトが成功する保証など何もない状況では、時間と労力をかける価値があるようには思えない。個人レベルでは、大企業の社員はリスクをとっても評価されず、失敗すると制裁を受ける。個人にとっての見返りが非対称なので、合理的な人間なら安全な道を選ぶ。[*198]

しかし、従来型企業にはもう一つの選択肢がある。プラットフォームを活用し、最高のプロダクトを生み出しつづけるような戦略を立てるのだ。その戦略をテコにスマート・クリエイティブを集め、彼らがとほうもないスケールで成功できるような環境を生み出せばいい。簡単な話……ではもちろんない。むしろその逆だ。成熟企業は本質的にリスク回避的であり、大きな変化に対しては身体がウイルスに反応するように抵抗する。こう言い切れるのは、私たちも身をもってそれを経験してきたからだ。この本を書いているのは、グーグル社内で最後までブラックベリーやアウトルック・メールを使いつづけた人間たちだ。私たち自身、常に変化を察知できるわけでなく、また察知したところでうまく対応できるわけではない。ただ さいわい、まわりにはそれが得意な人間が山ほどいる。たとえば元グーグラーのビック・ガンドトラのように。

ソーシャルウェブ（ついでにフェイスブックというベンチャー企業）の台頭

ワールド・ワイド・ウェブ（ＷＷＷ）は三つの、それぞれ明確に異なるフェーズを経て発展してきた。ウェブ１・０は一九九〇年代、ブラウザとＨＴＭＬとウェブサイトと称するモノの登場とともに始まった。ウェブ１・０のフェーズでは、ユーザはテキストを読み、小さな写真を閲覧し、初歩的な取引をすることはできたが、それ以外の機能はかなり限られていた。その後、二〇〇〇年代初頭に新たなテクノロジーが登場したことで、より強力なウェブサイトや堅牢なウェブインフラができた。複数の国でブロードバンドが普及し、ネット動画が急成長し、ユーザはウェブのモノを消費するだけでなく、ウェブでモノを発表できるようになった。この２・０のフェーズでは、ウェブは単なる巨大なショッピングモールや百科事典ではなくなり、ユーザが「なんでもできる場」になった。世界中の何十億という人々がネットを使うようになり、彼らの多くが最初にすることの一つが検索だった。

二〇一〇年夏までグーグルが安穏と暮らしていたのが、このウェブ２・０の世界だ。その

＊198 Vinod Khosla,"The Innovator's Ecosystem," December 1, 2011, http://www.khoslaventures.com.

間にソーシャルウェブが台頭していた。ウェブ1・0がモノを読んだり買ったりすることを可能にし、ウェブ2・0がいろいろなことをできるようにしたのに対し、ソーシャルウェブは会話をし、いろいろなものを共有できるようにした。最初にフレンドスター、次にマイスペースが注目を集めるなか、グーグルはトレンドの行方を見守っていた。ツイッターやソーシャルブックマークのディグなど、ソーシャル分野の主要企業の買収も検討した。だが、こうした提携話は結局実らず、むしろ予想もしなかったライバルの登場を見過ごす原因になってしまったかもしれない。気がつくとソーシャルウェブは未来ではなく現実となっていた。それを主導していたのが、フェイスブックと呼ばれる新たなプラットフォームだ。

グーグルは市場に参戦すらしていなかった。ソーシャル分野で初の試みとなったオーカットの成功はブラジルとインド市場に限られていた。鳴り物入りで登場した新しいタイプのメール、ウェーブは技術的には傑作で、ひとにぎりのパワー・ユーザを熱狂させたが、大多数のユーザには戸惑いを感じさせただけだった。社内テストではグーグラーに大好評だったグーグル・バズはプライバシーの懸念が浮上した。二〇一〇年夏にはウェーブ・プロジェクトに終止符を打ち、バズも勢いを失っていたので、グーグルはソーシャルウェブ分野では二戦二敗だった。

これに危機感を覚えたのがビック・ガンドトラだ。ビックはモバイル部門の責任者として、数億人のユーザにとって重要なインターネットの入口となりつつあった小さな携帯の画面で、グーグルのさまざまなサービスが成功するよう手を尽くしていた。ビックはいち早くスマートフォンの潜在力に気づき、モバイルチームを立ち上げ、グーグルに「モバイル・ファースト」の合言葉を広めた立役者だ。ただ、グーグルの社員兼株主で、またグーグルがウェブの歴史的変化を見逃していることに危機感を抱いていたものの、ソーシャル事業を直接担当してはいなかった。それでも、なんとかしなければと思い、ブラッドリー・ホロウィッツをランチに誘った。

ブラッドリーはソーシャルの責任者で、ふたりのランチはそのままミーティングになった。さらに議論を重ねながら、ふたりはグーグルをソーシャルウェブ仕様に改革し、消費者にたくさんのイノベーションをもたらすための新たな計画を立てた。ソーシャルはビックの担当業務ではなく、また表向きは彼の上司であった私たちが（ビックの上司はウルス・ヘルツルで、ウルスはエリックの直属の部下であり、ジョナサンのスタッフ・ミーティングにも参加していた）新たなソーシャル・プラットフォームの構築を指示したわけではない（この件についてビックの意見すら求めたことはなかった）。だがグーグルが問題を抱えていることに気づき、自分が解決策の立案に貢献できると考えたビックは、それを実行に移したのだ。

まもなくビックとブラッドリーのプロジェクトには「エメラルド・シー」というコードネー

ムがつけられ、多くの協力者が集まった。そして約一年後、グーグル史上最も野心的なプロジェクトの一つ、「グーグル・プラス」がスタートした。メディアにはグーグル・プラスは「フェイスブックへの対応策」と書かれることが多いが、実際は違う。グーグル・プラスはウェブ2・0の破壊力とソーシャルウェブの台頭への対応策、といったほうが正確だ。アドワーズからユーチューブまで、グーグルのさまざまなプラットフォームを融合するソーシャルな枠組みである。しかもそのはじまりは、たったひとりの人物がグーグルの事業を破壊しかねない大きな変化が進行していることに気づき、何かしなければと思ったことだった。それが自分の仕事ではないにもかかわらず、である。

一番嫌な質問をする

ビックがソーシャル事業に取り組みはじめたのは、こう自問した結果だった。「ウェブの主要な用途がソーシャル・プラットフォームだとしたら、それはグーグルにどのような意味を持つのだろうか」「ソーシャルウェブによって検索は時代後れになるのか」と。とてもシンプルな方法が、企業内で変化への抗体が増殖するのを上回る速さで変革とイノベーションを進めるのに絶大な効果を発揮することもある。自分たちにとって、一番嫌な質問をするのだ。未来に向けて何をすべきか、会社についてあなたは気づいているのに、他の人々が気づいていないこと、あるいはわざと無視していることは何か（ハーバード・ビジネススクール教授のクレイトン・クリステンセンはこう言っている。「私は未来の問題をとらえられるように、自分が抱くべき疑問を常に考えている」）。[*199] 情報が本当の意味でユビキタスになり、ネットの影響範囲や接続性が完全にグローバルになり、コンピューティングのリソースが無限になり、たくさんの「不可能」が「可能」になるだけでなく実現しはじめたら、あなたの事業にどんな影響が出るだろうか。テクノロジーの進歩は、猛烈な上昇軌道をたどっている。それをそのまま将来の合理的な地点まで延長し、こう自問してみよう。「これは私たちにとって、どういう意味を持つのか？」

エリックが九〇年代に働いていた当時のサン・マイクロシステムズは、業界一のワークステーションをつくっていた。サンはテクノロジー主導の会社で、費用対効果でライバルを圧倒しつづけることができると自信を持っていたが、インテルのプロセッサを使い、マイクロソフトのウィンドウズＯＳを使う〝ウィンテルＰＣ〟の脅威にもさらされていた。その当時のサンにとって一番嫌な質問は「ウィンテルＰＣの費用対効果がサンを追い越したら、

＊199 Art Kleiner, "The Discipline of Managing Disruption" (*strategy+business*, March 11, 2013).

何が起こるか」だった。サンの成功と収益力の大部分を支えてきた競争優位がなくなったら、会社はどうするのか。エリックがこの質問をオーウェン・ブラウン会長とスコット・マクネリーCEOに投げかけたところ、ふたりの出した答えは、サンがPC業界と競争するほどコストを下げることは不可能だ、というものだった。要するに、良い答えはなかったのだ（エリックにもなかった）。それ自体がもちろん困ったことだが、さらに問題だったのは、その後の展開である。そう、何もしなかったのだ。誰も本質的な対応策を考えようとはしなかった。二〇〇〇年四月時点で、サンの時価総額は一四一〇億ドルだった。だが二〇〇六年には、ウィンドウズ・ベースのサーバが市場を席巻し、サンのシェアは一ケタに落ち込んだ。サンは二〇〇九年に七四億ドルでオラクルに身売りした。

事業を営んでいる企業には必ず「聞かれて嫌な質問」があるが、聞かれないままのケースも多い。良い答えがなく、誰もが不安になるからだ。しかし、だからこそこうした質問に意味があるのだ。みんなを安穏とさせないためである。ライバルが本気で潰しにかかってくる前に、仲間内からの問いかけで不安になったほうがいい。エリックはそれをサンで学んだ。一番嫌な質問に良い答えが見つからなくても、少なくとも一つはメリットがある。簡単に答えの出ない一番嫌な質問は、大企業のリスク回避的な、変化に抵抗する傾向を抑えるのに絶大な効果を発揮することがある。サミュエル・ジョンソンの言葉を借りれば「絞首刑が目前に迫っていると、驚くほど意識を集中できるものだ」[*200]。

　まず、五年後に何が真実となっているか、考えるところから始めよう。ラリー・ペイジはよく、CEOの仕事はコアビジネスについて考えることだけでなく、未来について考えることだ、と口にする。企業が潰れるのは、たいてい自分たちがやってきたことにあぐらをかき、漸進的変化しか生み出さないためだ。それはテクノロジー主導で猛烈な変化が起きているこんにち、これまで以上に命とりになる。だから「何が起きるか」ではなく、「何が起こり得るか」と自問しなければならない。「何が起きるか」を考えるのは予測であり、こんにちのような急速に変化する世界では意味がない[*201]。「何が起こり得るか」という問いは、想像

＊200　ジェームズ・ボズウェルによるイギリスの作家、サミュエル・ジョンソンの伝記より引用。「自分が二週間以内に絞首刑になるとわかっていれば、驚くほど集中できますよ」。以下を参照。James Boswell, *Life of Johnson* (Oxford World's Classics/Oxford University Press, 2008), page 849（邦訳『サミュエル・ジョンソン伝』）。

＊201　専門家と称する人々も、きわめて不確実性の高い出来事については予測能力は低い。心理学者のフィリップ・テトロックは二〇年にわたって数百人の専門家の予測を研究した。アパルトヘイト（人種隔離政策）は非暴力的方法によって終結するか、ケベックはカナダから分離するか、といった質問に対して、専門家の予測の精度は平均的な教育を受けた人々（あるいは当てずっぽう）と変わらなかった。以下を参照。Philip E. Tetlock, *Expert Political Judgment: How Good Is It? How Can We Know?* (Princeton University Press, 2005).

力をかきたてる。常識の枠内では想像もできなくても、想像しようと思えば本当はできることは何か？

ビノッド・コースラは、一九八〇年にはマイクロプロセッサがコンピュータだけでなく、自動車や電動歯ブラシなど、ありとあらゆるモノに使われるようになることなど想像もできなかった、と指摘する。[*202] 携帯電話がミシンほどの大きさで、目玉の飛び出るような値段で売られていた一九九〇年には、それがトランプの箱よりも小さくなり、映画のチケットより安く買えるようになるとは想像できなかった。一九九五年には、インターネット・ユーザが三〇億人を超え、固有アドレスが六〇兆を超えるようになるとは想像できなかった。マイクロプロセッサ、携帯電話、インターネットはいまでこそどこにでもあるが、それぞれの草創期にこうした事態を予測した者はいなかった。それにもかかわらず、私たちはいまだに同じ失敗を繰り返している。グーグルが自動運転車のプロジェクトを発表したときの一般的な反応は、「あり得ない」というものだった。車が自分で走るなんて、あり得ないでしょ？　だが私たちは当然、あり得ると思っている。

だから常識を捨て、想像力をたくましくし、これからの五年であなたの業界で「起こり得ること」は何かと自問してみよう。一番速く変わるものは何か、まったく変わらないものは何か。未来がどうなりそうか考えがまとまったら、次に挙げるさらに難しい質問を考えてみよう。

とびきり優秀で資金力も豊富なライバルは、あなたの会社のコアビジネスをどう攻撃してくるだろうか。デジタル・プラットフォームを使って、どんなふうにあなたの弱点を突き、最も利益率の高い顧客層を奪ってくるだろう。あなたの会社は自らの事業を破壊するために、何をしているだろうか。カニバリゼーションや売上減少を理由に、イノベーションの芽を摘んでいないか。利用が拡大するのにともない、リターンや価値が高まるようなプラットフォームを構築するチャンスはないか。

会社の経営陣は日頃から自社プロダクトを使っているだろうか。それに夢中だろうか。妻や夫への贈り物にするだろうか（この質問が当てはまらない企業も多いが、思考実験には有効だ）。顧客はあなたのプロダクトに夢中だろうか。それとも何らかの要因でしかたなく使っており、将来はその要因がなくなることはないか。他に選択肢があったら、顧客はどうするだろう（この問いを逆の立場から考えてみよう。あなたの会社のプロダクト担当チームに、顧客が簡単にライバル企業に乗り換えられるようにせよと指示したら、どんな反応をするだろう。プロダクトの魅力を高め、他に選択肢があっても顧客が流出しないような手を打てるだろうか）。

＊202　以下を参照。Vinod Khosla, "Maintain the Silicon Valley Vision" (*Bits blog*, *New York Times*, July 13, 2012).

今後発売する予定の主要プロダクト・サービスをざっと眺めたら、そのうちの何割がユニークな技術的アイデアにもとづいているだろう。経営の上層部にプロダクト部門の人材はどれだけいるだろう。会社は最高のプロダクトを生み出すうえで最も影響力の大きい社員に対し、報酬面、昇進面で存分に報いているだろうか。

経営陣は採用を経営の最優先課題にしているだろうか。幹部は実際に採用活動に時間を割いているだろうか。優秀な社員のうち、三年後も会社に残っていそうなのはどれくらいか。ライバル会社から一〇％の昇給を提示されただけで、会社を去りそうな人材はどれくらいいるのか。

会社の意思決定プロセスは最高の判断を生み出しているだろうか、それとも最も受け入れやすい判断だろうか。

従業員はどれだけの自由を手にしているだろう。本当にイノベーティブな人材は、職位の高さに限らず、自分のアイデアを追求する自由を与えられるだろうか。新プロダクトに関する決定は、利益ではなく、プロダクトの優位性にもとづいて行われているだろうか。

情報を囲い込もうとする人と、ルータのような働きをする人では、社内でどちらが成功しているだろうか。縦割り主義によって情報や人の交流が妨げられていないか。

いずれも厳しい質問で、それによって問題が浮き彫りになったとしても簡単な答えは見つからないだろう。だが初めから質問をしなければ、解決策が見つかる可能性もゼロだ。従来型企業は、自分たちがどれほどのスピードで破壊されるか、気づかないことが多い。だが自らにこうした質問を投げかければ、現実に向き合うのに役立つ。また、これはとびきり優秀なスマート・クリエイティブを惹きつけ、奮い立たせるのにも効果的だ。こうした人々は挑戦を好むだけなく、挑戦しなければならない事実を率直に認める姿勢に魅力を感じるからだ。「やれやれ、ようやくこの会社にも難しい質問に向き合う覚悟が出てきたな。それならオレたちが答えを見つけてやろうじゃないか！」

だが、ここでもう一つ厄介な疑問が持ち上がる。あなたの会社は、とびきり優秀なスマート・クリエイティブを集めるのに適した場所にあるだろうか。インターネット、モバイル、クラウド技術の興味深い影響の一つは、産業活動のハブがこれまで以上に強力になり、影響力を増していることだ。インターネットをはじめとするコミュニケーション技術の進歩によって、世界のあちこちにハブが誕生し、既存のハブの重要性が薄れるかと思われたが、実際にはその逆が起きている。さまざまな産業で、新しい小さなハブが生まれているかもしれないが、すでに存在していたハブの重要性は低下するどころか高まる一方だ。ことスマート・クリエイティブに限って言えば、物理的なロケーションの重要性はかつてないほど高まっている。

世界中の国々が技術的ハブとしてのシリコンバレーの奇跡を再現しようと努力しているにもかかわらず、そうした国々で生まれたスマート・クリエイティブがテクノロジー業界でのキャリアを築くためシリコンバレーにやってくるのはこのためだ（グーグル社内のカフェでは驚くほど多様な言語が飛び交っている）。彼らは母国にとどまるよりカリフォルニアに来たほうがよほど大きなインパクトを生み出せると考え、また同じようなスマート・クリエイティブとともに働けるチャンスに故郷にとどまること以上の魅力を感じる。金融業のハブ（ニューヨーク、ロンドン、香港、フランクフルト、シンガポール）、ファッションのハブ（ニューヨーク、パリ、ミラノ）、エンタテインメントのハブ（ロサンゼルス、ムンバイ）、ダイヤモンドのハブ（アントワープ、インドのスーラト）、バイオテクノロジーのハブ（ボストン、バーゼル）、エネルギーのハブ（ヒューストン、サウジアラビアのダーラン）、輸送業のハブ（シンガポール、上海）、自動車のハブ（南ドイツ）をはじめ、さまざまな産業で同じような現象が起きている。新しい事業を立ち上げようとする企業は、こう自問する必要がある。「スマート・クリエイティブを獲得するために私たちが出かけていくべきか、それとも彼らを私たちのほうに呼び寄せる方法を考えるべきか？」

政府の役割

政府も重要な決断を迫られている。従来型企業と足並みをそろえ、変革のうねりを止めることにエネルギーを浪費するというのが一つ目の道だ。従来型企業は破壊的勢力と比べてはるかに資金力があり、またそれを使って民主的政府の政治意思を歪める方法を知り尽くしているため、放っておくと政治家は彼らの側につく（新たな挑戦者は、従来型企業の弄する法的あるいは規制上の手練手管のおそろしさをわかっていないことが多い）。だが企業と同じように、政府にも破壊的変化を促し、スマート・クリエイティブが活躍できる環境を生み出す道はある。イノベーションのほうに肩入れすることを選択できるのだ。

出発点は教育だが、それは従来型の小学校から高校、あるいは大学という形態に限らない。教育は確実に変化するはずであり、政府は現状維持より変革を支持すべきだ（現在はまさにその逆をしている）。テクノロジー・プラットフォームによって、私たちは自らの強みや弱みをこれまで以上に正確に把握できるようになり、また自分のやりたいことに合わせてカスタマイズされた教育内容を選択できるようになる。公教育の担い手である政府は、とくに高校卒業後の若者や大人を対象に、カスタマイズされた柔軟な生涯教育を積極的に推進するべきだ。

デジタル・インフラの整備と移民促進はともに必要不可欠な政策だ。だが何より重要なのは、イノベーションを起こす自由である。規制は問題を未然に防ぐためのものだが、あらゆることを未然に防ごうとしたら、イノベーションを起こす余地がなくなる。しかも従来型企業は、規制の立案に多大な影響力を持っており、しかも官民の間で人の行き来が激しい。このためこんにち、イノベーションの芽を摘むような規制を立案し、実施している人が、明日にはそうした規制に恩恵を被る民間企業の経営幹部になっていたりする。規制環境には、新たな会社が参入する余地を常に確保しておく必要がある。

たとえばアメリカの自動車産業の新規参入者であるテスラは、複数の州で消費者への直販を禁止する規制によって〝進入禁止〟を食らっている。[*203] こうした州では、規制は自動車ディーラーを保護し、消費者の選択肢を狭めている。自動車業界の次なるイノベーションである自動運転車をめぐっては、必ず事故は起こるだろう。ケガ人や死者が出れば、自動運転車という産業そのものへの疑念が生じるかもしれない。そうなったとき政府は、一九世紀のイギリスの「赤旗法」[*204]のような、自動運転車という新技術に対して人間が運転する一般車よりはるかに厳しい安全基準を設けたいという欲求を抑えなければならない（人間の運転する一般車も事故は起こすし、その頻度や結果はおそろしいものである）。実証的データによって、新しいやり方が従来のやり方より優れていることが示されているなら、政府の役割は変化を阻むことではなく、破壊的変化を許容することである。

大きな問題は情報の問題である

さまざまな産業が破壊・再生され、従来型企業が適応・衰退し、ビジョンあふれる経営者や野心的な従業員の力によって新たなベンチャー企業が成長すれば、事態は好転する。私たちはテクノロジー楽観主義者だ。テクノロジーには世界をもっと良い場所にする力があると信じている。映画《マトリックス》の描くような陰鬱な未来を予見する人もいるが、私たちはレナード・マッコイ博士がトリコーダーのウェーブでソーリアン・ウイルスを治療する姿（そしてトラーニャをチェイサーにソーリアン・ブランデーで祝杯をあげる姿）を思い浮かべる。[*205] 私たちは大きな問題というのは、たいてい情報の問題であると見ている。つまり十分なデータとそれを処理する能力さえあれば、こんにち人類が直面するたいていの難題の解決策は見つ

---

*203 Steve Chapman, "Car Buyers Get Hijacked" (*Chicago Tribune*, June 20, 2013).

*204 一八六五年に自動車の交通規制として制定された「赤旗法」は、馬や歩行者に自動車の接近を知らせるため、自動車は赤旗を持った人間が先導しなければならないと定めていた。この法律は、〝道路機関車〟の制限速度を街中では時速二マイル、郊外では時速四マイルとした。法律は一八九六年に撤廃された。以下を参照。Alasdair Nairn, *Engines That Move Markets: Technology Investing from Railroads to the Internet and Beyond* (John Wiley & Sons, 2002), pages 182-83. Brian Ladd, *Autophobia: Love and Hate in the Automotive Age* (University of Chicago Press, 2008), page 27.

かると考えているのだ。コンピュータは人間の（全人類の）命令により、その生活をより良く、便利にするために使われるだろう。シリコンバレーの人間である私たちがこんなお気楽な未来観を語れば、相当な批判を受けるのは覚悟している。だが、そんなことはどうでもいい。重要なのは、トンネルの先には明るい光が見えているということだ。

私たちが将来を楽観するのには、確固たる根拠がある。第一は、データの爆発的増加と情報フローの自由化というトレンドだ。地質や気象関連のセンサーから、すべての経済取引を記録するコンピュータ、（グーグルのスマート・コンタクトレンズのような）[*206]人間の生体信号を継続的に追跡するウェアラブル技術まで、かつては絶対に入手できなかったような種類のデータが、数年前にはSFの世界でしか実現しえなかったようなスケールで収集されている。しかも、いまやこうしたデータを分析するためのコンピューティング・パワーは実質的に無限になった。無限のデータと無限のコンピューティング・パワーによって、世界中のスマート・クリエイティブが大きな問題に立ち向かう最高の舞台ができあがる。

これは科学者、医者、エンジニア、デザイナー、アーティストなど、世界の大きな問題の解決に取り組むスマート・クリエイティブたちの協業をこれまで以上に促進するはずだ。多様なデータセットを比較し、融合するのがはるかに容易になるからだ。カール・シャピロとハル・バリアンが『「ネットワーク経済」の法則』に書いているように、情報を生み出すのはコストがかかるが、それを再利用するコストはきわめて低い。[*207] だから、あなたが問題の解決に役立つ情報を生み出し、それを共有するためのプラットフォームに載せれば（あるいはそうしたプラットフォームの構築を支援すれば）、他の多くの人々がその貴重な情報を低コスト、あるいはコストゼロで利用できるようになる。グーグルには「フュージョン・テーブル」というプロダクトがある。「データを解き放て」という設計理念のもと、個々のデータセットの独立性を維持しつつ、関連するデータセットを融合し、単一のセットとして分析することを可能にするものだ。世界中で同じような問題に取り組んでいる科学者が、それぞれ自分だけのスプレッドシートやデータベースを使って研究している様子を思い浮かべてみよう。あ

＊205　ソーリアン・ブランデーもトラーニャも、最初の《スター・トレック》テレビシリーズに登場した飲み物だ。ピンと来た読者が、この表現に私たちと同じようなユーモアを感じてくれたら嬉しい。ただ《スター・トレック》の引用はこれで最後にすると約束しよう。

＊206　グーグル x チームが開発しているスマート・コンタクトレンズは、装着者の涙に含まれるグルコースの値を計測することで、血糖値の水準を追跡することを目的としている。実現すれば、糖尿病患者は定期的に痛みを伴う血液検査を受けたり、皮膚下に常時グルコースセンサーを装着したりする必要がなくなる。

＊207　Carl Shapiro and Hal R. Varian, *Information Rules: A Strategic Guide to the Network Economy* (Harvard Business Review Press, 1998)（邦訳『「ネットワーク経済」の法則』）。

るいは環境やインフラ整備の問題に取り組む世界中の自治体が、それぞれのオフィスや地下室に設置されたシステムで進捗状況を確認しているとしよう。そんな情報の縦割り状態を打破し、すべてのデータを融合し、まったく新しい方法で分析できるようになったら、どれほどのインパクトがあるか想像してほしい。

将来を楽観するもう一つの要因が、スピードだ。テクノロジーのおかげで行為と反応との間の「レイテンシー」はどんどん短くなっている。ここでも過去を振り返ってみると、その意義がはっきりするだろう。経済学者が「一般汎用技術（GPT）」と呼ぶもの（代表例は蒸気機関や電気）は歴史的に、発明されてからさまざまな分野に応用され、人々の生き方や市場の仕組みを変えるまでに長い時間がかかっていた。ワットが蒸気機関を発明したのは一七六三年だが、それから鉄道によってカンザスシティが牛追いの終着点から家畜取引市場を擁する大都市に変化するまでには二〇〇年近くかかっている。対照的に、ネットスケープ・ナビゲーターが登場したのは一九九四年、そしてジョナサンがエキサイト@ホームで世界でもまだ珍しかったケーブルモデムを得意げに設置していたのは一九九八年だ。それから一〇年も経たないうちに、こうした新たな通信技術はコミュニケーション、人づきあい、買い物、食料品の注文、交通手段の手配のあり方を根本的に変えてしまった。スピードをすばらしいと思うかは、それぞれの置かれた状況次第だ。破壊される側の人間にとっては、変化がこれほど急速に襲ってくるのは厄介なことだ。一方、あなたが新しい事業を起こそうとしているなら、あらゆることが加速している状況は追い風になる。

しかもネットワークの進歩によって、より優れた集合知、集団知能が登場している。一九九七年にチェスの不動の世界チャンピオン、ガルリ・カスパロフがＩＢＭのコンピュータ「ディープ・ブルー」に敗れたとき、誰もが人間から機械へと松明《たいまつ》が引き継がれる歴史的瞬間を目撃しているのだと考えた。だがフタを開けてみると、この試合はチェス・チャンピオンの世界における新時代の幕開けとなった。新たなチャンピオンはコンピュータではなく、コンピュータと協業することで自らのスキルを一段と高めた人間だ。こんにちのグランドマスター（現在その数は一九九七年の二倍）[*208]は、コンピュータをトレーニング・パートナーに使っている。それによって人間のプレイヤーの能力がさらに高まるのだ。こうしてコンピュータを利用した知の好循環が生まれる。コンピュータが人間の能力をさらに押し上げ、人間はさらに優れたコンピュータをプログラミングする。チェスの世界では、間違いなくこのような現象が起きている。他の分野で起こらないと考える理由があるだろうか。

＊208　Christopher Chabris and David Goodman, "Chess-Championship Results Show Powerful Role of Computers" (*Wall Street Journal*, November 22, 2013).

未来は明るい

どの産業あるいは分野を見ても、浮かんでくるのは明るい未来だ。たとえば医療では、リアルタイム・パーソナルセンサーによって複雑な人体システムの高度なトラッキングや測定が可能になる。こうしたデータを、詳細な遺伝子分析から得られた危険因子と照らし合わせることで、個人の健康問題をこれまでよりずっと早く発見、予防、あるいは治療できるようになる（もちろん本人の同意のうえでだが）。こうしたデータを総合すれば、医療研究の効果を高め、また優れた医療政策の立案に役立つような情報や知識のプラットフォームができる。

医療サービスの〝消費者〟は、情報の不足に悩まされている。手術の結果や医師や病院の実績などに関するデータはほとんどなく、自分の健康状態に関するデータを手に入れることさえ難しい。データが複数の病院に分かれていればなおさらだ。しかも医療サービス、医薬品、医療用品の価格はどこまでも不透明で、患者や医療機関ごとにまったく違う。医療の世界に最低限の情報の透明性を持ち込むだけで、医療コストが下がり、治療の効果が改善するなどとほうもない効果があるだろう。

もう一つ、破壊とチャンスに満ちあふれているのが輸送業界だ。すべての車が自動運転になったら何が起こるだろう。タクシー料金は下がり、反応も早くなることが予想され、その結果、車の所有形態は変わるだろう。車を所有する唯一の理由は移動手段としてではなく、趣味のためになるだろう。そうなると交通網も再考する必要が出ている。

金融サービス業において、これまでより詳細な情報が得られれば、より個人のニーズに合ったサービスが提供されるようになるだろう。たとえばこんにち、自動車保険会社は運転距離や位置といった情報を、ドライバーが事故を起こす可能性を評価するのに使いはじめている。スピード、位置、運転時間、運転距離、交通情報、メンテナンス記録など、車に関するすべてのデータを提供する代わりに、ドライバーの保険料を安くしたら、保険会社はどれほどスマートになれるだろう。あなた自身このオファーが気に入らなくても、家族にティーンエイジャーがいれば、安全運転を促す狙いも込めて情報提供に合意するかもしれない。

クリエイティブ業界には、かつてないほど優れたコンテンツと人材があふれており、それに対する需要も（少なくともメディア消費量で見るかぎり）かつてないほど高まっている。低俗なCGI[*209]中心のアクション映画があふれているとはいえ、テクノロジーによって《ハウス・オブ・カード》《ゲーム・オブ・スローンズ》など昔ながらのストーリー性の高いドラマを新しい方法で楽しめるようになった。観たいときに、それも薄型テレビ、ノートパソコン、

＊209 Computer Generated Imagery（コンピュータ生成画像）の略。

メガネのようなウェアラブル端末など好きなメディアで観ることができるのだ。インターネットによって伝統メディアのビジネスモデルは破壊されたが、それに代わる新たなモデルが生まれており、今後もさらに出てくるだろう。その結果、クリエイターにとってはより大きな、細分化され、混沌とした市場が生まれ、消費者にとっては無限の選択肢が生まれるだろう。

犯罪との戦い（犯罪パターンを分析した〝予測的警察活動〟）、農業（貧しい農民を支援する、データにもとづく土壌地図）、製薬（医薬品開発を加速するための情報共有）、防衛、エネルギー、航空、教育などあらゆる分野の活動が、二一世紀前半にはテクノロジーの力によって一変するだろう。その結果、目を見張るような新プロダクトが生まれ、まったく新しい企業が誕生し、経済は停滞を脱け出し、雇用創出や経済発展が始まるだろう。そしてこの一つひとつの変化を扇動するのは、断固たる決意と力を手にしたスマート・クリエイティブの小さな集団だろう。

これが私たちの考える未来だ。

次世代のスマート・クリエイティブ

私たちも、こうした変化の影響は免れない。これまで多くを学び、それから学んだ知識を捨ててゼロから学び直してきたが、まだ知らないことはたくさんある。どれほどテクノロジーやそれが私たちの産業におよぼす影響を理解しようと努力しても、次の世代のスマート・クリエイティブの視点でそれを見ることは絶対にできない。私たちが育ったのは、女の子を誘うときには固定電話を使い（しかも「遊ぶ《ハングアウト》」とは言わず「デート」と言った）、映画をわざわざ観に行った時代だ。ブロードバンドと言えば、家の郵便受けが大きくなるぐらいのことだった。来る日も来る日も新種のスマート・クリエイティブと出会い、その自信と優秀さに舌を巻いている。彼らは私たちにいま何が起きているのか、これから何が起きるのかを語り、次に何をすべきか決める段になると、こちらが指示するより彼らが結論を下すほうが多い。新進気鋭のスマート・クリエイティブに囲まれている以上、そうなるのが定めなのだ。

しかし、日々グーグル社内で顔を合わせるロックスター級のスマート・クリエイティブひとりにつき、私たちを現在の地位から追い落とそうとしている同じぐらい優秀な人材が数十人、あるいは数百人いるのは間違いない。全員失敗する可能性もあるが、おそらくそうはならないだろう。おそらくいま、どこかのガレージ、学生寮の一室、研究室、あるいは会議室で、勇ましいビジネスリーダーが数人の熱意あるスマート・クリエイティブのチームを集めているだろう。もしかするとそのリーダーはこの本を手にしているかもしれない。そして私たちのアイデアをもとに、いずれグーグルを蹴落とすような会社をつくるかもしれない。バカげていると思うだろうか。しかし永久に勝ちつづける企業はないことを思えば、これは必ず起こる。

ぞっとする話だと思う人もいるかもしれない。私たちはワクワクしている。

謝辞

まずラリー・ペイジとセルゲイ・ブリンに感謝しなければならない。彼らの知恵と友情、そして驚くべき会社をつくってくれたことに。グーグルのふたりの創業者は、掛け値なしにすばらしい。彼らと一緒に日々働き、未来を知り、理解することは人生に二つとない経験だ。グーグルを偉大な企業にした数々の要因、つまりその戦略、企業文化、採用重視の姿勢といったものは、私たちが入社するはるか以前に定まっていた。二〇代半ばにして、グーグルがいずれどんな会社になるのか、何ができるのかを見通す冷静さとビジョンを持ちあわせている人間など、想像できるだろうか。ラリーとセルゲイは幾度となく当然とされてきた慣習に異を唱え、権威や現状に挑み、独自のやり方で本当にすばらしい会社を築き上げてきた。グーグルは私たちの人生を変えただけでなく、世界数十億人の人生を変え、またいまも変えつづけている。ふたりへの感謝の思いを表現する言葉は見つからないが、これまでの協力とふたりの生き様に敬服していることだけは伝えておきたい。

グーグルという会社と同じように、本書も数多くのとびきり才能があり、刺激的で情に厚く、楽しく善良な人々の力添えで実現した。本書への協力に感謝しているのはもちろんだが、それ以上にこうしたスマート・クリエイティブに同僚や友人として巡り合い、一緒に働く特権に恵まれたことに感謝している。次の方々にお礼を申し上げる。

アン・ハイアット、ブライアン・トンプソン、キム・クーパーはいつもとんでもなく忙しいスケジュールのなか、私たちのために時間をつくり、たくさんの優れたフィードバックをくれた。まさにカオスに冷静に対処する術を心得ている。

エリックとともにノベルから移ってきたパム・ショアは、いまのグーグルとグーグラーをつくりあげるうえで大きな役割を果たしてくれた。

スコット・ルービンとメガン・キャサリー、エミリー・ウッドは刺激的な会話をする術を心得たPRの専門家だ。これからもそんな会話ができますように。

レイチェル・ウェットストーンは、エリックがジョナサンにこの本の執筆を持ちかけるメールを送ったとき、一緒に「TO」の欄に名前を入れておいた人物だ。レイチェルはもう一〇年近く、グーグルのコミュニケーション・パートナーを務めており、この本についても構想段階からパートナーとしてかかわってきた。レイチェルはグーグルの立場を擁護するのはもちろん、社会のために正しい行動を訴え、たゆみなく努力している。レイチェルには本書への協力のみならず、本当に感謝している。

才能あふれる弁護士のケント・ウォーカーとマーク・エレンボーゲンは、馬を降り、腕まくりをして、本書の質を高めるのに貢献してくれた。とくにマークの働きぶりには感謝している。カリブ海の休暇先から与えてくれたアドバイスはことさら冴えていた。

デニス・ウッドサイドはモトローラの経営者として多忙を極めるにもかかわらず、本書を読み、アイデアを提供する時間を見つけてくれた。

ウルス・ヘルツルはグーグルの人材管理や採用プロセスの多くの生みの親である。

アリソン・コーマックは間違いなく史上最高の読み手であり、おそらく並み居るグーグラーのなかでも一番親切といえるだろう。

『第五の権力　Googleには見えている未来』でエリックの共著者となったジャレッド・コーエンは、まさに私たちが必要としているときに出版のエキスパートになってくれた。

グーグルが成長する過程でその企業文化や基準を守るのに尽力したラズロ・ボックは、まもなくその手法をあますところなく描いた人材本を出版する予定だ。彼が笑顔を絶やさないのは、かつて人気ドラマ《ベイウォッチ》に出演した経歴のおかげかもしれない。

ニケシュ・アローラが自らの担当チームの前で講演する機会を与えてくれたことは、本プロジェクトが誕生するきっかけとなった。

スーザン・ウォジスキ、サラー・カマンガー、マリッサ・メイヤー、スンダー・ピチャイは、ジョナサンに優れたマネジャーというものは、ときには部下の邪魔をしないよう引っ込んでいなければならないことを教えてくれた。マネジャーの仕事の成果が部下の働きの総和であるなら、ジョナサンはこの四人が築き上げた壮大な山の上に立っていることになる。

ロレイン・トゥーヒルはいかにもグーグル的な、スマート・クリエイティブらしい方法で、マーケティングを装ったすばらしく刺激的なアートを生み出してくれた。

クレイ・ベイバーは私たちの身の回りのスマート・クリエイティブのひとりで、その仕事にはグーグルの文化がよく表れている（クレイが週末に制作した作品「4×6の写真884枚でつくったグーグル・ロゴ（The Google Logo in 884 4×6 Photographs）」「クレイ・ベイバー、ペニー硬貨で描いたリンカーンの肖像（Clay Bavor Lincoln Portrait in Pennies）」をググってほしい）。

ブライアン・ラコウスキは本書にたくさんのコメントを寄せるとき、それぞれのコメントにページ番号と検索用のキーワードを添えるという気遣いを見せてくれた。

大企業の経営トップのモノの考え方についてのマルゴ・ジョルジアディスの見解は、常に新たなヒントを与えてくれた。

コリン・マクミランは「ミームジェン」を発明したが、それは彼の数ある優れた発明品のほんの一つに過ぎない。

プレム・ラマスワミはハーバード・ビジネススクールの教員としての視点、そして研究内容を学生にわかりやすく提示するコツを教えてくれた。

デビン・アイベスターは、本や映画に関することなら何でもござれだ。ゲーリー・ウィリアムズ、ケン・フレデリック、ローレン・マルキーといった才能あふれるクリエイティブたちも、本書では紹介しきれなかったすばらしいアイデアを山ほど寄せてくれた。そしてジョナサン・ジャービスのデザインによって、本書は私たちが逆立ちしてもかなわないほどエレガントで男前になった。これはなかなかできないことだ。[*210]

ハル・バリアンは経済学をおもしろくしている。これもなかなかできないことだ。[*211]

アラン・ユースタスはグーグルらしさを体現しており、ジョナサンの協力を得て初のグーグラー・ハンドブックを執筆したほどだ。

ショーナ・ブラウンとデビッド・ドラモンドは長年、ジョナサンとともに経営チームの採用レビュー委員会のメンバーを務めてきた。

キャセイ・ビーとシェイド・セブリンはグーグルのプロダクト責任者を務めるジョナサンを冷静にサポートし、本プロジェクトでは当初から思慮深い批判を寄せてくれた。

ジェフ・フーバーはジョナサンとエキサイト@ホームで働いたのち、グーグルにやってきて確固たる収益エンジンをつくりあげてくれた。そのおかげでジョナサンはスマート・クリエイティブのマネジメントに集中することができた。

パトリック・ピシェットの仕事に対する厳しさ、グーグラーらしい感受性、オレンジ色のバックパック、そして雨が降ろうが槍が降ろうが自転車通勤をやめない姿勢は、私たちに刺激を与えてくれた。

ゴピ・カライルは私たちが知るなかで最高のプレゼンターであるだけでなく、洞察力のある改善点を指摘してくれる良き批判者でもある。

ジル・ヘイゼルベイカーはジョナサンが困ったとき、とくにPR上の問題を抱えたとき（よくあることだ）、いつも頼りにする相手だ。

中国問題に関する詳細な情報を提供してくれたのはジャレド・スミスで、彼自身スマート・クリエイティブの優秀なリーダーである。

ビル・キャンベルはとびきり優秀な経営者のためのコーチだ。人間や組織がどう機能するかをよくわかっている。私たち自身、実際にコーチにつくまで、その必要性をわかっていな

---

*210 これはウソ。
*211 これは本当。

かった。ビルはいまやアメリカ有数の時価総額を誇る企業となったアップルとグーグルの両方で、成功の立役者となった。ビルが部屋に入ってくると、みんながにっこりする。すばらしいストーリーを語る比類なき能力と、それに匹敵するほどの謙虚さ（自らがシリコンバレーで果たした役割や、数世代もの起業家の成功に携わった功績を決して語ろうとしない）を持ち合わせている。

ジョン・ドーア、マイク・モリッツ、ラム・シュリラム、ジョン・ヘネシー、アート・レビンソン、ポール・オッテリーニ、アン・メイザー、ダイアン・グリーン、シャーリー・ティルマンは、非の打ちどころのないグーグル取締役会の現在および過去のメンバーで、常にグーグルが世界、顧客、パートナー、株主に与える影響を長期的視点から考えてくれている。自らの役割を十二分に心得ているのである。

私たちにスマート・クリエイティブをマネジメントすることの難しさを教え、本書のストーリーに説得力を与えてくれた現役あるいは元グーグラーはほかにもたくさんいる。クリシュナ・バラット、ジェフ・ディーン、ベン・ゴメス、ジョージ・ハリク、ウィリアム・ハリス、ビック・ガンドトラ、ジョージ・サラ、マーサ・ジョセフソン（マーサは厳密にはグーグラーではないが、真のパートナーである）。

ジョナサンの家族（妻のベリル、息子のジョシュアと娘のハナ）は「他の人々に権限を与え、邪魔をしない」というマネジャーの心得を、職場だけでなく家でも実行するべきだとしょっちゅう指摘してくれる。それでジョナサンは謙虚になれる。ジョナサンのまわりの人間は、彼らに感謝すべきだろう。

ジョナサンの母、リナ・ローゼンバーグは女性の権利運動に熱心で、サンタクララ郡の「女性の地位委員会」の委員長を務めた。本書原文で「スマート・クリエイティブ」の人称代名詞を「she」としたのは、この母への敬意からである。ジョナサンの父、ネイサン・ローゼンバーグ教授は、本書の注でも指摘したとおり、技術的イノベーションに関する権威である。本書はジョナサンが父の話にしっかりと耳と傾けていた証拠と言えるのではないか。

カレン、ゴードン、デビッドは兄弟としてジョナサンに意思決定の難しさを教えてくれた。「うちで一番優秀なスマート・クリエイティブは誰か」という点については、どうしてもコンセンサスが得られなかった。そろそろ両親に終わりの合図のベルを鳴らしてもらったほうがいいかもしれない。

ロルネ・ローゼンフィールド博士は、名言、格言についてよくジョナサンと冗談を言い合う。本書で紹介したいくつかも、そうした会話で挙がったものだ。ロルネの娘のローレンは、ジョナサンよりも優れた読み手だという主張の裏づけとしては十分すぎるほど、たくさんの修正点を指摘してくれた。その弟のマイケルは、学生層の共感を呼ぶような事例をいくつも私たちに紹介し、スマート・クリエイティブぶりを発揮してみせた。

ダン・チャンは、当初の原稿は起業家を念頭に書かれており、少し間口を広げればあらゆるビジネスパーソンに役立つようになる、と指摘してくれた。

大学時代にジョナサンの論文を手直ししてくれたマット・パイケンは、〝ハリウッド的〟なドラマチックなストーリーテリングのヒントを与えてくれた。

ベンベラ・ブックスのグレン・イェフェスは、このプロジェクトが始まった当初、ジョナサンが相談できる唯一の出版のプロだった。

アダム・グロッサーはつまらないジョークにダメ出しをし、全体的なトーンを洗練させ、表現をより厳密に定義するよう勧めてくれた。

スーザン・ファイゲンバウム教授、ジェラルド・アイリッチ教授は、ジョナサンに統計学を学べという的を射た忠告をしてくれたうえに、学士号を無事取得できるよう〝監督〟してくれた。

ジェフ・ファン教授兼学部長とその同僚であるジュリア・イーズリー教授は本書の原稿を「学生の論文のように」読み、たくさんの修正点を指摘してくれたうえに、寛大にも評点は免除してくれた。

デビッド・ティース教授は経済学者の目で原稿を読み、多くの優れた参考文献を示してくれた。

ゲーリー・ライト、ベッツィー・ライト、ドーラ・ファッターマン、リビー・トゥルーデル、キャシー・ゴードン、ジェームズ・アイザックス、ディーン・ジルベール、リチャード・ジングラスは全員ジョナサンの元上司であり、その知恵と忍耐力には深く感謝している。

ジェフ・ウルマン教授はプリンストン大学で、エリック・シュミットという冴えないティーンエイジャーを引き受け、当時世に出始めたばかりの「コンピュータ科学者」に変えてくれた。

ビル・ジョイ、スー・グラハム、ボブ・ファブリーはカリフォルニア大学バークレー校で、エリックのコンピュータ科学者としての能力を信頼し、チームとして支えてくれた。

マイク・レスクとアルフレッド・エイホはベル研究所でＵＮＩＸの開発に取り組みながら、エリックにボリューム、オープンソース、スケールの重要性を教えてくれた。

ゼロックスのパロアルト研究所のジム・モリス、バトラー・ランプソン、ボブ・テイラー、ロイ・レビンは未来をつくってくれた。

サン・マイクロシステムズのスコット・マクネリー、アンディ・ベクトルシャイム、ビル・ジョイ、ビノッド・コースラ、バーニー・ラクルート、ウェイン・ロージングは、エリックに企業経営を初めて経験する機会を与えてくれた。経営の経験が一切ない人間が、実地でこれだけの経験を積ませてもらえるのは、テクノロジー業界ぐらいだろう。ノベルのレイモンド・ナスルとジョン・ヤングから与えられた貴重な経験に感謝している。

エリックにスタンフォード大学ビジネススクールで教える機会を与えてくれたピーター・ウェンデル、そして「経験から学んだ教訓」について考えをまとめる機会を与えてくれた数千人の学生にも感謝している。

ナシャント・チョスキの美しく楽しいイラストは、私たちには想像もつかないようなかたちで本書の主張を的確に表現してくれている。

校閲担当のメリッサ・トーマスとは《ジェパディ！》では絶対に勝負したくないと思っている。

マリーナ・クラコフスキーはリサーチ・パートナーとして、常に私たちの想像を超える働きをしてくれた。まじめで緻密なだけでなく、洞察力があり、思慮深い。彼女の良さを挙げたらきりがない。本当に最高のパートナーだ。

デビッド・ジェイバーバウムはユーモアの一流の書き手で、私たちの文章もおもしろくしてくれた（少なくとも当初よりは）。一番得意な気分になったのは、デビッドが私たちの書いたジョークを読み「悪くないな」と言ってくれた瞬間だ。力添えと、あの惜しみない賛辞にお礼を言いたい。

エージェントのジム・レビーンは私たちが出版業界への理解を深めるのを助け、編集者のジョン・ブロディは粗い原稿を完成品に仕上げるまで、すなわち冒頭のマイクロソフトのエピソードから、《ダウントン・アビー》のエピソードを盛り込んだ「おわりに」まで、手取り足取り指導してくれた。そのお返しに、私たちはグーグル・ドキュメントのすばらしさをジョンに手取り足取り教えてあげた。

七〇年代半ばごろ、スタンフォード大学のトレシダー学生会館にあるコーヒーハウスに設置された、世界初のコイン式ビデオゲーム「ギャラクシーゲーム」の前でふたりの少年が出会った。「ギャラクシー」の対戦ではジョナサンがアラン・イーグルを圧倒したが、ガン・ハイスクールでの成績ではいい勝負だった。ギャラクシーの覇権を競い、化学や数学に手を焼いていたあのころは、よもや三〇年後に「グーグル」という会社で一緒に働くことになるとは思いもよらなかった。さらにその一〇年後には、企業と経営に関する本を共著することになろうとは。だが、実際にそうなった。まさに「想像を超えるものを想像しよう」である。私たちの共著者アラン・イーグルに、心から感謝を伝えたい。

タは「サーバ」と呼ばれることもあり、通常は数千台規模のコンピュータが並ぶ大規模なデータセンターにある。

コースの法則

ノーベル賞経済学者、ロバート・コースが提唱した法則。大企業が存在する理由を、取引コストを考慮すると、自由市場で外注するより、内製化したほうが効率的な業務が多いためと説明している。ただし、インターネットによって取引コストが低下したため、コースの法則に従うと、こんにちでは業務を内製化するよりアウトソースしたほうが効率的なケースが多いことになる。

時価総額

上場企業の発行済株式の株価の総額。

スケール

何かを猛烈に速く、グローバルに成長させることを意味する動詞、あるいは急速かつ世界的な成長を意味する名詞。

スマート・クリエイティブ

自らの専門分野に関する深い知識を持ち、それを知性、ビジネス感覚やさまざまなクリエイティブな資質と組み合わせる人物。

多面的市場

異なるユーザグループが結びつき、お互いに有益なサービスを提供できる場。

ヌーグラー

ニュー +グーグラー、新たにグーグルに入社した社員。

年功主義

能力ではなく、在職期間で社内での影響力が決まる企業。

プラットフォーム

ベースとなるテクノロジーあるいはインフラで、それを土台に他のテクノロジー、プロセス、サービスなどを構築できるもの。

ムーアの法則

インテルの共同創業者、ゴードン・ムーアの立てた予測で、1個のチップに集積されるトランジスタの数、ひいてはコンピューティング性能は2年ごとに2倍になる、というもの。当初1965年には毎年2倍になるとしていたが、1975年に2年ごとに2倍と予測を見直した。

ユーザ・インターフェース

プロダクトのうち、ユーザが操作する部分。

ラーニング・アニマル

大きな変化に対処する知性と、それを楽しむ性格を併せ持った人々。とにかく学ぶことが好きで、くだらない質問をしたり、誤った答えを出すことなど恐れない。

Memegen（ミームジェン）
グーグルの社内サイト。画像に簡潔なキャプションをつけて、ミームを作成することができる。グーグラーが会社の現状に楽しくコメントするための手段。

Moma
グーグラーがありとあらゆる情報を共有するのに使う、グーグルのイントラネット。

OKR
Objectives and Key Results（目標と主要な結果）の頭文字をとったもの。グーグルをはじめとする企業で採用され、効果をあげているパフォーマンス管理システム。

ROI
Return On Investment=投資収益率の略。

TGIF
グーグルが毎週金曜日の午後に開いていた全社ミーティング。現在はアジア太平洋地域のグーグラーが参加できるように木曜日に開催されている。

Wave（ウェーブ）
グーグル・ウェーブは、複数のユーザにリアルタイムでコミュニケーションや協業を可能にするシステム。グーグルは2010年に開発を終了し、コードをオープンソース化した。

Web 2.0（ウェブ2.0）
こんにちのウェブを支える一連のテクノロジー（1990年代のウェブ1.0が進化したもの）。

異議を唱える義務
あるアイデアに疑問を感じた人は、その懸念を表明しなければならないという考え方。

オープン
独自のシステムをつくるのではなく、オープンスタンダードにもとづきソフトウェア・コード、研究成果などの知的財産を他者と共有すること、そして顧客にプラットフォームから退出する自由を与えること。

オープンソースOS
リナックスやアンドロイドのようにコードを無償で一般公開し、誰でも自由に利用や修正ができるようにしているOS。その反対がクローズドOSで、コードは所有企業が厳格にコントロールする。

回収期間
投資のコストを回収するのに必要な期間。

クラウド・コンピューティング
インターネット・ユーザが、別の場所にあるコンピュータ上のファイルやアプリケーションを利用できるようにする技術。この遠隔地にあるコンピュー

用語集

AdSense（アドセンス）
グーグルの大規模な広告ネットワークに加盟するパブリッシャーのウェブサイトに、広告を配信するプロダクト。

AdWords（アドワーズ）
グーグルの主力広告プロダクト。グーグルの収益の大半を稼ぎ出す広告エンジン。

ah'cha'rye（アハライ）
イスラエル軍で使われるヘブライ語の号令（私についてこい）のラテン文字転記。

Android（アンドロイド）
グーグルのオープンソース型モバイルOS。

API
アプリケーション・プログラミング・インターフェースの略。アプリケーション間の通信を可能にする。

APM
アソシエート・プロダクト・マネジャーの略。APMは通常、正式なプロダクト・マネジャーになる前に、12カ月のジョブ・ローテーションを2回経験する。

Dory（ドリー）
経営者への質問を投稿したり、他の人の出した質問を評価するためのグーグルの社内システム。

Excite@Home（エキサイト@ホーム）
ジョナサンのかつての勤務先で、ウェブポータルの先駆けであったエキサイトと、ケーブルモデムを使ったインターネット接続を普及させた@ホームの合併により誕生した会社。

Googlegeist（グーグルガイスト）
グーグルが毎年実施している従業員フィードバック調査。

Google [x]（グーグルx）
自動運転車、グーグル・グラス、プロジェクト・ルーン、スマート・コンタクトレンズなど、グーグルのなかでもとりわけ野心的なプロジェクトに取り組むチーム。

HiPPO（hippo）
Highest-Paid Person's Opinion（一番の高給取りの意見）の頭文字をとったもの。hippoは英語で「カバ」を指す。

アラン・イーグル Alan Eagle

2007年グーグル入社。以来、エグゼクティブ・コミュニケーション（経営幹部の広報）担当ディレクターを務める。エリックやジョナサンを含む複数の幹部のためのスピーチ作成のほか、さまざまなコミュニケーション活動を指揮。

グーグル入社以前は、テルミー・ネットワークスやオクテル・コミュニケーションズなど複数のシリコンバレーのベンチャー企業で営業やプロダクト・マネジメントを担当。ダートマス大学でコンピュータ科学を専攻。ペンシルベニア大学ウォートンスクールでMBA取得。

土方奈美 Nami Hijikata

翻訳家。1995年慶應義塾大学文学部卒、日本経済新聞社入社。日本経済新聞、日経ビジネスなどの記者を務めたのち、2008年に独立。2012年モントレー国際大学院で修士号（翻訳）取得。米国公認会計士、ファイナンシャル・プランナー。主な訳書にオーレッタ『グーグル秘録』、コトラー『マーケティングと共に フィリップ・コトラー自伝』、テドロー『なぜリーダーは「失敗」を認められないのか』などがある。

著訳者紹介

エリック・シュミット Eric Schmidt

2001年グーグル入社。同社がシリコンバレーのベンチャー企業からハイテク業界の世界的リーダーへ成長するのに貢献。現在は取締役会長として対外的問題に責任を持つ。他社とのパートナーシップやさまざまなビジネス関係の構築、政府との関係、ハイテク分野のオピニオンリーダーとして活躍するほか、グーグルCEOをはじめ経営上層部に事業や政策問題について助言を行っている。2001年から2011年までグーグルCEOを務めた。

グーグル入社以前はノベルとサン・マイクロシステムズで経営幹部を歴任。プリンストン大学で電気工学を専攻、カリフォルニア大学バークレー校で修士、博士(いずれもコンピュータ科学)を取得。アメリカの大統領科学技術諮問委員会、イギリスの首相諮問委員会の委員を務めるほか、エコノミスト・グループ、メイヨー・クリニック、カーン・アカデミーの取締役を務める。シュミット・ファミリー財団を通じた慈善事業では、海洋生物の研究や教育を含めた気候変動問題に集中的に取り組み、とくに自然科学とエンジニアリング分野の最先端の研究に力を入れている。

ジョナサン・ローゼンバーグ Jonathan Rosenberg

ラリー・ペイジ、セルゲイ・ブリンと初めて会ったのは2000年で、2年後に3度目のオファーを受けてグーグル入社。グーグルではシニア・バイスプレジデントとして2011年4月までプロダクトチームの責任者を務め、消費者、広告主、パートナー向けプロダクトの設計、開発、改良を指揮。

採用プロセスの確立にも携わったほか、コミュニケーションとマーケティング業務の整備でも影響力を発揮した。現在はラリー・ペイジCEOのアドバイザー。

グーグル入社以前はエキサイト@ホームでプロダクトとサービスの責任者を務め、アップルでは「eWorld」プロダクト群のマネジメント、ナイトリッダー・インフォメーション・サービシーズではプロダクトマーケティングを担当した。シカゴ大学でMBA取得。クレアモント・マッケナ大学で経済学を専攻し優等学位で卒業、ファイ・ベータ・カッパにも選ばれた。

本書は、二〇一四年一〇月に日本経済新聞出版社から刊行された
同名書を文庫化したものです。肩書は当時のものです。

日経ビジネス人文庫

How Google Works(ハウ・グーグル・ワークス)
私《わたし》たちの働《はたら》き方《かた》とマネジメント

2017年9月１日　第1刷発行
2017年9月15日　第2刷

著者
エリック・シュミット
ジョナサン・ローゼンバーグ
アラン・イーグル
訳者
土方奈美《ひじかた・なみ》

発行者
金子 豊
発行所
日本経済新聞出版社
東京都千代田区大手町1-3-7 〒100-8066
電話(03)3270-0251(代)　http://www.nikkeibook.com/
ブックデザイン
Albireo
印刷・製本
凸版印刷

Printed in Japan　ISBN978-4-532-19834-3